習近平思想研究系列叢書之一

習近平"兩觀三論"治國論

——習近平治國理政之"兩觀三論"研究

姜愛林　著

昌明文化　印行

內 容 簡 介

《習近平"兩觀三論"治國論——習近平治國理政之"兩觀三論"研究》（簡稱《習近平"兩觀三論"治國論》）是一部專門研究習近平同志關於治國理政的理論創新與實踐探索的政治哲學著作。

本書約 17 萬字，包括①緒言‧治國理政需要不斷地進行理論創新、②習近平幹部科學工作"群眾觀"、③習近平經濟社會發展"穩定觀"、④習近平幹部選拔任用"四有論"、⑤習近平幹部德行評價"三觀論"和⑥習近平黨的領導工作"落實論"等六部分。

習近平"兩觀三論"是習近平同志治國理政的重要理論創新。所謂習近平"兩觀三論"是指習近平同志在長期從事黨政領導活動過程中圍遶治國理政這一鮮明主題形成創立的關於"群眾觀"、"穩定觀"、"四有論"、"三觀論"和"落實論"等方面內容的系統化理論化的一種概括統稱。①習近平幹部科學工作"群眾觀"是指習近平同志關於認識群眾、相信群眾、對待群眾與依靠群眾等方面的總的觀點、態度與根本看法。②習近平經濟社會發展"穩定觀"是指習近平同志關於政治穩定、經濟穩定、社會發展、文化穩定與生態穩定等方面的總的觀點、態度和根本看法。③習近平幹部選拔任用"四有論"是指習近平同志關於在科學發展觀統領下選拔任用有韌勁、有思路、有激情與有貢獻的優秀幹部的一種理論化概括統稱。④習近平幹部德行評價"三觀論"是指習近平同志關於在幹部德行評價中領導幹部必須正確樹立與嚴格遵循"世界觀、權力觀與事業觀"的基本規範的一種理論化概括統稱。⑤習近平黨的領導工作"落實論"是指習近平同志關於在領導工作過程中逐漸形成的、具有自身特色的"落實的基本概念、落實的基本原理與落實的基本規律"等方面的基本內容體系的一種理論化概括統稱。

習近平"兩觀三論"的基本目標就是實現經濟社會又好又快又穩發展；"兩觀三論"的核心內容就是選好人（四有論）、用好權（三觀論）、抓落實（落實論）、保穩定（穩定觀）、爲群衆（群衆觀）；"兩觀三論"
的檢驗標準就是人民群衆滿意不滿意、人民群衆高興不高興與人民群衆擁
護不擁護。

習近平 "兩觀三論" 對於增強執政合法性、彰顯理論自信、統一全黨
思想、樹立領導權威具有重要意義。

Introduction

"Xi Jinping's Two Outlooks and Three Theories for Administering the Country" is a political philosophy book focusing on the study of Xi Jinping's theoretical innovation and practical exploration in respect of state governance.

Totaling 170,000 Chinese characters, this book comprises six parts: ① Preface · The Administering of a country Needs Constant Theoretical Innovation, ② Research on Xi Jinping's "Outlook on the Masses" for Officials' Scientific Work, ③ Research on Xi Jinping's "Outlook on Stability" of Economic and Social Development, ④ Research on Xi Jinping's "Four Haves Theory" of Selection and Appointment of Officials, ⑤ Research on Xi Jinping's "Three Outlooks Theory" of Evaluation of Officials' Morality and Conduct, ⑥ Research on Xi Jinping's "Implementation Theory" of the Party's Leadership.

Xi Jinping's "Two Outlooks and Three Theories" is an important theoretical innovation for his administering of the country. Xi Jinping's "Two Outlooks and Three Theories" is a systematic and theoretical general term for the Outlook on the Masses, Outlook on Stability, "Four Haves theory", "Three Outlooks theory" and "Implementation theory" proposed by Xi Jinping centering on the distinctive theme of governance during his long-term work as a Party and government leader. ① Xi Jinping's "Outlook on the Masses" for officials' scientific work refers to his overall view on and general attitude to knowing, trusting, treating, and relying on the masses. That is the theoretical connotation. ② Xi Jinping's "Outlook on Stability" of economic and social development refers to Xi Jinpng's general viewpoints, attitudes and fundamental opinions on political stability, economic stability, social stability and ecological stability. ③ President Xi's "Four Haves theory" of selection and appointment of officials is a theoretical general term meaning that officials who have toughness, have ideas, have passions and have contributions should be selected and appointed in the guidance of the Scientific Outlook on Development. ④ Evaluation of officials' morality and conduct is the top priority, also the top challenge in selection and appointment of officials. Xi Jinping's "Three Outlooks Theory" of evaluation of officials' morality and conduct is a

3

theorized, generalized term of the basic norm in Xi's evaluation of officials' morality and conduct that the leading cares must develop and strictly follow the correct outlooks on the world, power and career. ⑤ Xi Jinping's Implementation theory of the Party's leadership refers to a theoretical generalization of basic content system-including the basic concept of implementation, basic principles of implementation and basic law of implementation-which is gradually formed by Xi Jinping during his leadership and which has its own characteristics.

The basic goal of "Two Outlooks and Three Theories" is to achieve sound, rapid and steady economic and social development; the core content of Outlook on Stability is to "select proper persons" ("Four Haves theory"), "properly exercise the power" ("Three Outlooks Theory"), "enforce implementation" ("Implementation theory"), "maintain stability" ("Outlook on Stability") and "for the people" ("Outlook on the Masses"); the test criterion of "Two Outlooks and Three Theories" is whether the people feel satisfied and happy, whether the people give support.

Xi Jinping's "Two Outlooks and Three Theories" is of great significance for strengthening governance legitimacy, highlighting confidence in theory, unifying the thoughts of the whole Party and establishing the leadership authority.

目　　録

CONTENT

緒言
治國理政需要不斷地進行理論創新*

【知識導引】

習近平"兩觀三論"是指習近平同志在長期從事黨政領導活動過程中圍遶治國理政這一鮮明主題形成創立的關於"群衆觀"、"穩定觀"、"四有論"、"三觀論"和"落實論"等方面内容的系統化理論化的一種概括統稱。其核心内容與要點就是選好人（四有論）、用好權（三觀論）、抓落實（落實論）、保穩定（穩定觀）、爲群衆（群衆觀）；基本目標就是實現經濟社會又好又快又穩發展；檢驗標準就是人民群衆滿意不滿意、人民群衆高興不高興與人民群衆擁護不擁護。

【本緒言目錄】

---

* 本文初稿撰寫於 2011 年 8 月，發表於《經濟研究導刊》2011 年第 35 期第 264－265 頁，2012 年 10 月編入本書時僅對原文個別文字進行了修改、訂正。

治國理政既是一項經常性、基礎性工作，也是一項長期的、復雜的戰略任務。習近平十分重視治國理政工作，近年來多次闡述瞭如何治國理政、爲誰治國理政等重大問題，強調要在與時俱進地不斷推動黨的理論創新的過程中進一步推進治國理政工作。

一、理論創新是黨治國理政的重要法寶

治國理政乃國之大事，治國之道，理政之策，不可不察也。什麼是**治國理政？治國理政俗稱"治國"，概而言之，治國理政就是治黨、治國（或治政）、治軍與治民。進一步而言，治國理政就是關於治黨、治國（或治政）、治軍與治民等方面內容的一系列政黨政治活動。**"治國必治吏，治吏必從嚴"是中國千百年來一條重要的歷史經驗。現階段，黨治國理政的主要任務與基本要求就是治國必先治黨，治黨必先治吏，治吏務必從嚴，從嚴務必依法。"治國必先治黨"是黨的性質、地位與使命的時代要求，而"治黨必先治吏"則是"治國必先治黨"的必經程序、核心要件與具體化；"治吏務必從嚴"是黨要管黨、從嚴治黨的前提條件與關鍵環節，而"從嚴務必依法"則是"治吏務必從嚴"的根本依據與重要保障。治國就是治吏，禮義廉恥，國之四維，四維不張，國將不國。進一步而言，黨的性質、黨在國家和社會生活中所處的地位、黨肩負的歷史使命，要求我們治國必先治黨，治黨務必從嚴。各級領導幹部要以"天下興亡，匹夫有責"的責任感和使命感，全面把握治國理政的內容和任務，積極推動治國理政工作，不斷提高治國理政水平，努力成爲治國理政的行家裏手。

治國理政是一項復雜的系統工程，不斷提高治國理政水平是一項長期的戰略任務，必須與時俱進推動黨的理論創新。新中國黨執政60多年來的實踐證明：理論創新是黨治國理政的重要法寶，是黨提高治國理政能力和水平的不竭動力。實踐發展永無止境，理論創新也永無止境。治國理政的實踐是不斷發展變化的，指導治國理政實踐的理論也應與時俱進。勇於和善於根據國情變化、歷史與實踐的發展要求，不斷推進黨的理論創新，是

中國共產黨的一個鮮明風格與政治優勢。推進理論創新，必須堅持馬克思主義基本原理與中國國情相結合，堅持馬克思主義指導地位不動搖。這是發展馬克思主義的基本經驗和根本原則。我國正處於全面建設小康社會的關鍵時期和深化改革開放、加快轉變經濟發展方式的攻堅時期，新情況新矛盾新問題不斷涌現，迫切需要用馬克思主義中國化的最新成果指導新的實踐，也就是要及時回答實踐提出的新課題，爲實踐提供科學指導。習近平同志的幹部科學工作 "群衆觀"①、經濟社會發展 "穩定觀"②、幹部選拔任用 "四有論"③、幹部德行評價 "三觀論"④ 和黨的領導工作 "落實論"⑤ 就是現階段其治國理政的重要理論創新，也是馬克思主義中國化的又一重要成果。

二、"兩觀三論" 是一個科學的理論體系

習近平 "兩觀三論" 是習近平同志治國理政的重要理論創新，是促進經濟社會**又好又快又穩**發展的治國之道、理政良策，也是一種新的科學執政觀。

習近平 "兩觀三論" 是指習近平同志在長期從事黨政領導活動過程中圍遶治國理政這一鮮明主題形成創立的關於 "群衆觀"、"穩定觀"、"四有論"、"三觀論" 和 "落實論" 等方面內容的系統化理論化的一種概括統稱。**1. 習近平幹部科學工作 "群衆觀" 是指習近平同志關於認識群衆、相信群衆、對待群衆與依靠群衆等方面的總的觀點、態度與根本看法。**⑥ "群衆觀" 的內容包括群衆觀點、群衆立場、群衆路綫、群衆工作以及黨群關係、干群關係等幾個方面。群衆工作的本質是密切黨群關係，核心是正確處理人民內部矛盾。群衆工作是社會管理的基礎性、經常性與根本性工作；正確的方式方法是做好群衆工作的保障。**2. 習近平經濟社會發展 "穩定觀" 是指習近平同志關於政治穩定、經濟穩定、社會發展、文化穩**

① 姜愛林. 習近平幹部科學工作 "群衆觀" 研究. 戰略與風險管理, 2011, (1): 32–47。
② 姜愛林. 習近平經濟社會發展 "穩定觀" 研究. 戰略與風險管理, 2011, (6): 4–32。
③ 姜愛林. 習近平幹部選拔任用 "四有論" 研究. 戰略與風險管理, 2010, (4): 4–15。
④ 姜愛林. 習近平幹部德行評價 "三觀論" 研究. 戰略與風險管理, 2010, (5): 4–14。
⑤ 姜愛林. 習近平黨的領導工作 "落實論" 研究. 戰略與風險管理, 2011, (5): 4–28。
⑥ 習近平. 領導幹部要不斷提高新形勢下群衆工作水平. 人民日報, 2011 年 01 月 06 日。

定與生態穩定等方面的總的觀點、態度和根本看法。①"穩定觀"的基本問題就是"實現什麼樣的社會穩定，怎樣實現社會穩定"。"穩定觀"的本質要求是實現經濟社會又好又快又穩發展，根本目的在於維護人民群衆利益，最終目標是建設平安、幸福、和諧的小康社會。習近平"穩定觀"是一種積極的、動態的、全面的穩定觀，是一種實現經濟社會又好又快又穩發展的新型穩定觀，是一種實現經濟社會有機體良性發展的穩定觀。**3. 習近平幹部選拔任用"四有論"是指習近平同志關於在科學發展觀統領下選拔任用有韌勁、有思路、有激情與有貢獻的優秀幹部的一種理論化概括統稱。**②"四有論"的内容是有韌勁、有思路、有激情與有貢獻；核心是科學發展；關鍵是選出來、用起來；目標方向是建設高素質的幹部隊伍；基本要求是堅持科學發展有韌勁、謀劃科學發展有思路、推動科學發展有激情、實現科學發展有貢獻。**4. 習近平幹部德行評價"三觀論"是指習近平同志關於在幹部德行評價中領導幹部必須正確樹立與嚴格遵循"世界觀、權力觀與事業觀"的基本規範的一種理論化概括統稱。**③"三觀論"爲領導幹部如何"做人、做官、做事"明確了方向；"三觀論"强調"權爲民所賦，權爲民所用"，要求"工作上要大膽，用權上要謹慎"；"三觀論"的核心與主綫就是樹立與堅持馬克思主義人民觀。**5. 習近平黨的領導工作"落實論"是指習近平同志關於在領導工作過程中逐漸形成的、具有自身特色的"落實的基本概念、落實的基本原理與落實的基本規律"等方面的基本内容體系的一種理論化概括統稱。**④"落實論"的基本問題就是"怎樣抓落實、靠誰抓落實、拿什麼抓落實"。"落實論"的基本要求就是要敢於抓落實、勇於抓落實、樂於抓落實、善於抓落實、精於抓落實，要常懷落實之心、常思落實之責、常謀落實之策、常抓落實之事、常驗落實之效。

　　習近平"群衆觀、穩定觀、四有論、三觀論和落實論"五者之間密切聯繫、有機統一，其根本出發點和落脚點都是爲了更好地治國理政，不斷推進中國特色社會主義偉大事業。具體來説：1. "群衆觀"是穩定觀、四

---

① 習近平. 共産黨員要敢於面對矛盾和問題. 新華網，2011 年 07 月 02 日。

② 習近平海南調研首提幹部選用"四有論". 新華網，2010 年 04 月 13 日。

③ 習近平. 領導幹部要牢固樹立正確世界觀權力觀事業觀. 新華網，2010 年 09 月 01 日。

④ 習近平在中央黨校開學典禮上強調領導幹部要狠抓落實善抓落實. 人民日報，2011 年 03 月 02 日。

有論、三觀論、落實論的宗旨、目的與歸宿,而穩定觀、四有論、三觀論、落實論則是 "群眾觀" 的條件、方法與途徑。2. "穩定觀" 是群眾觀、四有論、三觀論、落實論的目標和基礎,而群眾觀、四有論、三觀論、落實論則是保持、維護與促進 "穩定觀" 的保障條件和重要支撐。3. "四有論" 是群眾觀、穩定觀、三觀論、落實論的主體保障和力量來源,而群眾觀、穩定觀、三觀論、落實論則是 "四有論" 的實踐基礎和內在要求。4. "三觀論" 是群眾觀、穩定觀、四有論、落實論的檢驗標準和評價依據,而群眾觀、穩定觀、四有論、落實論則是 "三觀論" 的實現條件和具體運用。5. "落實論" 是群眾觀、穩定觀、四有論、三觀論落到實處的重要保障和理論指南,而群眾觀、穩定觀、四有論、三觀論則是 "落實論" 的客體內容和實踐對象。

習近平 "兩觀三論" 進一步回答了中國共產黨 "治什麼國、怎樣治國、靠誰治國、爲誰治國" 等重大問題,是對毛澤東思想、鄧小平理論、"三個代表" 重要思想和科學發展觀的繼承、創新、豐富與發展。1. 在實際工作中,①堅持和踐行幹部科學工作 "群眾觀",其核心要點就是 "爲群眾",即一切爲了群眾,一切服務群眾;②堅持和踐行經濟社會發展 "穩定觀",其核心要點就是 "保穩定",即社會穩定,國泰民安,百姓安居樂業;③堅持和踐行幹部選拔任用 "四有論",其核心要點就是 "選好人",即選賢任能,德才兼備;④堅持和踐行幹部德行評價 "三觀論",其核心要點就是 "用好權",即工作上要大膽,用權上要謹慎;⑤堅持和踐行黨的領導工作 "落實論",其核心要點就是 "抓落實",即狠抓落實,善抓落實,真抓實幹。2. 在理論指導上,①**"兩觀三論" 的本質要求與基本目標就是實現經濟社會又好又快又穩發展**;②**"兩觀三論" 的核心內容就是選好人 (四有論)、用好權 (三觀論)、抓落實 (落實論)、保穩定 (穩定觀)、爲群眾 (群眾觀)**;③**"兩觀三論" 的檢驗標準就是人民群眾滿意不滿意、人民群眾高興不高興與人民群眾擁護不擁護**。綜括而言,習近平 "兩觀三論" 是現階段我們黨治國理政理論與實踐活動的最新成果,是一種新的科學執政觀。

三、不斷推進馬克思主義中國化的歷史進程

中國共產黨 90 多年的歷史發展表明:推進馬克思主義中國化,必須堅

定不移地進行理論創新，堅持不懈地用黨的理論創新成果武裝黨員幹部，不斷提高全黨的思想政治水平。這是一條基本經驗，也是一個最爲根本的方法。

習近平"兩觀三論"既是是現階段馬克思主義中國化的又一重要理論成果，同時也是一個需要進一步豐富和完善的、發展着的理論體系。我們要認真學習和深刻理解習近平"兩觀三論"的科學内涵，着力提高馬克思主義理論水平和認識世界、改造世界的能力，努力做到認識上有新提高、思想上有新收穫、工作上有新成效。

四、幾點補充説明

本書研究的**主題定位**選取習近平關於治國理政的理論創新，**實踐基礎**選取習近平 1969 年初下鄉插隊至 2012 年中共十八大前夕 40 多年的工作實踐，**文獻資料**選取習近平 1983 年擔任縣委書記至 2012 年中共十八大前夕公開出版發表的講話、報告、文章、訪談、言論及著作。2007 年下半年開始本項研究工作。在廣泛查閱、收集與整理大量資料的基礎上，邊學習，邊研究，邊總結。令人欣慰的是，經過嘗試、探索與不懈努力，關於習近平同志治國理政的一系列理論觀點逐漸形成，並於 2011 年下半年完成了該理論成果初稿，2012 年中共十八大前夕正式定稿。基於此，本項研究成果被定義爲《習近平"兩觀三論"治國論——習近平治國理政之"兩觀三論"研究》（簡稱《習近平"兩觀三論"治國論》）一書。

本書五個章節既相互聯繫，互爲支撐，構成一個有機整體，同時，各章又獨立成篇，自成體系。由於本書五個章節並非按照章節順序先後完成，整體框架也是寫作後的産物，因而個別概念表述前後不盡一致，部分段落語句有重復之處，實乃遺憾之事。待今後修訂再版時，認真進行技術性修改，力求使其在保持原汁原味的基礎上更加致臻完善。

本書着重研究探討習近平從政 30 多年來關於治國理政的理論創新與實踐探索。根據理論成長發展規律，不難預見，"習近平治國理政理論"必將是一個完整的理論體系。本書只是這個完整理論體系中的重要組成部分、必不可少的關鍵内容和不可或缺的重要環節，同時，它也只是一種階段性的理論成果而非全部的、最終的理論概括。今後，作者在繼續學習、深入研究習近平同志的重要論述和實踐活動的基礎上，接續出版關於"習

近平治國理政之兩觀三論"的系列著作，由此總結、歸納並展現其完整的
理論體系。

需要強調的是：本書作爲治國哲學理論層次的研究成果，盡管"緒言
及正文五章" 2010 年～2012 年先後在有關雜誌公開發表，並被人民網、
新華網、求是網等多家網站轉載，但由於水平與時間所限，錯訛在所難
免，敬請批評指正。

姜愛林

二○一二年十月·北京

第一章

習近平幹部科學工作 "群衆觀" 研究[*]

【知識導引】

習近平幹部科學工作 "群衆觀" 是指習近平同志關於認識群衆、相信群衆、對待群衆與依靠群衆等方面的總的觀點、態度與根本看法。

【本章目録】

---

* 本文初稿撰寫於 2010 年 10 月，發表於《戰略與風險管理》2011 年第 1 期第 32－47 頁，2012 年 10 月編入本書時僅對原文個別文字進行了修改、訂正。

【內容提要】馬克思主義群眾觀是科學的歷史的群眾觀。習近平一貫堅持和奉行馬克思主義群眾觀。習近平一貫強調：我們要牢固樹立馬克思主義群眾觀，自覺實踐這個群眾觀，這是一個帶有根本性的重大問題。習近平群眾觀來源於豐富的實踐，具有堅實的群眾基礎。馬克思列寧的群眾觀思想、毛澤東鄧小平的群眾觀思想是習近平群眾觀的主要理論支撐。習近平認為，群眾觀基本經驗就是必須堅持立黨為公、執政為民，把實現好、維護好、發展好最廣大人民的根本利益作為黨的核心價值，作為黨的建設必須始終遵循的宗旨、方向和目的，始終保持黨同人民群眾的血肉聯繫。習近平強調：黨執政後最大的危險是脫離群眾，執政黨如果脫離群眾將喪失執政權，黨員幹部失語的背後是嚴重脫離群眾。

習近平幹部科學工作"群眾觀"是指習近平同志關於認識群眾、相信群眾、對待群眾與依靠群眾等方面的總的觀點、態度與根本看法。在實際工作中，其核心要點就是"為群眾"，即一切為了群眾，一切服務群眾。習近平指出：群眾工作的本質是密切黨群關係，核心是正確處理人民內部矛盾。這是一個新的論斷，也是新形勢下做好群眾工作的基本指向。習近平強調：堅持與踐行馬克思主義群眾觀，不斷提高幹部科學工作水平，推動科學發展，需要采取一系列戰略對策：牢固樹立群眾觀點，尊重群眾，貼近群眾，增強群眾觀念；始終站穩群眾立場，真心為群眾着想，全力為群眾造福，堅決糾正損害群眾利益的行為；切實貫徹群眾路線，相信群眾，依靠群眾，引導群眾不斷前進；重視做好群眾工作，切實維護群眾利益，正確處理人民內部矛盾，增強群眾工作的親和力和感染力；抓基層，打基礎，夯實基層群眾工作，增強幹部工作能力；廣泛關注民生，疏通民情渠道，真正讓群眾得到更多實惠，享受改革發展的成果；深入群眾，調查研究，密切黨群干群關係，推進和諧社會建設；創新方法，完善制度，建立長效機制，規範群眾工作體系。

【關鍵詞】習近平；黨政幹部；科學工作；群眾觀；戰略對策

引　言

群眾觀既是馬克思主義唯物史觀的重要內容，也是黨建理論不可或缺的重要組成部分。馬克思主義群眾觀是一種正確的、科學的群眾觀，是認識論與方法論的統一、真理觀與價值觀的統一，體現了黨的性質與宗旨，是指導中國特色社會主義偉大事業發展的強大思想武器。90 年來，我們黨一貫堅持和奉行的群眾觀，就是馬克思主義群眾觀。

實踐一再證明，群眾是真正的英雄，是我們黨的力量源泉和勝利之本。從新民主主義革命到建立新中國，從社會主義建設再到改革開放，莫不如此。毛澤東同志指出：“群眾是真正的英雄，而我們自己則往往是幼稚可笑的，不了解這一點，就不可能得到起碼的知識”。[1] 這一鮮明的認識論觀點至今仍然閃耀着光芒。

“水能載舟，亦能覆舟”。群眾觀問題事關執政黨的成敗興亡。習近平深知與諳熟這一問題的極端重要性。無論是上山下鄉，扎根基層，擔任基層領導幹部，還是從事縣級領導管理工作，擔任中高級領導幹部，無論是在農村工作，還是在城市工作，習近平都十分重視群眾工作，始終堅持群眾觀點，堅持群眾路綫，特別注意正確、妥善處理黨群關係、干群關係與黨內關係。基於此，習近平在上山下鄉細碎點滴的實踐中所獲得的樸素群眾觀基礎上，經過長期不懈的探索與總結，由淺及深，逐漸豐富昇華，形成了自覺的馬克思主義群眾觀。習近平馬克思主義群眾觀的實踐活動，提高了黨性修養，增强了自覺性，爲我們的領導幹部、黨員幹部做出了表率。同時，習近平還指引、帶領與要求我們的領導幹部、黨員幹部，牢固地樹立馬克思主義群眾觀，相信群眾，依靠群眾，不斷提高新形勢下群眾工作水平，爲深入貫徹落實科學發展觀，全面建設小康社會貢獻智慧和力量。[2]

當前，中國正處於經濟社會發展轉型的重要時期。既面臨難得的歷史

---

[1]　毛澤東選集第 3 卷. 北京：人民出版社. 1991. 第 790 頁。

[2]　盛若蔚. 習近平·領導幹部要不斷提高新形勢下群眾工作水平. 人民網－人民日報，2011 年 01 月 06 日。

機遇，也面對諸多可以預見和難以預見的風險挑戰。最爲顯著的特點表現爲：這既是一個經濟社會發展最快最好、人民群衆得到利益最多最殷實的時期，也是一個人民群衆對黨和政府表達意見較多較爲集中的凸顯時期。“十二五”的號角已經吹響，在機遇、困難與挑戰并存的轉型期，如何更好、更實地堅持群衆路綫，做好群衆工作？如何身體力行，以身示範地堅持群衆路綫，做好群衆工作？這些業已成爲當前我們必須面對又必須及時應對的重大課題。習近平同志群衆觀的率先垂範實踐及其基本精神，爲我們推進群衆工作創新提供了行爲範式，進一步豐富了群衆觀理論體系。

一、群衆觀：緣起認識與形成確立
——樸素群衆觀的形成與馬克思主義群衆觀的確立

群衆觀的形成離不開三個條件：豐富的實踐活動、相當的生活工作閱歷、不斷地學習與提高。通過閱讀、學習與分析習近平同志的著作《干在實處、走在前列：推進浙江新發展的思考與實踐》①、《之江新語》②、《擺脱貧困》③ 以及有關講話、報告、訪談、論文、座談會、調查走訪等文獻載體，我們可以初步勾畫出習近平群衆觀的緣起、認識、初步形成到真正確立的大體輪廓。這有助於我們廣大的黨員幹部，進一步深化對馬克思主義群衆觀的形成源自於堅實的實踐這一真理的認識與理解。

（一）群衆觀的緣起與認識：樸素的群衆觀

習近平同志樸素的群衆觀不是從天而降、也不是與生俱來的。相反，它源於實踐，源於實際工作。毛澤東曾經指出：“人的正確思想是從哪裏來的？是從天上掉下來的嗎？不是。是自己頭腦裏固有的嗎？不是。人的正確思想，只能從社會實踐中來，只能從生產鬥爭、階級鬥爭和科學實驗這三項實踐中來。”④ 習近平最初的、樸素的群衆觀，正是來自於在大西北延川縣上山下鄉的鍛煉實踐。

知識青年上山下鄉是歷史的產物。上山下鄉運動始於二十世紀五十年

---

① 習近平. 干在實處走在前列：推進浙江新發展的思考與實踐. 北京：中央黨校出版社. 2006。
② 習近平. 之江新語. 杭州：浙江人民出版社. 2007。
③ 習近平. 擺脱貧困. 福州：福州人民出版社. 1992。
④ 毛澤東文集第 8 卷. 北京：人民出版社. 1999. 第 320－321 頁。

代，終於七十年代後期。毛澤東號召 "知識青年到農村去，接受貧下中農的再教育，很有必要" 之後，大量的城市知識青年大規模地離開城市，到最廣大的農村 "插隊落户"。"上山下鄉" 知識青年的總人數達到 1600 多萬人，占當時全國城市人口的十分之一。正是爲了積極響應毛澤東的號召，1969 年，不足 16 歲的習近平，插隊落户來到陝西省延川縣文安驛公社樑家河大隊，同來自北京的兩萬九千多名知識青年一道，接受再教育，踐行革命的理想。

習近平上山下鄉長達 7 年，上山下鄉鍛煉的延川縣就在舉世聞名的延安地區。延安地區曾經是習近平父輩們戰鬥、生活過的革命聖地，而延川縣就位於延安地區東北部，是陝北紅軍根據地。1969 年 1 月，習近平就帶着厚厚的一箱子書，與其他知青一道，從北京來到陝北的延川插隊落户，與最基層的貧下中農同吃同住同勞動。年紀偏小的習近平特別能喫苦耐勞，幾乎天天與鄉親們一起挑糞拉煤，一起攔河打壩，一起建沼氣池，一起吃玉米麵窩頭，社員都評價他是個 "好後生"，不久他就變成一個地道的 "延川娃" 了。

上山下鄉 7 年鍛煉經歷，深刻地影響了習近平。1972 年冬入團，1973 年冬提名入黨後被正式批準擔任大隊黨支部書記，1974 年 1 月正式入黨[1]，1975 年秋天被推薦讀清華大學。習近平説："7 年上山下鄉的艱苦生活對我的鍛煉很大。最大的收穫有兩點：一是讓我懂得了什麼叫實際，什麼叫實事求是，什麼叫群衆。這是讓我獲益終生的東西。二是培養了我的自信心。"[2] 習近平説："上山下鄉的經歷，使我增進了對基層群衆的感情。對於我們共産黨人來説，老百姓是我們的衣食父母，我們必須牢記全心全意爲人民服務的宗旨。"[3] 習近平説："上山下鄉的經歷對我的影響是相當深的，使我形成了脚踏實地，自强不息的品格。脚踏在大地上，置身於人民群衆中，會使人感到非常踏實，很有力量；基層的艱苦生活，能够磨練一個人的意志。而後無論遇到什麼困難，只要想起在那艱難困苦的條件下還

---

① 吴志菲. 習近平·從黄土高坡到上海灘. 黨史縱横，2007，(5)：16−21。

② 編委會編：跟博士握手 (第一卷子集). 福州：海潮攝影藝術出版社. 2002. 第 70−74 頁。

③ 編委會編：跟博士握手 (第一卷子集). 福州：海潮攝影藝術出版社. 2002. 第 70−74 頁。

能幹事,就有一股遇到任何事情都勇於挑戰的勇氣,什麼事情都不信邪,都能處變不驚,克難而進。"①

習近平是延安地區第一個當選大隊黨支部書記的北京知識青年。② 上山下鄉的經歷對習近平影響是相當深刻的:瞭解了基層、認識了群衆、培養了自信心、學會了尊重群衆、學懂了團結群衆、增進了基層群衆感情,最重要的成果就是初步形成了樸素的群衆觀。習近平樸素的群衆觀,就這樣在延川縣文安驛公社樑家河大隊 7 年的知青生涯之中産生了。

(二) 群衆觀的形成與確立:馬克思主義群衆觀

群衆觀的形成與確立絕非一朝一夕之事。上山下鄉的經歷使習近平有機會深入瞭解廣大的農村這個基層,正是憑着對基層群衆的瞭解與樸素的群衆觀,1982 年,時任中央政治局委員、國防部長耿飈秘書的習近平,自願舍棄在北京優越的工作條件,再一次決定下基層,選擇到河北省正定縣工作,走跟工農相結合的道路。習近平説:"上山下鄉的經歷使我對基層有了深刻的瞭解,作出了再下基層的選擇。基層離群衆最近,最能磨練人。有了上山下鄉的經歷,我對再下基層充滿信心,並義無反顧地下去了。"③

習近平 1982 年從北京來到正定縣,先後擔任縣委副書記、書記,工作了三年。1985 年又遠赴福建,先後在廈門市、寧德地區、福州市工作,擔任副市長、地委書記、市委書記,前後 10 多年。延川縣貧窮落後,正定縣經濟也不發達;當時的廈門還在改革開放之中;寧德地區經濟在福建排行末位;長期處於戰爭邊防狀態的福州市也明顯落後於內地的省會城市。很顯然,要改變這些地方的經濟面貌,就離不開廣大人民群衆,要依靠人民群衆,就必須相信群衆,就必須堅持群衆路綫。而要做到這些,就需要樹立群衆觀。

習近平深知這一道理,所以十分重視群衆工作,特別是先要認識群衆,瞭解群衆,堅持走群衆路綫。習近平説:"到寧德之後,經過調查研

①　編委會編:跟博士握手(第一卷子集). 福州:海潮攝影藝術出版社. 2002. 第 70 – 74 頁。
②　吳志菲. 習近平·從黃土高坡到上海灘. 黨史縱橫,2007,(5):16 – 21。
③　編委會編:跟博士握手(第一卷子集). 福州:海潮攝影藝術出版社. 2002. 第 70 – 74 頁。

究，我對那裏的群衆肅然起敬。這麼多年面對貧困，他們有一種愚公移山和無私奉獻的精神。閩東過去是革命老區，爲革命做出了很大犧牲；解放後又變成東海前綫，最好的良港作了軍港；古田溪水電站是全省最早的一個中型水電站，電是調到全省用的，供應中心城市用。可見這邊的群衆是很有奉獻精神的。我感覺到，當地的群衆不是不努力，確實有自然條件的制約和限制。當然，不足的地方也有主要是思想不够開拓，墨守成規。”①

客觀地講，在這些地方工作，既容易脱離群衆，也容易樹立群衆觀。當你決心爲人民服務時，你就會克服困難，與群衆一起，共同改變落後面貌。但如果你怕苦怕累，退縮不前，你就會另謀高就，從而脱離群衆，群衆觀也就無從形成或確立。

習近平則是明知山有虎，偏向虎山行，因爲認識什麼是群衆，對基層群衆有感情，所以，願意到基層去，因爲經過艱苦磨礪，培養了應對困難的決心與方法，所以，敢於到基層去。正是“勞其筋骨，餓其體膚”的多年歷練和“刀在石上磨，人在難中煉”的堅强信念，使習近平在樸素群衆觀基礎上，逐步形成與確立了馬克思主義群衆觀。

不僅如此，習近平在擔任省部級高級領導幹部以後，更加注重學習與提高，更加重視群衆工作，更加堅持群衆路綫，更加注意處理黨群關係，成爲馬克思主義群衆觀的堅定信仰者，成爲黨的宗旨的忠實實踐者。

二、群衆觀：涵義、特徵及其相互關係
　　——堅持馬克思主義群衆觀，反對非馬克思主義群衆觀

（一）群衆觀：基本涵義

1. 什麼是群衆觀？

理論對實踐具有指導作用。堅持與運用馬克思主義群衆觀，就必須瞭解、認識與理解群衆觀基本知識。這個工作很有必要。

群衆觀，又稱群衆觀理論，就是關於認識群衆、相信群衆、對待群衆與依靠群衆的正確的、完整的看法與根本觀點。包括群衆觀點、群衆立場、群衆路綫、群衆工作以及黨群關係、幹群關係等幾個方面。馬克思主義群衆觀是科學的、歷史的、唯物的群衆觀，是關於正確認識群衆、對待

---

① 楊筱懷. 習近平自述：我是如何跨入政界的. 領導文萃, 2000, (11)：62-67。

群衆的根本觀點。

群衆觀點就是共産黨、領導幹部對待群衆的立場與態度。群衆立場就是認識和處理群衆問題時所處的位置和所抱的態度。群衆路綫就是共産黨處理同群衆關係的根本態度、領導方法與工作方法。群衆工作就是指宣傳教育、組織指導群衆，提高群衆政治覺悟，使群衆參加黨領導的各項工作。黨群關係就是關於共産黨與人民群衆的關係。干群關係就是黨員領導幹部與人民群衆的關係。

群衆觀點是歷史唯物主義的基本觀點，包括人民群衆是歷史創造者，虛心向人民群衆學習，竭誠爲最廣大人民謀利益，幹部的權利是人民賦予，對黨負責和對人民負責相一致，立黨爲公，執政爲民，群衆利益無小事等觀點。群衆路綫就是中國共産黨的政治路綫、組織路綫與認識路綫，是一切工作的根本路綫。群衆路綫的核心就是一切爲了群衆，一切依靠群衆；群衆路綫的領導方法與工作方法就是從群衆中來，到群衆中去。

群衆觀依據不同的標準與原則可進行不同的劃分：有正確的與不正確的群衆觀之分，亦可分爲馬克思主義群衆觀與非馬克思主義群衆觀，還可劃分爲廣義群衆觀與狹義群衆觀、絶對群衆觀與相對群衆觀等。

2. 習近平群衆觀的理論與實踐涵義

習近平幹部科學工作 "群衆觀" 是指習近平同志關於認識群衆、相信群衆、對待群衆與依靠群衆等方面的總的觀點、態度與根本看法。這是理論涵義。

習近平同志堅持和奉行的群衆觀，是馬克思主義群衆觀，是正確的、科學的群衆觀。這個群衆觀貫穿於黨建工作、政治工作、社會工作與經濟工作之中。習近平同志多次指出並要求：各級領導幹部要樹立正確的、科學的群衆觀；要堅持馬克思主義群衆觀，反對非馬克思主義群衆觀。

習近平幹部科學工作 "群衆觀" 實踐涵義主要表現在以下幾個方面：

(1) 2000 年 3 月，習近平在接受記者采訪時暢談了自己對馬克思主義群衆觀的基本看法。習近平認爲："對於我們共産黨人來説，老百姓是我們的衣食父母，我們必須牢記全心全意爲人民服務的宗旨，黨和政府的一切方針政策都要以是否符合最大人民群衆的利益爲最高標準。要時刻牢記自己是人民的公僕，時刻將人民群衆的衣食冷暖放在心上，把'人民擁護不擁護、人民贊成不贊成、人民高興不高興、人民答應不答應'作爲想問題、幹事業的出發點和落腳點, 像愛自己的父母那樣愛老百姓, 爲老百姓謀利益, 帶着老百姓奔好日子, 絶不能高高在上, 魚肉老百姓, 這是我們共産黨與那些反動統治者的根本區别。封建社會的官吏還講究 '爲官一任, 造福一方', 我們共産黨人不干點對人民有益的事情, 還説得過去嗎?"①

(2) 2007 年 5 月, 習近平在《黨建研究》發表署名文章, 又一次闡述了自己對馬克思主義群衆觀的基本看法。習近平認爲: "我們黨是爲人民謀利益的黨, 黨員領導幹部是人民的公僕, 人民是社會的主人。這種理念必須堅持, 這種關係不能顛倒。《共産黨宣言》開宗明義就講: '過去的一切運動都是少數人的或者爲少數人謀利益的運動。' 又講: '無産階級的運動是絶大多數人的、爲絶大多數人謀利益的獨立的運動。' 鄧小平明確指出, 中國共産黨員的含意或任務, 如果用概括的語言來説, 就只有兩句話: 一句是全心全意爲人民服務, 另一句是一切以人民利益作爲每一個黨員的最高準繩。鄧小平還指出: '當前, 也還有一些幹部, 不把自己看作是人民的公僕, 而把自己看作是人民的主人, 搞特權, 特殊化, 引起群衆的强烈不滿, 損害黨的威信, 如不堅決改正, 勢必使我們的幹部隊伍發生腐化。' 是否牢記主僕關係、踐行執政宗旨, 是否心係群衆、服務人民, 是否恪守爲民之責、履行爲民之職, 始終是我們黨加强作風建設的關鍵内容, 是衡量一個領導幹部作風是否端正的試金石。如果不把人民群衆當主人, 不願躬身做公僕, 那就不配做一名領導幹部, 也做不好領導幹部。"②

(3) 2010 年 3 月, 習近平在中央黨校春季學期開學典禮上進一步表達了自己對馬克思主義群衆觀的基本看法。習近平認爲: "始終站在人民大衆立場上, 一切爲了人民、一切相信人民、一切依靠人民, 誠心誠意爲人民謀利益, 這是中國共産黨人堅持馬克思主義立場的根本要求。各級領導幹部要始終牢記黨的根本宗旨, 從思想和感情深處真正把人民群衆當主人、當先生, 虚心向他們求教問策, 把政治智慧的增長、執政本領的增强、領導藝術的提高深深扎根於人民群衆的實踐沃土中, 不斷從人民群衆中吸取營養和力量。在我國, 中國共産黨是執政黨, 一切權力屬於人民、

---

① 楊筱懷. 習近平自述: 我是如何跨入政界的. 領導文萃, 2000, (11): 62-67。
② 習近平. 領導幹部要帶頭樹立八個方面的良好風氣. 黨建研究, 2007, (5): 8-10。

一切權力服務於人民。黨員領導幹部要始終站在人民大衆立場上，把服務群衆、造福百姓作爲最大責任，把執政爲民、爲民用權作爲正確使用權力的基本準則，真正做到立身不忘做人之本、爲政不移公僕之心、用權不謀一己之私。”①

在實際工作中，堅持和踐行幹部科學工作“群衆觀”，其核心要點就是“爲群衆”，即一切爲了群衆，一切服務群衆。習近平一貫強調：我們要牢固樹立馬克思主義群衆觀，自覺實踐這個群衆觀，這是一個帶有根本性的重大問題。對此，決不能掉以輕心。

（二）習近平群衆觀的特徵

習近平群衆觀的特徵，表現在七個方面：

一是善學善思，增强觀念，固牢群衆觀。習近平重視讀書，酷愛學習，注重和善於從不斷學習過程中增强群衆觀念。上山下鄉時煤油燈下讀書。習近平在延川下鄉鍛煉時，就帶着厚厚的一箱子書，白天干活一整天，深夜還要在煤油燈下讀書，讀那些磚頭一樣厚的書。渴望有機會能上學深造。習近平説：“我那時一邊當村幹部，一邊總渴望有機會能上學深造。上山下鄉中對學習的渴望，使我與清華大學結下了讀書緣。”② 擔任領導工作中仍然不忘學習。除了大量的日常的政治理論學習外，還擠出時間發表文章，著書立説。實踐中的學習與書本的學習相結合，把群衆觀理論内化爲工作力量，從而進一步增强了群衆觀。習近平強調：要善學善思，善作善成。習近平指出：“要加强對馬克思列寧主義、毛澤東思想、鄧小平理論、‘三個代表’重要思想的學習，夯實理論基礎，堅定理想信念；加强對黨的十六大以來黨中央提出的科學發展觀等一系列重大戰略思想和馬克思主義中國化最新成果的學習，掌握黨和國家的大政方針政策，把握好工作方向。”③ 習近平進一步指出：“要通過加强學習、端正學風，進一步增强公僕意識，牢記根本宗旨，樹立起以人爲本的科學理念，切實解決官僚主義、形式主義的問題，密切聯繫群衆，大興求真務實之風。”④

---

① 李亞杰、顧瑞珍. 習近平·努力掌握馬克思主義立場觀點方法. 新華網，2010 年 03 月 01 日。

② 楊筱懷. 習近平自述：我是如何跨入政界的. 領導文萃，2000，(11)：62－67。

③ 習近平. 善學善思，善作善成. 求是，2007，(9)：27－28。

④ 習近平. 善學善思，善作善成. 求是，2007，(9)：27－28。

　　二是身體力行，調查研究，親歷群衆觀。不管是在延川縣樑家河村委會、正定縣，還是在廈門市、寧德地區行署工作，在認識群衆，瞭解群衆，堅持群衆觀方面，總是身體力行，親身經歷感驗實踐群衆觀。到浙江省、上海市擔任書記仍然如此。表現在：調查研究，深入基層，走村串戶，跑工廠，看學校。2002 年，習近平到浙江不到 9 個月，就跑了 90 個縣市區中的 69 個。2005 年，習近平全年有 117 天在外調研，大的調研有 30 次，足迹遍及浙江全省各市。2007 年，習近平到上海不到半年時間裏，就把上海市 19 個區縣調研了一遍。習近平説：“當縣委書記一定要跑遍所有的村；當地（市）委書記一定要跑遍所有的鄉鎮；當省委書記應該跑遍所有的縣、市、區。”①

　　三是前後一貫，貫穿始終，堅持群衆觀。不論是從一般幹部，到中級幹部，還是再到高級幹部，乃至黨和國家領導人；不論是從鄉村基層工作，到縣、地區行署工作，還是到省上工作，乃至到中央國家機關工作，都重視群衆工作，堅持群衆路綫，運用群衆觀指導、檢驗工作。可以説，習近平群衆觀貫穿於政治、經濟、文化與社會等一切工作之中。

　　四是求真務實，注重實效，踐行群衆觀。習近平在當時福建省排行第九（福建省時有九個地市）的寧德地區擔任地委書記期間，沒有豪言壯語，不求轟轟烈烈，不燒三把火，不搞花架子，而是講求實際，實行“弱鳥先飛，滴水穿石”的工作思路與方法。習近平認爲：因爲我們的經濟基礎薄弱，不可好高鶩遠，還是要按實事求是的原則辦事，多做一些扎扎實實打基礎的工作。習近平認爲：弱鳥先飛，滴水穿石，我就是在這樣一種情況下成長起來的。少走彎路，就像龜兔賽跑，你還是可以取勝的。習近平説：我采取的辦法是小火燒温水，常燒不斷火，有時還給添點冷水，而不是燒三把火。主要抓了四件事：一是解放思想，理清發展思路；二是培養一支好的幹部隊伍；三是實實在在地抓扶貧；四是從閩東山海兼而有之的特點出發，念好“山海經”，抓好山海綜合開發。②

　　五是關注民生，貼近群衆，夯實群衆觀。習近平一向特別關心群衆，時刻注意及時解決群衆的實際生活問題。習近平擔任延川縣樑家河村黨支

---

　　①　習近平：我看到了人民群衆的力量 . http://www. sina. com. cn 2003 年 11 月 16 日 CCTV《東方時空》。

　　②　楊筱懷 . 習近平自述：我是如何跨入政界的 . 領導文萃，2000，(11)：62 - 67。

部書記前後，打了3個壩，搞了42個沼氣池，打了一口大井。打壩是當時陝北農村，尤其是山溝裏最重要的事；沼氣池則解決了樑家河村的做飯、照明問題。2003年11月，陝西省省長賈治邦率領代表團來浙江招商、取經，習近平對他們說：陝西是我的故鄉，我在那裏生活了7年，對家鄉懷有深厚的感情，衷心祝願家鄉經濟發展得更快更好，祝願家鄉人民幸福安康，早日過上全面小康生活。習近平在福建、在上海，都十分關注民生，幾乎每次調研，都有關注民生，貼近群衆的內容。

六是密切聯繫群衆，和諧黨群關係，活用群衆觀。密切聯繫群衆是群衆工作的重要內容；同時，要和諧黨群關係就必須密切聯繫群衆。習近平歷來重視聯繫群衆問題。習近平指出：“你可能有的時候很高明，你的看法高出群衆，但是群衆一時不理解你的看法，也沒有跟着你走，你怎麽辦？你是走你的路，脫離開群衆，還是跟着群衆一起走，你應該選擇後者，他們願意跟着你走，否則雖然你對了，你們感情也是疏遠了，他也不會跟你走。”① 黨群關係的和諧與否直接影響或反映群衆關係的好壞。習近平強調：加强黨群關係建設的重要目標就是要構建和諧黨群關係。和諧黨群關係體現了執政黨與群衆之間在利益表達訴求和動員社會資源等方面形成的合作互補關係。

七是繼承發展，與時俱進，創新群衆觀。不論是從樸素的群衆觀，到馬克思主義群衆觀，還是從一般性、應對性群衆觀，到自覺、自願、善於運用群衆觀，習近平同志總是堅持和樹立群衆觀，自覺運用群衆觀，指導群衆工作，開展群衆工作，在充分繼承馬克思主義群衆觀以及毛澤東、鄧小平群衆觀等理論的基礎上，與時俱進，豐富、完善與發展群衆觀，更好地促進群衆工作，推進科學發展。在理念、理論、方法、手段等方面，習近平進行了不少探索與創新。

（三）群衆觀與四有論、三觀論的相互關係

習近平同志在貫徹落實科學發展觀過程中，不僅堅持群衆觀，同時還積極倡導與推行幹部選用“四有論”和幹部德行評價“三觀論”，以此指導實際工作，提高黨的執政水平，推進黨建科學化，促進經濟社會的可持

---

① 習近平：我看到了人民群衆的力量. http://www.sina.com.cn 2003年11月16日CCTV《東方時空》。

續發展。所謂四有論就是堅持科學發展有韌勁、謀劃科學發展有思路、推動科學發展有激情與實現科學發展有貢獻的一種系統理論①；所謂三觀論就是關於世界觀、權力觀與事業觀的一種系統理論②。

1. 群眾觀、黨群關係與干群眾係

群眾觀包含黨群關係與干群關係，黨群關係與干群關係是群眾觀的重要內容；群眾觀理論指導黨群關係與干群關係，黨群關係與干群關係的實踐素材進一步豐富群眾觀理論。

黨群關係與干群關係既有聯繫又有區別，既有重合也有差異：黨群關係是關於中國共產黨與人民群眾的關係，干群關係則是各類各級幹部與人民群眾的關係。各類各級幹部，通常包括黨員幹部和非黨員幹部兩種情況，個別單位還聘請外國人擔任一定級別的幹部。黨群關係的實質就是執政黨執政的合法性，包括和諧黨群關係、血肉黨群關係、魚水黨群關係等類型。

群眾觀的本質或實質是密切黨群關係，核心是群眾工作；黨群關係本質或實質就是執政黨執政的合法性。做好群眾工作，就要密切黨群關係；密切黨群關係，離不開做好群眾工作。

2. 群眾觀與四有論、三觀論的相互關係

四有論、三觀論與群眾觀，既相互區別，又相互聯繫，構成一個有機理論體系：

四有論、三觀論與群眾觀，都是圍遶科學發展觀並服務於科學發展觀：幹部選用四有論的核心是科學發展，關鍵是選出來、用起來，目標方向是建設高素質的根本隊伍，其基本要求就是堅持科學發展有韌勁、謀劃科學發展有思路、推動科學發展有激情與實現科學發展有貢獻。幹部德行評價"三觀論"的核心與主綫就是馬克思主義人民觀；基本要求就是要樹立與堅持正確的、馬克思主義的世界觀、權力觀與事業觀。幹部德行評價標準包括：是否忠於黨、忠於國家、忠於人民；是否確立正確的世界觀、權力觀、事業觀；是否真抓實幹、敢於負責、銳意進取，是否作風正派、

---

① 徐京躍. 習近平海南調研首提幹部選用"四有論". 新華網, 2010 年 04 月 13 日；李亞杰. 習近平唐山調研再提幹部選用"四有論". 新華網, 2010 年 07 月 19 日。

② 李亞杰、衛敏麗. 習近平·領導幹部要牢固樹立正確世界觀權力觀事業觀. 新華網, 2010 年 09 月 01 日；習近平·領導幹部要樹立正確的"三觀"（全文）. 新華網, 2010 年 09 月 06 日。

清正廉潔、情趣健康。樹立與堅持幹部德行評價 "三觀論" 的目的就是進一步深化幹部人事制度改革，進一步建設高素質幹部隊伍，進一步提高領導幹部的執政水平。

群衆觀是四有論、三觀論的基礎與前提，而堅持四有論、三觀論就是堅持群衆觀的具體體現。拋開群衆觀，四有論、三觀論就會成爲空中樓閣；而拋開四有論、三觀論，群衆觀就無法落到實處，無法貫徹落實到具體工作中。堅持四有論就必須堅持群衆觀，因爲選拔任用幹部必須堅持群衆路綫；堅持三觀論就必須堅持群衆觀，因爲評價幹部德行必須堅持群衆路綫；堅持群衆觀，把群衆觀落到實處，就離不開四有論、三觀論的支持與承接；堅持群衆觀也是加強執政合法性的必然要求，而要加強執政合法性，就必須堅持群衆觀。

四有論、三觀論與群衆觀是黨建理論的重要組成部分，是黨建科學化理論的重要支撐。群衆工作科學化是黨建科學化的重要内容，兩者互爲補充，相互促進：提高群衆工作科學化水平有助於推動黨建科學化建設，而黨建科學化水平的提高反過來有助於推動群衆工作科學化建設。

綜觀統論：群衆觀、四有論、三觀論是黨建理論的重要内容，也是治國理政的重要理論基礎，共同統一於建設中國特色社會主義偉大事業的歷史實踐中，由此搆成一個有機的理論體系，進一步豐富了中國特色社會主義理論體系。

三、群衆工作：本質核心、基本要求與經驗教訓
——相信群衆，相信黨，不脱離群衆

習近平群衆觀的内容，概括起來看，主要涉及或體現在群衆立場、群衆觀點、群衆路綫、群衆工作、保障群衆利益、密切黨群干群關係等幾個方面。其中，群衆工作是群衆觀理論最基礎最重要最核心的内容。

（一）群衆工作：本質與核心

習近平在與中央黨校省部班學員座談時強調："群衆工作的本質是密切黨群關係，核心是正確處理人民内部矛盾。"① 這是一個新的論斷，也是

---

① 盛若蔚．習近平·領導幹部要不斷提高新形勢下群衆工作水平．人民網－人民日報，2011 年 01 月 06 日。

新形勢下做好群眾工作的基本指向。

1. 群眾工作的本質是密切黨群關係。

中國共產黨一向重視黨群關係，强調要大興密切聯繫群眾之風，要求在新的形勢面前，適應群眾工作的新特點新要求，弘揚黨的優良作風，始終保持黨同人民群眾的血肉聯繫。這是中國共產黨區別於其他政黨的顯著標誌之一。既然黨是人民的工具，領導幹部是人民的公僕，共產黨除了人民群眾的利益之外，沒有也不追求特殊的利益，因而黨必須把一切從人民的利益出發、全心全意爲人民服務作爲自己的根本立場和唯一宗旨。

黨同群眾的關係如何，是關係到黨的事業興衰成敗和黨的生死存亡的一個根本政治問題。黨離不開群眾，群眾是執政黨執政的基礎；群眾也離不開黨，黨是群眾參與政治活動的工具。黨離不開人民群眾的支持，人民群眾也離不開黨的領導。黨同群眾的關係是魚水關係、血肉關係。黨群關係的和諧狀況，是整個社會和諧程度的晴雨表。黨群關係好，就表明我們黨的方針政策、執政行爲得民心順民意，就表明黨贏得了人民群眾的支持，黨的執政基礎就牢，政權就穩。反之，黨就有失掉執政的群眾基礎，甚至喪失政權的危險。在推動科學發展，全面建設小康社會新的歷史條件下，黨群關係所面臨的客觀環境、任務等和過去相比確有很大不同。這些變化，要求我們必須以新的視角看待黨群關係問題。

習近平指出："一個政黨，只有順民意、得民心、爲民謀利，才能得到人民群眾的擁護和支持，才能永遠立於不敗之地。作爲執政黨，黨員幹部與人民群眾的關係就是公僕與主人的關係。離開了人民，我們將一無所有、一事無成；背離了人民的利益，我們這些公僕就會被歷史所淘汰。"[①]密切聯繫群眾，要掌握新形勢下群眾工作的基本特點：一是群眾工作趨向多樣化，即工作對象多樣化、反映問題多樣化、利益需求多樣化、工作手段多樣化。二是矛盾糾紛趨向復雜化，即直接利益衝突和間接利益衝突并存、合理訴求和不合理訴求并存、對抗性矛盾和非對抗性矛盾并存。三是矛盾形成原因趨向多樣化，即由決策失誤帶來的、由處置失當帶來的、由渠道失暢帶來的、由心理失衡帶來的。

---

① 習近平·如何做好新形勢下的群眾工作——訪中共浙江省委書記習近平，求是，2005，(17)：31–34。

習近平認爲：領導與群衆在某種意義上是一對矛盾統一體。① 習近平進一步認爲，要解決好領導與群衆關係的問題，需要注意強調兩點：一是要明確責任，主動工作。領導在與群衆的矛盾中一般來説處於主要方面。在領導和群衆的矛盾中，如果領導方面是錯誤的，群衆方面是正確的，毫無疑問，領導是主要矛盾方面；如果群衆方面是錯誤的，領導方面是正確的，矛盾的主要方面也在領導，在於領導對群衆的説服教育工作没有到位，在於領導的工作措施不適應於群衆。因此，領導與群衆產生矛盾時，領導要想方設法去做好教育和轉化工作，而不能因爲群衆錯了，你就站到群衆的對立面去，把人民内部矛盾當作敵我矛盾。二是要將心比心，換取真心。群衆也好，領導也好，人的感情都是一樣的，並不是群衆的感情可以簡單一點，群衆的需求可以降低一點，要將心比心。要獲得群衆的信任，主要靠平時認認真真、仔仔細細地做好群衆工作，臨時抱佛脚是不管用的。②

習近平指出：我們要始終牢記，心係群衆魚得水，背離群衆樹斷根。事實充分證明，領導幹部做好樣子，其同群衆的關係就密切，工作起來就會得心應手；官架子大，其同群衆的關係就疏遠，工作起來就會舉步維艱。③ 新形勢下，要采取各種有效形式，建立起密切黨群關係的支撐體系：密切聯繫群衆，把實現好、維護好、發展好最廣大人民的根本利益作爲根本要求；密切聯繫群衆，把建立暢通的利益表達渠道作爲重要手段；密切聯繫群衆，把保持黨的優良作風作爲重要内容；密切聯繫群衆，把健全權力運行機製作爲重要保證；密切聯繫群衆，必須從制度上體制上提供保证。密切黨群關係的制度建設更具有根本性、長期性、穩定性，是保持黨同人民群衆血肉聯繫的保障。必須進一步加強制度建設，堅持用制度管人、管事、管權，建立健全決策權、執行權、監督權既相互制約又相互協調的權力結構和運行機制，讓權力在陽光下運行，確保權力正確行使，保證人民賦予的權力始終用來爲人民謀利益。只有這樣，黨同人民群衆的血

① 習近平·如何做好新形勢下的群衆工作——訪中共浙江省委書記習近平，求是，2005，(17)：31-34。
② 習近平·如何做好新形勢下的群衆工作——訪中共浙江省委書記習近平，求是，2005，(17)：31-34。
③ 習近平. 之江新語. 杭州：浙江人民出版社. 2007. 第138頁。

肉聯繫才能長期保持，黨的執政地位才能更加穩固。

2. 群眾工作的核心是正確處理人民內部矛盾。

中國共產黨歷來高度重視正確處理人民內部矛盾工作，但是隨着國際國內形勢的變化，一些新問題、新情況、新矛盾層出不窮，人民內部矛盾也隨着形勢的變化而出現新的形式、新的變化、新的情況，因而如何正確處理新時期人民內部矛盾成爲擺在全黨面前的新任務，成爲對中國共產黨執政能力和水平的新的考驗。

現階段的新情況與新形勢，要求我們要更加積極主動地正確處理人民內部矛盾，要健全黨和政府主導的維護人民群眾權益的保障機制，要依法保障人民權益，堅決糾正損害群眾利益的行爲。權利包括利益，利益只是權利中的一部分。正確處理人民內部矛盾，不僅僅是解決人民群眾利益訴求的問題，更要保障人民群眾基本權利不受損害。所謂人民內部矛盾，就是指在人民利益根本一致的基礎上的矛盾。在中國革命、建設和發展時期，包括工人階級內部，工農兩個階級之間，知識分子之間，農民階級之間，工人、農民和知識分子之間的矛盾。新形勢下（亦即當前）人民內部矛盾本質上是人民權益之間的矛盾。當前我國有些社會矛盾之所以激化，正是因爲管理者僅僅看到社會矛盾糾紛表面化的利益衝突，而看不到利益背後的權利訴求，見木不見林，致使本應妥善處理的問題被激化。

正確處理人民內部矛盾，是關係改革發展穩定的全局性課題，是促進社會和諧的基礎性工作。人民內部矛盾是客觀存在的，對此一定要予以高度重視、科學分析、認真對待。人民內部矛盾雖是人民群眾根本利益一致基礎上的矛盾，其根本性質屬於非對抗性，但如果我們處理不當，也會激化，以致發展到對抗的地步，成爲社會不穩定因素。因此，我們對正確處理人民內部矛盾，既要有信心，又不能掉以輕心。

正確處理新時期人民內部矛盾，要以鄧小平理論和"三個代表"重要思想爲指導，深入貫徹落實科學發展觀，強化責任，創新機制，統籌兼顧，落實措施，認真解決影響社會穩定的源頭性、根本性、基礎性問題，加快推進以改善民生爲重點的社會建設，依法保障人民權益，不斷提高正確處理人民內部矛盾能力和水平，扎實做好正確處理人民內部矛盾各項工作。

習近平指出：人民內部矛盾是現階段影響社會穩定的主要因素。[①] 正確處理人民內部矛盾要深刻把握新時期人民內部矛盾的基本特點。概括講，人民內部利益矛盾凸顯，是新時期人民內部矛盾的基本特點。其新特點主要體現在三個方面：一是經濟利益關係矛盾突出。經濟領域是人民內部矛盾最爲突出的領域，隨着改革的不斷深化龢利益格局的不斷調整，新的利益矛盾還會在經濟領域不斷出現。二是矛盾成因多元，演變過程復雜。既有決策不够科學的原因，也有貫徹落實上級決策失真走樣的原因；既有少數群衆對政策方針不了解的原因，也有部分幹部群衆觀念澹薄、工作手段落後、工作方法簡單的原因。三是矛盾的對抗性有所增强。人民內部矛盾出現經濟問題政治化、內部問題社會化、局部問題擴大化的趨勢。基於此，習近平進一步指出：各級黨委、政府和領導幹部，要着眼於新的形勢加強學習，深刻認識和把握新形勢下人民內部矛盾的特點、規律，探索解決矛盾的正確途徑和有效方法，不斷提高正確處理新形勢下人民內部矛盾的本領，努力避免因爲決策失誤和工作不當引起群衆不滿，依法妥善處置群體性事件，防止局部性問題轉化爲全局性問題、非對抗性矛盾轉化爲對抗性矛盾，注重從源頭上減少人民內部矛盾的發生。[②]

習近平強調指出：解決人民內部矛盾需要各級領導幹部牢固樹立群衆利益無小事的觀念，扎實轉變工作作風，多站在群衆的立場想一想，多做一些解疑釋惑的工作，多做一些得民心聚民氣的工作，珍惜民力民智，解決民困民難，維護民生民利，把群衆工作做實做細做好。同時，要暢通民意表達的渠道，引導群衆以理性、合法的方式表達訴求，不斷促進黨群干群關係的和諧。[③] 提高正確處理人民內部矛盾的能力和水平，是加強黨的執政能力建設的重要任務。當前要注重從源頭上減少矛盾、注重維護群衆權益、注重做好群衆工作、注重加強和創新社會管理等幾個方面正確處理人民內部矛盾。各級領導幹部要自覺貫徹群衆路綫、切實轉變作風，多做順民意、解民憂、得民心的實事，堅決糾正損害群衆利益的行爲。

（二）群衆工作：基本要求與主要途徑

群衆工作是我們黨的優良傳統和政治優勢。習近平強調：領導幹部要深

---

① 習近平. 之江新語. 杭州：浙江人民出版社. 2007. 第168頁。
② 習近平. 之江新語. 杭州：浙江人民出版社. 2007. 第168頁。
③ 習近平. 之江新語. 杭州：浙江人民出版社. 2007. 第168頁。

刻認識新形勢下群衆工作的重要性和緊迫性，堅持馬克思主義群衆觀點和黨的群衆路綫，以高度的政治責任感扎實做好工作，不斷提高群衆工作水平。

如何做好群衆工作，習近平同志提出了 3 條基本要求：一是要始終站在人民群衆的立場上，真心爲群衆着想，全力爲群衆造福，辦好順民意、解民憂、惠民生的實事，維護好、實現好、發展好最廣大人民的根本利益。二是要認真貫徹執行已有的行之有效的群衆工作制度，大力弘揚深入群衆、深入基層、深入調查研究的優良傳統，拿出更多的時間和精力到基層去、到一綫去、到條件較差和情況復雜的地方去，察實情、辦實事、求實效，做到謀劃發展思路向人民群衆問計，查找發展中的問題聽人民群衆意見，改進發展措施向人民群衆請教，落實發展任務靠人民群衆努力，衡量發展成效由人民群衆評判。三是要善於研究和把握群衆工作的特點和規律，創新工作方法，把群衆工作做深做細做實，增強群衆工作的親和力和感染力，提高群衆工作的針對性和實效性。①

如何進一步具體做好群衆工作，習近平同志提出了 5 條主要途徑：一是通過發揚民主的方法做好群衆工作；二是通過辦實事好事的方法做好群衆工作；三是通過思想政治工作的方法做好群衆工作；四是通過示範引導的方法做好群衆工作；五是通過組織活動的方法做好群衆工作。② 例如，領導信訪下訪是一種發揚民主、體察民情、聯繫群衆的重要渠道。習近平指出：領導幹部在急難險重等關鍵時刻，應該冲在最前列；面對目前大量的群衆信訪問題，領導幹部也應站在最前面，面對面地做好群衆工作。變群衆上訪爲領導下訪，不是信訪工作的唯一形式，也不是越俎代庖，取代基層工作，而是一種思想觀念的轉變，一種工作思路的創新，一種行之有效的機制，一種發揚民主、體察民情、聯繫群衆的重要渠道。這有利於進一步暢通與基層群衆交流溝通的渠道，有利於面對面地檢查督促基層信訪工作，有利於發現傾向性問題，深化規律性認識。提倡面對面做好群衆工作，體現了立黨爲公、執政爲民的本質要求，體現了我們黨密切聯繫群衆的優良傳統和作風，體現了領導幹部情爲民所係、權爲民所用、利爲民所

---

① 盛若蔚. 習近平·領導幹部要不斷提高新形勢下群衆工作水平. 人民網－人民日報，2011 年 01 月 06 日。

② 習近平·如何做好新形勢下的群衆工作——訪中共浙江省委書記習近平，求是，2005，(17)：31－34。

謀的具體實踐，必須始終堅持下去。①

（三）群衆工作：經驗、教訓與警醒

中國共産黨在堅持和踐行群衆觀方面，既積累了不少經驗與啓示，也有一些應當汲取的教訓。這些都是我們進一步創新發展群衆觀的寶貴財富。

中國共産黨群衆工作的主要經驗有：共産黨員的率先垂範是做好群衆工作的基本前提；實現好、發展好和維護好最廣大群衆的根本利益是做好群衆工作的第一任務；善於從人民群衆的實踐中尋找解決問題的辦法是做好群衆工作的有效途徑；堅持人民主體地位，發揮人民首創精神，始終保持同人民群衆的血肉聯繫，實現黨群、干群關係的制度化是做好群衆工作的重要保証。

2008 年，習近平指出：改革開放 30 年黨的建設實踐基本經驗就是，必須堅持立黨爲公、執政爲民，把實現好、維護好、發展好最廣大人民的根本利益作爲黨的核心價值，始終保持黨同人民群衆的血肉聯繫。② 習近平進一步指出：改革開放以來，我們黨繼承和發揚黨在長期實踐中積累的群衆工作經驗和優良傳統，堅持人民是歷史創造者的馬克思主義根本觀點，充分尊重人民群衆的首創精神，不斷改進新的歷史條件下黨的群衆工作，學會在經濟體制深刻變革中處理好效率與公平的關係，充分激發各方面群衆的積極性、主動性、創造性；在利益格局深刻調整中兼顧不同群體的利益訴求，妥善協調和處理不同方面群衆的利益關切；在思想觀念深刻變化中尋找與群衆交流溝通的共同語言，拉近與群衆的思想感情距離，努力做到親民有真感情，愛民有真措施，利民有真成效。所有這些，使我們黨從人民群衆中吸取了巨大的物質精神力量。這是 30 年來我們黨領導改革開放和社會主義現代化建設不斷取得勝利的一條根本經驗。③

2009 年，習近平指出：新中國 60 年黨的建設實踐的基本經驗是，必須堅持立黨爲公、執政爲民，把實現好、維護好、發展好最廣大人民的根

---

① 習近平. 之江新語. 杭州：浙江人民出版社. 2007. 第 66 頁。
② 習近平. 改革開放 30 年黨的建設回顧與思考——在中央黨校 2008 年秋季開學典禮上的講話. 學習時報，2009 年 09 月 8 日。
③ 習近平. 改革開放 30 年黨的建設回顧與思考——在中央黨校 2008 年秋季開學典禮上的講話. 學習時報，2009 年 09 月 8 日。

本利益作爲黨的建設必須始終遵循的宗旨、方向和目的，始終保持黨同人民群衆的血肉聯繫。① 習近平進一步指出：全心全意爲人民服務是我們黨的根本宗旨，也是我們黨區別於其他一切政黨的根本標誌。60 年的實踐證明，加強和改進黨的建設，最重要的就是堅持立黨爲公、執政爲民，把實現好、維護好、發展好最廣大人民的根本利益作爲黨全部工作的出發點和落腳點，始終保持黨同人民群衆的血肉聯繫。②

教訓與警醒主要有 4 條：一是黨執政後最大的危險是脫離群衆。習近平指出：歷史和現實表明，我們黨最大政治優勢是密切聯繫群衆，黨執政後的最大危險是脫離群衆。③ 習近平進一步指出：在長期執政的條件下，在改革開放和發展社會主義市場經濟的環境中，黨的作風方面的問題、脫離群衆的問題、消極腐敗現象滋長蔓延的問題，會比以往任何時候都更加突出地表現出來。④

二是執政黨如果脫離群衆將喪失執政權。習近平指出：目前黨內存在不少不適應新形勢新任務要求、不符合黨的性質和宗旨的問題。這些問題雖然不是黨的隊伍的主流，但嚴重削弱黨的創造力、凝聚力、戰鬥力，嚴重損害黨同人民群衆的血肉聯繫，嚴重影響黨的執政地位鞏固和執政使命實現。⑤ 習近平進一步指出：如果黨脫離群衆，就會失去群衆的支持，從根本上失去先進性，以致最終失去執政資格。⑥

三是黨員幹部失語的背後是嚴重脫離群衆。習近平指出：現在有的領導幹部很會做領導工作，但不會做群衆工作。不要以爲堅持群衆路綫是老生常談，現在基層出現的問題很多都是因爲沒有重視群衆工作。⑦ 習近平進一步指出："我曾批評個別幹部不會説話，處於失語狀態。語言的背後

---

① 習近平. 關於新中國 60 年黨的建設的幾點思考——在中央黨校 2009 年秋季開學典禮上的講話. 學習時報, 2009 年 09 月 28 日.

② 習近平. 關於新中國 60 年黨的建設的幾點思考——在中央黨校 2009 年秋季開學典禮上的講話. 學習時報, 2009 年 09 月 28 日.

③ 習近平. 改革開放 30 年黨的建設回顧與思考——在中央黨校 2008 年秋季開學典禮上的講話. 學習時報, 2008 年 09 月 8 日.

④ 習近平. 改革開放 30 年黨的建設回顧與思考——在中央黨校 2008 年秋季開學典禮上的講話. 學習時報, 2008 年 09 月 08 日.

⑤ 習近平. 加强和改進新形勢下黨的建設的綱領性文獻. 人民網, 2009 年 10 月 09 日.

⑥ 習近平. 加强和改進新形勢下黨的建設的綱領性文獻. 人民網, 2009 年 10 月 09 日.

⑦ 習近平. 幹部失語的背後是嚴重疏離群衆. 人民日報, 2005 年 09 月 05 日第十版.

是感情、是思想、是知識、是素質。不會説話是表象，本質還是嚴重脱離群眾，或是目中無人，對群眾缺乏感情；或是身無才幹，做工作缺乏底蘊；或是手脚不净，形象不好，缺乏正氣。"①

四是文風不正會導致幹部脱離群眾，群眾疏遠幹部。習近平指出：黨的歷史經驗證明，文風不正，危害極大。它嚴重影響真抓實幹、影響執政成效，耗費大量時間和精力，耽誤實際矛盾和問題的研究解決。不良文風蔓延開來，不僅損害講話者、爲文者自身形象，也降低黨的威信，導致幹部脱離群眾，群眾疏遠幹部，使黨的理論和路綫方針政策在群眾中失去吸引力、感召力、親和力。可以説，一切不良文風都是不符合黨的性質、宗旨的，都是同黨肩負的歷史使命相背離的。大力糾正不良文風，積極倡導優良文風，已成爲新形勢下加强和改進黨的作風建設一項重要任務。②

四、群眾觀：理論支撐、認識來源與繼承發展
——在繼承中創新群眾觀，在創新中發展群眾觀

(一) 理論支撐

習近平群眾觀的理論支撐主要來源於 3 個方面：

1. 馬克思、列寧的群眾觀思想。馬克思、恩格斯、列寧的群眾觀思想主要體現在《馬克思恩格斯全集》、《馬克思恩格斯選集》、《列寧全集》、《列寧選集》等著作之中。代表性文章有：《神聖家族》、《德意志意識形態》、《反對抵制》、《社會民主黨在民主革命中的兩種策略》、《關於黨在農村中的當前任務》等。這些理論是基礎性理論支撐。

2. 毛澤東、鄧小平的群眾觀思想。毛澤東、鄧小平的群眾觀思想主要體現在《毛澤東選集 (1-4)》、《毛澤東文集 (1-8)》、《建國以來毛澤東文稿 (1-8)》、《周恩來選集 (上、下)》、《劉少奇選集 (上、下)》、《朱德選集》、《董必武選集》以及《鄧小平文選 (1-3)》、《鄧小平論黨的建設》、《陳雲文選 (1-3)》、《陳雲論黨的建設》等著作之中。這些理論是根本性理論支撐。

---

① 習近平. 幹部失語的背後是嚴重疏離群眾. 人民日報, 2005 年 09 月 05 日第十版.
② 習近平. 努力克服不良文風 積極倡導優良文風——在中央黨校 2010 年春季學期第二批入學學員開學典禮上的講話. 學習時報, 2010 年 05 月 16 日.

3. 江澤民、胡錦濤的群眾觀理論重要論述。江澤民、胡錦濤的群眾觀重要論述主要體現在《江澤民文選 1 – 3》》、《江澤民論黨的建設》、《十六大以來重要文獻選編（上、中、下）》、《十七大以來重要文獻選編（上、中）》及胡錦濤關於黨建理論與群眾觀理論講話等文獻著作之中。這些理論是現實性理論支撐。

（二）認識來源

習近平群眾觀的認識來源主要有兩個方面或層次：

一是習近平樸素的群眾觀，主要來源於延川縣文安驛公社樑家河大隊 7 年的知青生涯。基層離群眾最近，最容易建立群眾關係。1974 年全國 9 億多人口，有 7 億多農民在廣大農村，城市化率為 17% 左右；全國 2000 多個縣有七八十萬個大隊。正是因為習近平積極實踐樸素的群眾觀，才被地方公社推舉為樑家河大隊支部書記，成為延安地區北京兩萬九千知識青年的佼佼者。

二是習近平馬克思主義群眾觀的形成與確立，主要來源於在河北省的正定縣縣級基層領導管理工作、來源於在福建省廈門市、寧德地區行署、福州市的地市級領導管理工作。10 多年的不同地區、不同崗位的歷練，形成並確立了馬克思主義群眾觀。正是因為習近平確立了馬克思主義群眾觀，才使其更加堅持群眾觀點，始終站在人民群眾立場上，全心全意為人民服務，努力保持同人民群眾的血肉聯繫。

習近平馬克思主義群眾觀的形成與確立，符合認識論的原理，體現了實踐論與認識論的統一。被迫上山下鄉與主動選擇下基層，從自在變為自為，從自發變為自覺，從樸素的群眾觀到形成並確立馬克思主義群眾觀。毛澤東指出，“實踐、認識、再實踐、再認識，這種形式，循環往復以至無窮，而實踐和認識之每一循環的內容，都比較地進到了高一級的程度，這就是辯證唯物論的全部認識論，這就是辯證唯物論的知行統一觀。”[1]

進一步看，馬克思主義群眾觀形成與確立，與幹部的成長和政治上的進步成熟，具有促進作用與一致性。習近平就是這樣，從陝北農村大隊支書做起，在河北正定正式起步，在福建政壇逐步走向成熟，直至成為一名黨和國家領導人。習近平同志的成長軌跡，以及與習近平同一時代成長起

---

[1] 毛澤東選集第 1 卷. 北京：人民出版社. 1991. 第 296 – 297 頁。

來的一大批黨的高級領導幹部類似的成長歷程，對於教育引導今天的年輕幹部自覺堅持馬克思主義群眾觀具有重要指導意義。同時，也反映了群眾觀在黨的幹部工作中的運用與發展，對豐富發展黨的幹部路綫、進一步完善黨的幹部制度具有重大促進作用。

(三) 運用、繼承與發展

習近平的群眾觀是來自於實踐、服務於實踐的群眾觀，主要是在繼承、吸收毛澤東與鄧小平群眾觀思想、江澤民與胡錦濤群眾觀重要論述等的基礎上，進行運用、創新與發展。

一是運用、繼承與發展馬克思恩格斯的群眾觀思想。馬克思認爲：不斷密切與人民群眾的聯繫是實現工人階級歷史使命的需要；無產階級政黨是人民群眾利益的代表者；工人階級政黨可以向一切站在無產階級立場上的人開放。列寧進一步認爲：密切聯繫群眾是無產階級政黨生存和發展的需要；正確處理黨與群眾關係是搞好黨的自身建設的需要；克服官僚主義是密切黨群關係的重要途徑。

二是運用、繼承與發展毛澤東、鄧小平的群眾觀思想。毛澤東在中國長期的革命和建設實踐過程中，把馬克思主義關於人民群眾是歷史的創造者的原理，系統地運用在黨的全部活動中，比較系統地闡述了黨的群眾觀點、群眾路綫與群眾工作。主要內容爲：一切爲了群眾、一切依靠群眾；從群眾中來，到群眾中去；人民創造歷史，人民群眾是真正的英雄；向人民學習，相信人民，依靠人民；與人民打成一片，與人民建立深厚的感情；和人民群眾始終保持密切的聯繫；爲人民服務，對人民負責，當人民的勤務員等。

鄧小平的群眾觀思想是在中國革命和建設社會主義時期形成和發展起來的。大致分爲土地革命時期到抗日戰爭時期、新中國成立到社會主義建設時期的 50 年代後期與從 1978 年黨的十一屆二中全會到 1992 年南方談話等三個發展階段。鄧小平群眾觀的主要內容有：人民群眾是力量源泉，要相信群眾，依靠群眾；把人民群眾的利益作爲判斷一切工作的標準；尊重知識，尊重人才，調動人民群眾的積極性；密切聯繫群眾，堅持群眾路綫；真正維護人民群眾的主人翁地位，賦予人民監督的權力。鄧小平群眾觀的特點體現在群眾觀與歷史觀的有機統一，群眾觀與實踐觀的有機統一和群眾觀與價值觀的有機統一。

　　三是運用、繼承與發展江澤民、胡錦濤的群衆觀重要論述。江澤民群衆觀重要論述是對中國共産黨執政經驗、歷史經驗和十三屆四中全會以來黨的群衆工作的實踐經驗的科學總結。主要内容表現在：1. 始終代表最廣大人民群衆的根本利益；堅持、豐富和發展黨的群衆路綫；2. 從制度上和法律上保证黨同群衆的密切聯繫；3. 狠刹官僚主義和形式主義歪風。主要特徵在於：1. 將始終代表最廣大人民群衆的根本利益上昇爲黨一切工作的出發點和落脚點；2. 通過爲最廣大人民謀利益實現共産黨人價值取向與價值標準的統一；3. 以發揚人民民主、建立社會主義民主機製作爲執政爲民的實現途徑。胡錦濤群衆觀重要論述是當代群衆觀理論的創新與發展。主要内容體現在：1. “三大意識”即增强憂患意識，始終保持黨同人民群衆的血肉聯繫；增强公僕意識，始終堅持全心全意爲人民服務；增强節儉意識，始終與人民群衆同甘共苦。2. “三爲民思想”即“權爲民所用”構築群衆觀的合法内核；“情爲民所係”構築群衆觀的倫理内核；“利爲民所謀”構築群衆觀的價值内核。3. 保持黨的先進性即“爲民、務實、清廉”是樹立群衆觀的基本前提；“科學、民主、依法”是踐行群衆觀的基本途徑；“相信誰，依靠誰，爲了誰”是檢驗群衆觀的基本標尺。實踐特徵表現爲：求真務實、執政爲民、民主清廉、與時俱進。當代價值表現爲：豐富和發展了馬克思主義群衆觀的理論寶庫；實現共産黨人價值目標與執政理念的精神武器；落實科學發展觀，構建和諧社會的起點和歸宿。

　　習近平群衆觀是一種在“繼承中創新群衆觀，在創新中發展群衆觀”的動態發展的群衆觀，主要體現在四個方面：

　　一是理論創新。2010 年 9 月，習近平首次提出“權爲民所用，權爲民所賦”。2011 年 1 月，習近平首次提出：“群衆工作的本質是密切黨群關係，核心是正確處理人民内部矛盾。”

　　二是理念創新。習近平在重慶調研時指出：做群衆工作要注意換位思考，設身處地爲群衆着想。只有將心比心，才能換取真心，才能找到解決問題、推動工作的良策。① 換位思考就是爲人處事要站在對方的利益立場上，處在對方的角度上來思考、處理問題，通俗地説，叫將心比心。在當

<hr>

　　① 李亞杰. 習近平重慶調研要求促進經濟發展和社會和諧穩定. 新華網，2010 年 12 月 08 日。

前形勢下，換位思考是做好群衆工作的一大法寶。

三是方法創新。習近平在視察浙江第一個村級黨員電教網絡陣地時強調：要充分利用網絡科技手段爲人民服務。習近平指出：先進的視聽設備、信息化設備對於我們的黨建是一個很好的手段，希望你們年輕幹部，能充分利用這個手段，在崗位上把工作做好，爲人民服務。① 此外，習近平還注意用短信交流、網上在綫等形式開展群衆工作。

四是實踐創新。習近平指出：堅持立黨爲公、執政爲民，密切聯繫群衆，在繼承過去行之有效的工作方法的同時，大膽創新，采取多種形式，尋找有效載體，開展群衆工作。在習近平領導倡導下，浙江省群衆工作實踐創新主要有：領導幹部記民情日記；基層民主懇談（徵詢）會；企業黨組織與職工民主對話；民主聽証會；黨員參與社區共建活動；領導下訪接待群衆的制度；建立行政服務（辦事）中心；便民綜合服務窗口。② 領導下訪就是一種創新。習近平指出：下訪接待群衆是考驗領導幹部能力和水平的大考場，來訪群衆是考官，信訪案件是考題，群衆滿意是答案。

五、群衆觀：牢固樹立群衆觀的戰略對策
——堅持與踐行群衆觀，提高幹部科學工作水平

堅持與踐行馬克思主義群衆觀，不斷提高幹部科學工作水平，推動科學發展，是一項系統工程，也是一項長期艱巨的任務。因此，要實現這一目標任務，就需要采取一系列切實有效的措施。主要的對策是：站穩群衆立場、强化群衆觀點、堅持群衆路綫、做好群衆工作，密切黨群關係，創新工作方法，完善制度，規範群衆工作體系，由此構建群衆工作科學化體系。概括、歸納習近平同志的講話、報告、文章、訪談與調研言論，其主要戰略對策（或主要做法與措施）有以下幾個方面：

戰略對策之一：牢固樹立群衆觀點，尊重群衆，貼近群衆，增强群衆觀念。

習近平强調：群衆觀點是歷史唯物主義的基本觀點，也是我們做好群

---

① 鐘光偉、張榮. 習近平·充分利用科技手段爲人民服務. 華東新聞, 2005 年 04 月 07 日第 1 版。

② 習近平·如何做好新形勢下的群衆工作——訪中共浙江省委書記習近平, 求是, 2005, (17)：31 - 34。

衆工作的思想基礎。只有真正理解和牢固樹立群衆觀點，才能堅定不移、堅持不懈做好群衆工作。牢固樹立群衆觀點是堅持黨的群衆路線的思想基礎；牢固樹立群衆觀點是保持和發展黨的先進性的必然要求。要堅持思想上尊重群衆、感情上貼近群衆、工作上依靠群衆，從群衆中汲取智慧和力量，始終與人民群衆同呼吸共命運心連心。

一是群衆觀點任何時候、任何情況下都不能丟、不能忘。習近平多次要求，在群衆工作中，要堅持與樹立群衆觀點。樹立群衆觀點，首先必須堅持群衆路線。習近平強調：當前要強化立黨爲公與執政爲民的觀點，群衆利益無小事的觀點，始終保持同人民群衆的血肉聯繫的觀點，權爲民所用與權爲民所賦的觀點。

二是領導幹部對群衆要滿懷真情。習近平指出：領導幹部如何對待人民群衆，是一個根本的立場問題、世界觀問題、黨性問題，也是領導幹部能不能老老實實做人的感情基礎。各級領導幹部要始終堅持馬克思主義的群衆觀點和黨的群衆路線，自覺擺正與人民群衆的關係，不斷增進對人民群衆的真摯感情，充分調動和發揮廣大群衆的積極性、主動性、創造性。要設身處地、換位思考，把人民群衆的安危冷暖放在心上，以群衆的憂樂爲憂樂，以百姓的疾苦爲疾苦，切實解決人民群衆最關心、最直接、最現實的利益問題，做到權爲民所用、情爲民所係、利爲民所謀。[①]

三是貼近群衆要改進幹部工作作風。習近平指出：不能和群衆談心，你説的話群衆聽不懂，怎麽會有感召力？怎麽指導實踐、推動工作？改進文風，必須從思想和感情深處把人民群衆當主人、當先生。群衆的思想最鮮活、語言最生動。深入群衆，你就來到了智慧的大課堂、語言的大課堂，我們的文件、講話、文章就可以有的放矢，體現群衆意願，讓群衆願意看、看得懂，願意聽、聽得進。[②]

四是自覺擺正與人民群衆的關係，充分保障黨員的民主權利。習近平指出：要深懷愛民之心，自覺擺正與人民群衆的關係，不斷增進與人民群

---

① 習近平. 領導幹部要認認真真學習、老老實實做人、干乾净净幹事——在中央黨校 2008 年春季學期第二批進修班暨師資班開學典禮上的講話. 學習時報，2008 年 05 月 27 日。

② 習近平. 努力克服不良文風 積極倡導優良文風——在中央黨校 2010 年春季學期第二批入學學員開學典禮上的講話. 學習時報，2010 年 05 月 16 日。

衆的真摯感情，設身處地、換位思考，時刻把人民群衆的安危冷暖掛在心上。① 習近平指出：機關黨組織要堅持以人爲本、注重人文關懷和心理疏導，深入瞭解機關黨員幹部的所思所想，幫助協調解决他們的實際困難和問題，努力建設文明和諧機關。② 習近平指出：要尊重黨員主體地位，最根本的就是要認真落實黨章及黨員權利保障條例等黨内規章賦予黨員的知情權、參與權、選舉權、被選舉權和監督權等各項民主權利，讓黨員在黨内生活中真正發揮主體作用。

戰略對策之二：始終站穩群衆立場，真心爲群衆着想，全力爲群衆造福，堅决糾正損害群衆利益的行爲。

習近平强調：群衆立場是决定我們黨的性質的根本政治問題。我們黨之所以得到廣大人民群衆擁護和支持，就是因爲我們黨始終站在最廣大人民的立場上説話辦事，始終代表最廣大人民根本利益。

一是終站在人民大衆立場上，誠心誠意爲人民謀利益。習近平指出："共産黨人堅持馬克思主義立場，就必須始終站在人民大衆立場上，一切爲了人民、一切相信人民、一切依靠人民，誠心誠意爲人民謀利益，這是一項根本要求。"③ 站穩群衆立場必須體現到實現好、維護好、發展好最廣大人民根本利益上來。只有站穩群衆立場，我們黨才能正確制定理論和路綫方針政策、無往不勝，我們黨員領導幹部才能正確對待事業、群衆、自己，做出經得起實踐、人民、歷史檢驗的實績。

二是樹立正確的權力觀政績觀，真正做到執政爲民。習近平進一步指出："黨員領導幹部要始終站在人民大衆立場上，把服務群衆、造福百姓作爲最大責任，把執政爲民、爲民用權作爲正確使用權力的基本準則，真正做到立身不忘做人之本、爲政不移公僕之心、用權不謀一己之私。"④ 黨員幹部不能站穩群衆立場的原因，是在於官本位的思想在作怪。他們從求政績、求昇官的思想出發，没有把群衆利益放在心中，有的甚至搞政績工

---

① 習近平. 結合新的實際，大力弘揚焦裕禄精神. 學習與研究，2009，(9)：15－19。

② 車玉明. 習近平今日到國土資源部調研. 新華網，http://www.sina.com.cn，2010 年 09 月 20 日。

③ 習近平. 深入學習中國特色社會主義理論體系 努力掌握馬克思主義立場觀點方法. 求是，2010，(7)：19－26。

④ 習近平. 深入學習中國特色社會主義理論體系 努力掌握馬克思主義立場觀點方法. 求是，2010，(7)：19－26。

程而勞民傷財，損害群衆的利益。有的黨員幹部是從大拆大建中收取開發商的好處，謀取個人利益，成爲腐敗分子，從而走向了人民群衆的反面。這樣的教訓，人們應該牢牢記取。沒有群衆立場的爲官，猶如汪洋大海中的一葉孤舟，很有覆舟的危險。站穩了群衆立場，我們才能有深厚的執政基礎。

三是工作上要大膽，迎難而上，敢於開拓。習近平指出：領導幹部不論在什麼崗位，都只有爲人民服務的義務，都要把人民群衆利益放在行使權力的最高位置，把人民群衆滿意作爲行使權力的根本標準，做到公道用人、公正處事。習近平進一步指出：各級領導幹部要在難題面前敢於開拓，在矛盾面前敢抓敢管，在風險面前敢擔責任，全心全意爲人民服務。領導幹部工作上要大膽，用權上則要謹慎，常懷敬畏之心，戒懼之意，自覺接受紀律和法律的約束。習近平還指出：要多辦利民之事，堅持從人民群衆最關心、最直接、最現實的利益問題入手，深入條件艱苦、矛盾集中、困難突出的地方，盡力辦順民意、解民憂、增民利的實事好事，而不要等到群衆反映強烈了或者上級指示批下來了，才去解決。①

戰略對策之三：切實貫徹群衆路綫，相信群衆，依靠群衆，引導群衆不斷前進。

習近平強調：貫徹群衆路綫要深刻認識群衆路綫是實現黨的思想路綫、政治路綫、組織路綫的根本工作路綫。要堅持尊重社會發展規律與尊重人民歷史主體地位的一致性，堅持爲崇高理想奮鬥與爲最廣大人民謀利益的一致性，堅持完成黨的各項任務與實現人民利益的一致性。

一是要堅持到群衆中去，認真落實群衆路綫的方法。堅持群衆觀點，首先要堅持群衆路綫。習近平指出：要堅持一切爲了群衆，一切依靠群衆，堅持從群衆中來，到群衆中去。習近平進一步指出：要牢固樹立宗旨觀念，始終堅持群衆路綫，認真落實以人爲本，真正做到權爲民所用、情爲民所係、利爲民所謀。②習近平強調：到群衆中去，要學會從群衆角度看問題。注重從群衆的角度看問題，首先要置身於群衆之中，並把自己真正當成是普通群衆的一員，同時，還要以群衆的眼光去認識問題、去分析

---

① 習近平．結合新的實際，大力弘揚焦裕祿精神．學習與研究，2009，（9）：15－19。
② 習近平．結合新的實際，大力弘揚焦裕祿精神．學習與研究，2009，（9）：15－19。

問題。

二是要群眾信任我們，必須首先信任群眾。黨與群眾是一對關係體，不可分割，必須相互信任才能共同發展。要讓群眾信任我們，必須首先信任群眾。習近平指出：要群眾信任，決不僅僅靠權力，更主要的是靠你的人格魅力和工作能力，靠你做群眾工作的方法和本領。習近平進一步指出："人民所關心的事情就是我們關心的焦點，人民群眾不放心的事情、不滿意的事情就是我們過失的所在。"① 要滿腔熱情地做好群眾工作，帶着感情研究政策制定措施、化解矛盾解決問題、轉變作風狠抓落實、提高本領增長才幹。

三是要虛心向群眾求教問策，吸取營養和力量。習近平指出：各級領導幹部要始終牢記黨的根本宗旨，從思想和感情深處真正把人民群眾當主人、當先生，虛心向他們求教問策，把政治智慧的增長、執政本領的增強、領導藝術的提高深深扎根於人民群眾的實踐沃土中，不斷從人民群眾中吸取營養和力量。② 習近平進一步指出：做到謀劃發展思路向人民群眾問計，查找發展中的問題聽人民群眾意見，改進發展措施向人民群眾請教，落實發展任務靠人民群眾努力，衡量發展成效由人民群眾評判。③

四是要關心幫助群眾，引導群眾不斷前進。關心群眾是各級領導幹部應盡職責。要辦群眾期待的實事讓群眾看到學習實踐活動帶來的變化。習近平指出：要認真貫徹黨的群眾路綫，思想上尊重群眾、感情上貼近群眾、行動上深入群眾、工作上依靠群眾，幫助群眾解決生產生活中的實際困難，引導群眾不斷前進，切實提高新形勢下做好群眾工作的能力。④

戰略對策之四：重視做好群眾工作，切實維護群眾利益，正確處理人民內部矛盾，增強群眾工作的親和力和感染力。

習近平強調：實現好、維護好、發展好最廣大人民群眾的根本利益，首先就要瞭解群眾的所思所盼所憂，瞭解群眾的真實情況、真實想法。要繼承發揚黨的群眾工作的優良傳統和作風，通過用思想政治工作、密切聯

---

① 吳志菲. 習近平·從黃土高坡到上海灘. 黨史縱橫, 2007, (5)：16–21。

② 李亞杰、顏瑞珍. 習近平·努力掌握馬克思主義立場觀點方法. 新華網, 2010 年 03 月 01 日。

③ 盛若蔚. 習近平·領導幹部要不斷提高新形勢下群眾工作水平. 人民網–人民日報, 2011 年 01 月 06 日。

④ 習近平強調扎實做好推進農村改革發展各項工作. 中國新聞網, 2008 年 11 月 10 日。

繫群衆、發揮基層組織戰鬥堡壘作用等方法做好群衆工作。

一是領導幹部要樂於更要敢於做群衆工作。領導幹部要樂於做群衆工作，更要敢於做群衆工作。是否樂於做群衆工作，並在與人民群衆的接觸中充滿感情、傾注真情，是一個立場問題；而敢於做群衆工作則是職責與魄力問題。敢於做群衆工作除了養足底氣與昂揚銳氣外，就是樹立正氣。清正廉潔，一身正氣，是領導幹部保持同人民群衆的血肉聯繫、理直氣壯地開展工作的重要前提。如果自己不乾净，怎樣去說服教育群衆，又怎敢到群衆中去做工作？唯有在思想上牢記宗旨，心底無私，一心爲公；工作上眼睛向下，公開民主，不怕監督；作風上嚴於律己，勤勉敬業，務實高效，這樣群衆才聽、才信、才服。

二是領導幹部做群衆工作要掌握正確的工作方法。習近平認爲：正確的方法是做好工作的重要保证。掌握了正確的工作方法，往往能收到事半功倍的效果。實際工作中，很多同志由於没有掌握正確的方法，容易出現兩種傾向：一種是瞎子摸象，對工作没有全面的把握；一種是紙上談兵，眼高而手低，遇到具體事情不知何處着手。不管是哪種情況，都不利於工作的開展和深入。①

三是要把群衆工作做深做細做實。習近平强調：要把群衆工作做深做細做實，增强群衆工作的親和力和感染力，提高群衆工作的針對性和實效性。② 做深就要深入群衆，傾聽群衆的心聲，領導幹部要到群衆中去，瞭解群衆的實際需求和困難，掌握第一手資料。做細就要轉變工作作風，要順應群衆工作的新形勢，要大力推進民主進程，群衆事無小事，要真正把群衆的事裝心裏，把工作做到群衆心坎上。做實就要切實解決群衆的新需求，聽取群衆訴求，掌握其柴米油鹽醬醋茶等具體問題，切實幫助解決實際困難，要妥善處理涉及群衆切身利益的問題，要幫助群衆脱貧致富謀發展。

四是要切實維護群衆利益，正確處理人民内部矛盾。習近平指出：要始終把群衆利益放在第一位，通過各種形式深入到群衆之中，體察民情、體驗民生、體會民意，在群衆最盼的時候慰民心，在群衆最急的時候解民

---

① 習近平．之江新語．杭州：浙江人民出版社．2007．第 88 頁。
② 盛若蔚．習近平·領導幹部要不斷提高新形勢下群衆工作水平．人民網 - 人民日報，2011年 01 月 06 日。

憂，在群衆最難的時候辦實事。① 在當前形勢下，做好群衆工作、疏導群衆情緒、化解社會矛盾顯得尤爲緊迫。習近平強調：重點組織中青年幹部學習和實踐做新時期群衆工作的方法，要求他們掌握黨的方針政策，掌握市場經濟知識、科技知識和必要的專業知識，鍛煉自己的思維能力、語言表達能力，提高瞭解社情民情的能力、協調不同群體利益關係的能力、化解人民內部矛盾的能力、做思想政治工作的能力、動員群衆的能力、處理突發事件的能力。②

戰略對策之五：抓基層，打基礎，夯實基層群衆工作，增強幹部工作能力。

習近平多次強調：要抓基層、打基礎，創先爭優，做好群衆工作，推進黨的建設。當前正在廣大基層黨組織和黨員中開展的創先爭優活動，是加強黨的基層組織建設的一項經常性工作，對夯實基層群衆工作具有重要作用。

一是要把創先爭優活動與群衆工作結合起來，夯實基層群衆工作。習近平指出：要把聯繫服務群衆、做好群衆工作作爲基層黨組織的核心任務、基層幹部的基本職責，改進和創新基層黨組織工作思路、內容、方式，把基層黨建工作成效落實和體現到推動科學發展、解決群衆疾苦、化解基層矛盾、維護社會穩定、密切黨群關係、夯實執政根基上來。③ 工廠、學校也是最重要的基層。習近平強調：做好抓基層、打基礎的工作是高校黨的建設的一項基本任務。當前要認真貫徹新修訂的《中國共產黨普通高等學校基層組織工作條例》，適應高校改革發展建立健全高校黨的各級組織，進一步明確黨組織職責任務，豐富黨組織活動內容，健全黨組織工作制度，實現高校黨的組織和黨的工作全覆蓋。④

二是要強化幹部基層鍛煉，增強幹部工作能力。基層離群衆最近，是幹部歷練的基礎性場所。習近平指出：地方尤其是基層一綫是領導幹部瞭解實際、向廣大群衆學習的好課堂，也是領導幹部磨練作風、提高素質的

---

① 李亞杰. 習近平・推動組織工作更好爲科學發展服務. 新華網，2009 年 12 月 11 日.

② 習近平・如何做好新形勢下的群衆工作——訪中共浙江省委書記習近平，求是，2005，(17)：31–34.

③ 李章軍. 習近平・爲 "十二五" 開好局提供堅強組織保証. 人民網，2010 年 12 月 18 日.

④ 李章軍. 習近平・切實加強和改進高校黨的建設. 人民網，2010 年 12 月 15 日.

大考場。到地方和基層一綫工作，同基層幹部和群眾一起摸爬滾打，對於領導幹部特別是年輕幹部增長領導才幹、積累實踐經驗、加快政治成熟至關重要。① 習近平強調：在實踐中鍛煉、考驗和提高幹部水平，始終是培養年輕幹部的一個基本途徑。越是有培養前途的年輕幹部，越要放到艱苦環境中去，越要派到改革和發展的第一綫去，讓他們在實踐鍛煉中增強黨性、改進作風、磨練意志、陶冶情操、提昇境界、增長才幹。要堅持多崗位培養鍛煉年輕幹部，尤其要注重在基層一綫的實踐中培養鍛煉年輕幹部。一方面，要鼓勵更多的年輕幹部到基層、到生産一綫和艱苦地方去經受考驗、成長成才；另一方面，要注重選拔基層中善於做群眾工作、能妥善應對復雜局面、有處理實際問題能力的優秀年輕幹部充實黨政領導機關，改善優化機關幹部隊伍結構。②

三是要重視基層工作，爲他們解除後顧之憂。習近平指出：解決民生問題，重心在基層。要加強基層基礎工作，努力把民生問題解決在基層，進一步暢通爲民辦實事的民情反映渠道，拓展爲民辦實事的領域，加大爲民辦實事的投入力度，落實爲民辦實事的工作責任，完善基層服務和管理網絡，健全惠及全民的基本公共服務體系，特別是要健全新型社區管理和服務體制，不斷推進和諧社區建設。③ 習近平進一步指出：要重視基層幹部隊伍建設，爲他們解除後顧之憂，把中央關於真正重視、真情關懷、真心愛護基層幹部的要求落到實處。④

戰略對策之六：廣泛關注民生，疏通民情渠道，真正讓群眾得到更多實惠，享受改革發展的成果。

習近平強調：中央“十二五”規劃建議把民計民生、社會保障擺在了更加重要的位置，目的就是要讓老百姓享受到更多的發展實惠。我們要在大力發展經濟、積累更多社會財富的同時，落實各項惠民、利民措施，在做大做好蛋糕的基礎上分好蛋糕，讓群眾及時享受到發展的成果，讓老百

---

① 盛若蔚. 習近平與中青年幹部座談 強調在地方和基層鏈煉黨性. 人民網, 2010 年 10 月 12 日。

② 李章軍. 習近平·以改革創新精神加強黨的建設和組織工作. 人民日報, 2008 年 12 月 28 日。

③ 繆毅容. 習近平訪民情：官員對民生問題要動真情下真功. 解放日報, 2007 年 04 月 04 日。

④ 李章軍. 習近平·爲“十二五”開好局提供堅強組織保証. 人民網, 2010 年 12 月 18 日。

姓得到真真切切的實惠，讓老百姓的生活越來越好。

　　一是要把民生作爲調研的經常性項目。在寧夏調研時，習近平指出：要以改善民生爲重點，進一步加大扶貧開發力度，繼續大力開展就業指導、城鄉醫療救助、困難家庭學生助學、農村五保户供養、教育救助、司法援助等工作，把黨和政府的關懷送到千家萬户。[①] 在天津調研時，習近平指出：各級黨委、政府在春節期間要廣泛開展送溫暖活動，幫助困難群衆解決實際問題，認真做好節日供水、供電、供氣、供暖等工作，把黨和政府的溫暖送到千家萬户，讓廣大群衆過一個歡樂、祥和的春節。[②] 在海南調研中，習近平先後到革命老區陵水黎族自治縣濱河新區和保亭縣三道鎮什進村瞭解扶貧開發特别是困難群衆的生產生活情况，到西聯農場考察棚户區改造及保障性住房建設。在江西調研中，習近平深入基層，深入群衆，關切地詢問他們就業、就醫、居住生活等情况。

　　二是領導幹部對民生問題要動真情下真功。習近平指出：各級領導幹部要動真情、下真功，深入到困難群衆中去，千方百計幫助群衆解決就業、就醫、就學和住房等方面的現實問題，團結帶領廣大群衆共建共享美好生活。[③] 習近平進一步指出：更加關注解決民生問題，把更多精力用到關心群衆生產生活中，把更多財力投入到解決群衆最關心、最直接、最現實的利益問題上，使廣大人民群衆在和諧社會建設中得到更多實惠。[④]

　　三是要真正讓群衆得到更多實惠，共享改革發展成果。習近平指出：要着眼於抓好經常性建設，永葆先進性本色，自覺建設先進性、實踐先進性、展示先進性，真正做到黨員長期受教育、群衆經常得實惠。習近平進一步指出：經濟發展的最終目的是惠及百姓、改善民生。越是困難的時候，越要關注民生，越要幫助群衆解決困難，努力實現好、維護好、發展好人民群衆的根本利益。習近平强調：只有解決好民生問題，人民才會安

　　① 周健偉. 習近平在寧夏考察工作强調領導幹部要干乾净净幹事. 新華綱，2008 年 04 月 10日。

　　② 李亞杰、李靖. 習近平在天津調研時强調　大力抓好領導班子思想政治建設. 新華綱，2009 年 01 月 21 日。

　　③ 繆毅容. 習近平訪民情：官員對民生問題要動真情下真功. 解放日報，2007 年 04 月 04日。

　　④ 繆毅容. 習近平訪民情：官員對民生問題要動真情下真功. 解放日報，2007 年 04 月 04日。

居樂業，社會才能和諧穩定。在推動科學發展的進程中，要更加注重保障和改善民生，更加注重加強社會建設和社會管理，始終堅持民生爲先、民生爲重、民生爲本，堅持把新增財力向困難群衆傾斜、向農村傾斜、向基層傾斜、向社會事業傾斜，使人民群衆共享改革發展成果。[1]

四是要及時解決群衆反映强烈的問題。習近平强調：要全面正確把握、堅決貫徹落實，着力轉變不適應不符合科學發展觀要求的思想觀念，着力解決影響和制約科學發展的突出問題以及黨員幹部黨性黨風黨紀方面群衆反映强烈的突出問題，着力構建有利於科學發展的體制機制，提高領導科學發展、促進社會和諧的能力。

戰略對策之七：深入群衆，調查研究，密切黨群干群關係，推進和諧社會建設。

習近平强調：我們黨最大的優勢是密切聯繫群衆。基層幹部距離群衆最近，和群衆直接見面打交道最多，出現問題往往都是在很小的事情上。要把深入聯繫群衆、密切干群關係體現在平時、體現到具體事上，貫穿到我們工作的全過程當中，不能等出事以後臨時抱佛脚。

一是調查研究千萬省略不得、馬虎不得。調查研究的過程就是科學決策的過程，千萬省略不得、馬虎不得。習近平指出：正確的決策，絶對不是一個人或者一堆人，不作調查研究，坐在房子裏苦思冥想就能產生的，它要在人民群衆改革發展的實際中才能產生。我們擔負領導工作的幹部，在對重大問題進行決策之前，一定要有眼睛向下的決心和甘當小學生的精神，邁開步子，走出院子，去車間碼頭，到田間地頭，進行實地調研，同真正明瞭實情的各方面人士溝通討論，通過"交換、比較、反復"，取得真實可信、扎實有效的調研成果，從而得到正確的結論。[2]

二是要注重和堅持調查研究，不斷提高領導工作水平。習近平强調："深入學習中國特色社會主義理論體系，要學習和掌握辯證唯物主義和歷史唯物主義的世界觀和方法論，注重和堅持調查研究，不斷提高領導工作水平。當今時代，信息手段十分發達，利用信息工具瞭解和掌握情況越來越重要。但不管通信手段多麼發達，有多少瞭解情況的其他渠道，都不能

---

[1] 習近平. 確保農民得到實實在在的利益. 新華網，2008－10－15。

[2] 習近平. 之江新語. 杭州：浙江人民出版社. 2007. 第154頁。

替代親自深入實際、深入基層、深入群衆進行實地的調查研究。"①

三是要掌握科學的調研方法，充分調動社會各界的研究力量。習近平指出：對於領導幹部來説，個人的時間和精力有限，即使花再多的時間親歷親爲，也難免有其局限性，難以保证調查研究的對象有足夠的廣泛性和代表性。要解決這個矛盾，一方面要遵循調查研究的特點和規律，掌握科學的調研方法，提高調查研究的效率和效益，以盡可能少的時間獲得盡可能多的有效信息；另一方面要充分發揮各地各部門特別是綜合調研部門的作用，充分調動社會各界的研究力量，充分運用現代化的信息手段，多層次、多方位、多渠道地瞭解情況，做到點面結合、上下結合、内外結合，使決策建立在充足的事實依據之上。②

四是要創新社會管理形式，密切黨群干群關係。密切聯繫群衆，改進黨的作風，是我們必須堅持的根本方法。習近平在北京調研新社會組織時强調：把黨小組建在新社會組織等民營單位的項目上的做法很好，有助於進一步擴大黨的組織覆蓋和工作覆蓋。

戰略對策之八：創新方法，完善制度，建立長效機制，規範群衆工作體系。

習近平强調：要大力研究和把握新形勢下群衆工作的新特點新要求，在總結運用成功經驗和有效做法的基礎上不斷創新，綜合運用法律、政策、經濟、行政等手段和教育、協商、疏導等辦法，注意運用現代信息科技，提高群衆工作的針對性和實效性。

一是做好群衆工作要不斷創新理念與方法。習近平指出：做群衆工作要注意學會換位思考，設身處地爲群衆着想，就是將心比心。習近平還指出：要變群衆上訪爲領導下訪，要充分利用網絡科技手段爲人民服務。創新理念與方法包括：從領導群衆到服務群衆、領導下訪、對話溝通、上下互動、短信慰問交流、在綫互動等。要把傳統有效的走訪形式與現代科技手段結合起來，把面對面地做群衆工作與依託信息網絡鍵對鍵地做好群衆工作結合起來，讓老傳統煥發新活力。要根據網絡時代群衆工作的新特點，充分藉助互聯網、手機等新型媒介，積極搭建群衆聯繫新平臺，讓新

---

① 李亞杰、顧瑞珍. 習近平·努力掌握馬克思主義立場觀點方法. 新華網, 2010 年 03 月 01 日。

② 習近平. 之江新語. 杭州：浙江人民出版社. 2007. 第 38 頁。

手段賦予群衆工作新的生命力。

二是做好群衆工作要建立健全規章制度,依法規範群衆工作。群衆工作是貫穿黨和國家工作各領域各方面的經常性工作,必須建立健全制度、認真執行制度,提高規範化、制度化水平。習近平指出:要健全服務群衆制度,充分發揮黨組織和黨員在服務群衆中的帶頭、推動、監督、保証作用;要健全聯繫群衆制度,創新聯繫群衆方式,做到機關工作重心下移、基層幹部堅守一綫、領導幹部深入基層;要健全信訪制度,加强信訪聯席會議制度建設。黨群關係制度建設創新迫在眉睫,要在進一步堅持與踐行十六大以來黨的群衆工作有關政策法規的同時,要盡快出臺適應新階段新特點的關於進一步加强黨同人民群衆密切聯繫的決定的文件,① 以規範並提高黨員幹部群衆工作科學化水平,進一步推進黨建科學化建設。

三是做好群衆工作要建立長效機制,依法保障群衆工作。習近平指出:①要建立群衆工作的總體格局。要建立由黨委統一領導、組織部門牽頭協調、統戰部門和群團組織具體負責、各有關部門各司其職,齊抓共做的黨的群衆工作總體格局。其他有關黨政部門都要樹立群衆工作的意識,做好有關工作。②要形成基層黨組織的社會活動機制。積極開展開放式的社會活動,大力加强基層黨組織的群衆工作職能,從而提高基層黨組織在人民群衆中的影響力與公信力。③要形成領導幹部做群衆工作的保障機制。要構建領導幹部聯繫基層群衆做群衆工作的一整套制度體系,完善群衆對幹部工作績效的評議制度。④要形成群衆工作的全黨參與機制。要特別重視發揮黨代表、黨員人大代表、黨員政協委員的作用,通過他們聯繫群衆,反映群衆的意願蘇利益,宣傳黨的方針政策和主張,積極開展群衆工作。⑤要建立基層組織開展群衆工作的資源保障機制。要注重發揮黨組織自身的政治優勢和組織優勢,綜合運用各種手段,開展黨內黨外服務。② 此外,習近平還强調:要健全黨和政府主導的維護群衆權益機制,健全正確處理人民內部矛盾的工作機制,完善矛盾糾紛排查化解機制,積極預防

① 背景資料:1990 年 3 月 12 日發佈《中共中央關於加强黨同人民群衆聯繫的決定》,對做好群衆工作,密切黨群干群關係發揮了重要作用。但施行已有 20 多年,很多內容已經無法適應新的情況,滿足不了現實的需要,建議修改出臺新的決定。

② 習近平·如何做好新形勢下的群衆工作——訪中共浙江省委書記習近平,求是,2005,(17):31–34。

和有效化解矛盾和糾紛。

六、結束語與展望

　　馬克思主義群衆觀是一種科學的歷史的群衆觀。習近平同志堅持和奉行的就是馬克思主義群衆觀。習近平群衆觀的理論支撐主要有馬克思列寧的群衆觀思想、毛澤東鄧小平的群衆觀思想等幾個方面。習近平群衆觀的基本特徵體現在：善學善思，增强觀念，固牢群衆觀；身體力行，調查研究，親歷群衆觀；前後一貫，貫穿始終，堅持群衆觀；求真務實，注重實效，踐行群衆觀；關注民生，貼近群衆，夯實群衆觀；密切聯繫群衆，和諧黨群關係，活用群衆觀；繼承發展，與時俱進，創新群衆觀。

　　習近平馬克思主義群衆觀的形成與確立，符合認識論的原理，體現了實踐論與認識論的統一。習近平樸素的群衆觀來源於延川縣文安驛公社樑家河大隊 7 年的知青生涯；習近平馬克思主義群衆觀形成與確立，則來源於正定縣、厦門市、寧德地區行署、福州市等 10 多年縣級地市級領導管理工作。正是因爲習近平積極實踐樸素的群衆觀，才被地方公社推舉爲樑家河大隊支部書記；正是因爲習近平確立了馬克思主義群衆觀，才使其更加堅持群衆觀點，始終站在人民群衆立場上，保持同人民群衆的血肉聯繫。習近平同志的成長軌迹，對於教育引導今天的年輕幹部自覺堅持馬克思主義群衆觀具有重要指導意義。同時，也反映了群衆觀在黨的幹部工作中的運用與發展，對豐富發展黨的幹部路綫、進一步完善黨的幹部制度具有重大促進作用。

　　習近平幹部科學工作 "群衆觀" 是指習近平同志關於認識群衆、相信群衆、對待群衆與依靠群衆等方面的總的觀點、態度與根本看法。在實際工作中，其核心要點就是 "爲群衆"，即一切爲了群衆，一切服務群衆。習近平强調：繼續深入貫徹落實科學發展觀不僅要堅持群衆觀，同時還要積極倡導與推行幹部選用 "四有論" 和幹部德行評價 "三觀論"，切實提高黨的執政水平，努力推進黨建科學化。四有論、三觀論與群衆觀，既相互區別，又相互聯繫：四有論、三觀論與群衆觀，都是圍遶科學發展觀的，服務於科學發展觀。群衆觀是四有論、三觀論的基礎與前提，而堅持四有論、三觀論就是堅持群衆觀的具體體現。抛開群衆觀，四有論、三觀論就會成爲空中樓閣；而抛開四有論、三觀論，群衆觀就無法落到實處，貫徹落實到具體工作中。群眾工作科學化是黨建科學化的重要內容，兩者互爲補充，相互促進：提高群眾工作科學化水平有助於推動黨建科學化建設，而黨建科學化水平的提高反過來有助於推動群眾工作科學化建設。綜觀統論：群眾觀、四有論、三觀論是黨建理論的重要內容，也是治國理政的重要理論基礎，共同統一於建設中國特色社會主義偉大事業的歷史實踐中，由此構成一個有機的理論體系，進一步豐富了中國特色社會主義理論體系。

習近平強調：群眾工作的本質是密切黨群關係，核心是正確處理人民內部矛盾。這是一個新的論斷，也是新形勢下做好群眾工作的基本指向。新形勢下，黨群關係本質上是執政黨執政的合法性；而人民內部矛盾本質上則是人民權益之間的矛盾。黨群關係是關係到黨的事業興衰成敗和黨的生死存亡的一個根本政治問題；而正確處理人民內部矛盾則是關係改革發展穩定的全局性課題，是促進社會和諧的基礎性工作。

"得民心者得天下，失民心者失天下。"習近平認爲，群眾觀基本經驗就是必須堅持立黨爲公、執政爲民，把實現好、維護好、發展好最廣大人民的根本利益作爲黨的核心價值，作爲黨的建設必須始終遵循的宗旨、方向和目的，始終保持黨同人民群眾的血肉聯繫。習近平提醒與警示黨員幹部：黨執政後最大的危險是脫離群眾；執政黨如果脫離群眾將喪失執政權；黨員幹部失語的背後是嚴重脫離群眾；文風不正會導致幹部脫離群眾，群眾疏遠幹部。國家的盛衰，在於人心向背；執政黨執政的合法性其實就是人心向背。對此，黨員幹部要謹記五大愛民爲政古訓：民惟邦本，本固君寧；一切爲民之，則民向往之；政之所要，在乎民心；子率以正，孰敢不正；政怠宦成，人亡政息。

習近平強調：堅持與踐行馬克思主義群眾觀，不斷提高幹部科學工作水平，推動科學發展，需要采取一系列戰略對策：牢固樹立群眾觀點，尊重群眾，貼近群眾，增強群眾觀念；始終站穩群眾立場，真心爲群眾着想，全力爲群眾造福，堅決糾正損害群眾利益的行爲；切實貫徹群眾路綫，相信群眾，依靠群眾，引導群眾不斷前進；重視做好群眾工作，切實維護群眾利益，正確處理人民內部矛盾，增強群眾工作的親和力和感染力；抓基層，打基礎，夯實基層群眾工作，增強幹部工作能力；廣泛關注民生，疏通民情渠道，真正讓群眾得到更多實惠，享受改革發展的成果；深入群眾，調查研究，密切黨群干群關係，推進和諧社會建設；創新方法，完善制度，建立長效機制，規範群衆工作體系。

十七屆五中全會指出：“十二五”時期是全面建設小康社會的關鍵時期，是深化改革開放、加快轉變經濟發展方式的攻堅時期。因此，在這樣的背景與新形勢下，黨員領導幹部要堅持“以人爲本，執政爲民”，要把“以人爲本，執政爲民”這一理念貫徹落實到黨和國家的全部工作之中，要高度重視並切實做好新形勢下群衆工作：（1）各級領導幹部要堅持全心全意爲人民服務的根本宗旨，堅持黨的群衆路綫，始終保持同人民群衆的血肉聯繫，樹立正確政績觀，努力做出經得起實踐、人民與歷史檢驗的政績實績。（2）各級領導幹部必須增强黨的意識、宗旨意識、執政意識、大局意識、責任意識，抓住機遇而不可喪失機遇，堅持聚精會神搞建設、一心一意謀發展，大力發揚真抓實幹精神，緊緊依靠廣大人民群衆，以黨同人民更加堅强的團結戰勝前進道路上的一切艱難險阻，扎扎實實做好改革發展穩定各項工作。（3）各級領導幹部要堅持正確把握廣大人民根本利益、現階段群衆共同利益、不同群體特殊利益的關係，兼顧好各方面群衆關切，引導群衆擺正個人利益和集體利益、局部利益和整體利益、當前利益和長遠利益的關係，認真解決群衆反映最强烈的突出問題，堅决糾正損害群衆利益的行爲，辦好順民意、解民憂、惠民生的實事。（4）各級領導幹部要深入基層群衆，加强調查研究，全面謀劃本地區本部門經濟社會發展的戰略任務和緊迫課題，把黨的十七屆五中全會作出的決策部署和提出的工作要求變成本地區本部門的行動方案，密切同人民群衆的聯繫，辦好爲人民服務的實事，團結帶領人民群衆爲實現“十二五”時期經濟社會發展目標任務而不懈奮鬥。

孔子曰：“足兵，足食，民信之矣。”① 又曰：“自古皆有死，民無信不立。”② 孟子曰：“民爲貴，社稷次之，君爲輕。”③ 毛澤東講：“人民，只有人民，才是創造世界歷史的動力。”④ 馬克思主義群衆觀是中國共産黨的立黨之本，治國之基，是指導中國革命、建設與改革發展的制勝之道，也是我們永遠需要珍視的重要法寶。

---

① 楊伯峻譯註. 論語譯註. 北京：中華書局. 2006. 第141頁。
② 楊伯峻譯註. 論語譯註. 北京：中華書局. 2006. 第141頁。
③ 馮克正主編. 諸子百家大辭典. 瀋陽：遼寧人民出版社. 1996. 第586－587頁。
④ 毛澤東選集第3卷. 北京：人民出版社，1991. 第1031頁。

第二章
習近平經濟社會發展 "穩定觀" 研究[*]

【知識導引】

習近平經濟社會發展 "穩定觀" 是指習近平同志關於政治穩定、經濟穩定、社會發展、文化穩定與生態穩定等方面的總的觀點、態度和根本看法。

【本章目錄】

---

* 本文初稿撰寫於 2011 年 06 月，發表於《戰略與風險管理》2011 年第 6 期第 4 - 32 頁，2012 年 10 月編入本書時僅對原文個別文字進行了修改、訂正。

【內容提要】社會穩定是經濟社會發展的必要條件、重要保証與有機組成部分；沒有穩定的環境，什麼事情都辦不成，改革與發展都會成爲一句空話，已經取得的成果也會失掉。這是一條基本經驗。習近平經濟社會發展 "穩定觀" 是指習近平同志關於政治穩定、經濟穩定、社會穩定、文化穩定與生態穩定等方面的總的觀點、態度和根本看法。在實際工作中，其核心要點就是 "保穩定"，即社會穩定，國泰民安，百姓安居樂業。習近平經濟社會發展 "穩定觀" 的目標與任務是政局安定，社會穩定，國泰民安，百姓安居樂業。習近平經濟社會發展 "穩定觀" 的特徵主要是 "戰略全局性、經常一貫性、靈活統一性、實踐實效性、內外統籌性、繼承創新性"。

習近平穩定觀的基本問題就是 "實現什麼樣的穩定，怎樣實現穩定"；本質是實現經濟社會又好又快又穩發展；核心是正確處理人民內部矛盾；根本動力在於人民群衆的廣泛參與；根本目的在於維護人民群衆利益；最終目標是建設平安、幸福、和諧的小康社會。進一步而言，習近平 "穩定觀" 是一種積極的、動態的、全面的穩定觀；是一種實現經濟社會又好又快又穩發展的新型穩定觀；是一種實現經濟社會有機體良性發展的穩定觀。這是習近平穩定觀與其他穩定觀的根本區別和重要標誌。

習近平強調：堅持科學穩定觀，樹立正確穩定論，切實提高保持、維護穩定工作能力與水平，需要采取一系列有效的政策措施或戰略對策：創新楓橋經驗，建設平安浙江，推進平安社會建設；推進領導下訪，創新信訪制度，密切黨群干群關係；化解社會矛盾，正確處理人民內部矛盾，全力維護社會穩定；創新群衆工作方法，提高群衆工作水平，切實保持社會穩定；構建和諧勞動關係，努力化解勞動關係矛盾，推動和諧社會建設；正確處理改革、發展與穩定的關係，促進經濟社會又好又快又穩發展。

【關鍵詞】習近平；經濟社會發展；政治穩定；穩定觀；戰略對策

引　言

政局安定，社會穩定，國泰民安，百姓安居樂業，這既是黨和國家的奮斗目標，也是人民群衆的熱切願望。近代以來中國的歷史發展表明：社會穩定是國家富强、人民富裕的基本條件和重要保障。中國共産黨成立 90 年、新中國黨執政 60 多年來的實踐進一步證明：社會穩定是經濟社會發展的必要條件、重要保证與有機組成部分；没有穩定的環境，什麼事情都辦不成，改革與發展都會成爲一句空話，已經取得的成果也會失掉。這是我們幾代人付出沉重代價得出的一條基本經驗。

馬克思主義經典作家歷來主張社會有機體的全面協調發展，特別重視社會穩定與政治、經濟、文化發展的内在關係。針對社會主義制度條件下影響經濟社會發展的穩定問題，中國共産黨人進行了不懈地探索。1956 年 4 月毛澤東指出："世界是由矛盾組成的。没有矛盾就没有世界。我們的任務，是要正確處理這些矛盾。"[1] 1957 年 2 月毛澤東又指出："國家的統一，人民的團結，國内各民族的團結，這是我們的事業必定要勝利的基本保证。但是，這並不是説在我們的社會裏已經没有任何的矛盾了。没有矛盾的想法是不符合客觀實際的天真的想法。在我們的面前有兩類社會矛盾，這就是敵我之間的矛盾和人民内部的矛盾。這是性質完全不同的兩類矛盾。"[2] "解決人民内部矛盾，要用 '團結—批評—團結' 的民主方法，不能用强制的、壓服的方法。"[3] 1957 年 7 月毛澤東進一步指出："我們的目標，是想造成一個又有集中又有民主，又有紀律又有自由，又有統一意志、又有個人心情舒暢、生動活潑，那樣一種政治局面。"[4] 1980 年鄧小平指出："没有一個安定團結的政治局面，就不能安下心來搞建設。過去二十多年的經驗證明瞭這一點。"[5] 1989 年鄧小平强調："中國的問題，壓

---

① 毛澤東文集第 7 卷. 北京：人民出版社.1999. 第 44 頁。
② 毛澤東文集第 7 卷. 北京：人民出版社.1999. 第 204 頁。
③ 毛澤東文集第 7 卷. 北京：人民出版社.1999. 第 210 頁。
④ 建國以來毛澤東文稿第 6 册. 北京：中央文獻出版社.1992. 第 543 頁。
⑤ 鄧小平文選第 2 卷. 北京：人民出版社.1994. 第 251 頁。

倒一切的是需要穩定。沒有穩定的環境，什麼都搞不成，已經取得的成果也會失掉。"① 1994 年江澤民指出："各級領導同志務必牢記鄧小平同志關於穩定壓倒一切的重要思想，正確認識和處理好改革、發展、穩定的辯證關係，正確認識和處理好兩類不同性質的社會矛盾。"② 2002 年江澤民強調："堅持穩定壓倒一切的方針，正確處理改革發展穩定的關係。穩定是改革和發展的前提。要把改革的力度、發展的速度和社會可承受的程度統一起來，把不斷改善人民生活作爲處理改革發展穩定關係的重要結合點，在社會穩定中推進改革發展，通過改革發展促進社會穩定。"③ 2008 年胡錦濤指出："我們深刻認識到，發展是硬道理，穩定是硬任務；沒有穩定，什麼事情也辦不成，已經取得的成果也會失去。"④ 2011 年胡錦濤強調："正確處理改革發展穩定關係，實現改革發展穩定的統一，是關係我國社會主義現代化建設全局的重要指導方針。發展是硬道理，穩定是硬任務；沒有穩定，什麼事情也辦不成，已經取得的成果也會失去。這個道理，不僅全黨同志要牢記在心，還要引導全體人民牢記在心。"⑤ 毛澤東、鄧小平、江澤民、胡錦濤關於社會穩定問題的這些經典的論述，勾勒了中國共產黨穩定思想的發展脈絡與基本框架。

習近平經濟社會發展 "穩定觀" 是對經濟社會發展進程中政治、經濟、社會和文化等領域穩定問題的思想、觀點、方法的集中概括。習近平十分關心和高度重視經濟社會發展過程中的穩定問題。近年來特別是近一段時期以來，習近平同志對穩定問題進行了多次強調和論述。習近平指出："當前，我國處於發展的重要戰略機遇期，但社會矛盾也日益凸顯，前進中遇到不少需要克服的困難和風險。只有攻堅克難，乘勢而上，我們才能抓住和用好機遇，贏得未來發展的主動權；如果自滿懈怠，心浮氣躁，就不可能開創改革和發展的新局面，已經取得的成果也有可能喪失。"⑥ 習近平強調："我們在各項工作包括抓落實工作中，不要怕遇到矛

---

① 鄧小平文選第 3 卷. 北京：人民出版社. 1994. 第 284 頁。
② 江澤民文選第 1 卷. 北京：人民出版社. 2006. 第 363 頁。
③ 江澤民文選第 3 卷. 北京：人民出版社. 2006. 第 534 頁。
④ 胡錦濤在紀念黨的十一屆三中全會召開 30 週年大會上的講話. 北京：人民出版社. 2008. 第 30 頁。
⑤ 胡錦濤在慶祝中國共產黨成立 90 週年大會上的講話. 人民網，2011 年 07 月 01 日。
⑥ 習近平. 關鍵在於落實. 求是，2011，(6)：5-9。

盾和問題，而要敢於正視矛盾和問題。不要繞開矛盾和問題走，而要同群眾一道千方百計地去求得矛盾和問題的及時正確解決。這是各級領導幹部在抓落實及其全部工作中應該具有的根本態度。"① 習近平同志所主張、強調與實踐的 "穩定觀"，是一種廣義的、積極的、動態的新型穩定觀。這一科學穩定觀從戰略的、全局的高度，以更開闊的思路，以更寬廣的視野，進一步豐富發展了維護穩定工作的內涵與社會穩定理論，進一步豐富、發展了社會主義和諧社會理論。學習、領會與研究習近平同志經濟社會發展 "穩定觀"，對於進一步認識和正確處理改革發展穩定的相互關係，對於大力推動經濟社會又好又快又穩發展，加快推進社會主義現代化，全面建設小康社會，開創中國特色社會主義事業新局面，具有重要的理論意義、實踐意義與戰略意義。

一、穩定觀研究背景：提出、緣由與重要意義

（一）穩定觀的提出

習近平同志在長期的領導工作過程中，十分重視經濟社會發展中的穩定問題。二十多年來習近平先後在其著作《干在實處、走在前列：推進浙江新發展的思考與實踐》②、《之江新語》③、《擺脫貧困》④ 和講話文章《妥善化解社會矛盾　全力維護社會穩定》、《加強基層基礎工作　夯實社會和諧之基》、《創新 "楓橋經驗" 維護社會穩定》、《推進 "平安浙江"建設　促進社會和諧穩定》、《以社會主義法治理念指導 "法治浙江" 建設》、《弘揚憲法精神建設法治社會》、《努力在又好又快發展中推進浙江和諧社會建設》、《關鍵在於落實》、《全面加強黨的基層組織建設　為實施 "八八戰略"、建設 "平安浙江" 奠定堅實基礎》、《創新楓橋經驗　建設平安浙江——在全國社會治安綜合治理工作會議上的講話（節選）》、《建設 "平安浙江" 促進社會和諧穩定——在省委十一屆六次全體（擴大）會議上的報告（節選）》、《充分發揮 "八個優勢" 深入實施 "八項舉措"

① 習近平．關鍵在於落實．求是，2011，(6)：5-9。

② 習近平．干在實處走在前列：推進浙江新發展的思考與實踐．北京：中央黨校出版社．2006。

③ 習近平．之江新語．杭州：浙江人民出版社．2007。

④ 習近平．擺脫貧困．福州：福州人民出版社．1992。

扎實推進浙江全面、協調、可持續發展——在省委十一五次全體（擴大）會議上的報告》、《習近平：如何做好新形勢下的群衆工作——訪中共浙江省委書記習近平》、《習近平在慶祝西藏和平解放 60 週年大會上的講話》、《解決深層次矛盾　推動工業經濟發展——在福建省經貿工作會議上的講話》、《正確處理閩東經濟發展的六個關係》、《正確處理社會主義市場經濟的兩個辯證關係》、《正確處理事關 "十一五" 經濟社會發展全局的幾個重大關係》等中研究探討了穩定問題。特別是 2011 年以來，習近平同志多次強調瞭如何看待和應對社會矛盾、人民内部矛盾以及社會穩定問題。

一是，2011 年 1 月 5 日，習近平在中央黨校第 48 期省部級幹部進修班學員座談時強調：群衆工作的本質是密切黨群關係，核心是正確處理人民内部矛盾。[①]

二是，2011 年 3 月 1 日，習近平在中央黨校春季學期開學典禮上強調："抓落實的過程，必然會遇到許多矛盾和問題，只有努力解決好各種矛盾和問題，才能把落實工作真正抓好、抓出成效。矛盾和問題是普遍存在的、問題也是矛盾。没有矛盾，就没有世界，没有發展。"[②]

三是，2011 年 6 月 20 日，習近平在紀念建黨 90 週年黨建研討會上強調："現在，我國正處於全面建設小康社會的關鍵時期和深化改革開放、加快轉變經濟發展方式的攻堅時期，新情況新矛盾新問題不斷涌現，迫切需要用馬克思主義中國化最新成果加強指導。"[③]

四是，2011 年 7 月 2 日，習近平在紀念建黨 90 週年全國先進基層黨組織和優秀共産黨員、優秀黨務工作者代表座談會上強調指出："共産黨員要志存高遠，胸懷共産主義遠大目標，並把這種遠大理想落實到腳踏實地、扎扎實實做好當前的本職工作上，始終保持良好的精神狀態，敢於面對矛盾和問題，矢志不渝地爲中國特色社會主義事業不懈奮鬥，努力成爲堅定理想信念的先鋒模範。"[④]

五是，2011 年 7 月 19 日，習近平在慶祝西藏和平解放 60 週年大會上

①　盧若蔚. 習近平・領導幹部要不斷提高新形勢下群衆工作水平. 人民網, 2011 年 01 月 06 日。

②　習近平. 關鍵在於落實. 求是, 2011,（6）：5 - 9。

③　習近平. 中國共産黨 90 年來指導思想和基本理論的與時俱進及歷史啓示. 學習時報, 2011 年 06 月 27 日。

④　習近平. 共産黨員要敢於面對矛盾和問題. 新華網, 2011 年 07 月 02 日。

強調指出："加快西藏發展、維護西藏穩定，既是中央的戰略部署和明確要求，也是西藏各族幹部群眾的強烈願望和共同責任。維護社會穩定，是實現西藏跨越式發展和各族人民美好生活的根本保証。要深入開展反對達賴集團分裂祖國活動的鬥爭，緊緊依靠各族幹部群眾，謀長久之策，行固本之舉，徹底粉碎一切破壞西藏穩定、危害祖國統一的圖謀。"①

六是，2011 年 8 月 15 日，習近平在全國構建和諧勞動關係先進表彰暨經驗交流會上強調指出："當前，我國勞動關係總體和諧穩定。同時隨着工業化、信息化、城鎮化、市場化、國際化的深入發展，我國勞動關係領域也出現一些新情況新問題，務必高度重視，采取有力措施引導勞動關係朝着規範有序、公正合理、互利共贏、和諧穩定的方向健康發展。"②

（二）提出穩定觀的緣由與緊迫性

習近平同志長期以來之所以重視經濟社會發展過程中的穩定問題，並在近期多次強調維護穩定工作、化解社會矛盾、正確處理人民內部矛盾與創新群眾工作等問題，這主要基於以下緣由和迫切性：

一是基於在經濟社會發展過程中維護穩定工作的重要地位、作用及其特點的客觀要求。社會發展理論告訴我們：保持經濟社會穩定是一項基礎性、經常性工作，必須高度重視，常抓不懈。習近平指出：維護穩定工作既不能一蹴而就，也不可能一勞永逸，必須經常抓，時時抓，一刻也不能放鬆。

二是基於化解現階段中國經濟社會發展過程中存在的種種不穩定因素的需要。中國正處於戰略機遇期、改革攻堅期與社會矛盾凸顯期交叉并存的復雜局面，許多問題需要科學回答，許多矛盾問題亟待妥善解決。習近平（2004 年）指出："近幾年來，浙江經濟發展勢頭強勁，各項事業全面進步，人民群眾安居樂業。但是，潛在的不穩定因素仍然存在，特別是隨着經濟社會的快速轉型酥利益格局的不斷調整，一些深層次的矛盾和問題逐漸顯現，迫切要求各級黨委、政府高度重視和正確處理各類人民內部矛盾，以及由此引發的各類群體性事件，努力把維護穩定的各項工作抓實做

---

① 習近平. 在慶祝西藏和平解放 60 週年大會上的講話. 人民網，2011 年 07 月 19 日。

② 劉維濤. 全國構建和諧勞動關係先進表彰會舉行 習近平會見與會代表. 人民網，2011 年 8 月 16 日。

細。"① 習近平（2011 年）強調指出："當前，我們在改革和發展中遇到很多這樣那樣的矛盾和問題，有的還比較突出。比如，經濟發展方式粗放、資源約束加劇、環境壓力增大、自主創新能力不強、保障和改善民生任務繁重等矛盾和問題，正在日益顯現出來。又比如，在對外開放中涉及的貿易摩擦、貿易保護主義、技術封鎖問題，以及涉及國家主權、安全和長遠發展的種種矛盾和鬥争，也越來越多。"②

三是基於維護邊疆穩定和保障國家安全的需要。邊疆穩定、民族地區穩定是中國維護穩定工作的重要組成部分和關鍵環節。自古邊疆穩，則內地安，邊疆亂，則國難安。近年來，西北邊疆穩定問題日益 "顯化"，呈現一些新的特點，嚴重影響着經濟社會發展穩定大局。因此，要高度重視，及時化解，妥善處理，不能迴避邊疆穩定問題，更不能諱疾忌醫，從而損害經濟社會發展的良好局面。同時，周邊地區穩定問題、部分國家局勢動盪等直接或間接影響中國的經濟社會發展和國家安全。另外，南海局勢問題日益復雜化，朝鮮半島和談進程曲折多變，也直接關乎中國社會穩定及國家安全。因此，要高度關注，積極應對，不能忽視。2010 年底以來，中東、北非部分國家局勢持續劇烈動盪，社會秩序混亂，群衆人身安全没有保障，生活陷入困境，動盪已經給這些國家的人民帶來巨大災難。2011 年 8 月上中旬英國的倫敦、布裏斯托爾、伯明翰穌利物浦等城市爆發了近 30 年來最爲嚴重的騷亂，引發社會不穩定。這些重大事件，對中國經濟社會發展穩定有着諸多不利影響。對此，需要我們要密切關注。

（三）穩定觀的重要意義

穩定是國家和人民之福，動亂是國家和人民之禍。穩定是發展的前提與保证，没有穩定，什麽事情也干不成。習近平經濟社會發展 "穩定觀" 是實踐的産物，同時又用於服務、指導維護穩定的實際工作，具有理論意義與實踐意義：

在理論上，有助於更新觀念，澄清認識，樹立科學的穩定觀；創新發展中國特色社會穩定理論，豐富黨群關係理論，爲進一步推動維護穩定工作提供重要指導。

---

① 習近平. 妥善化解社會矛盾　全力維護社會穩定. 求是，2004，（3）：20 - 22。
② 習近平. 關鍵在於落實. 求是，2011，（6）：5 - 9。

在實踐上，有助於正確處理改革發展穩定關係，促進改革發展穩定三者的有機統一，促進經濟社會又好又快又穩發展；有助於妥善化解社會矛盾衝突，正確處理人民內部矛盾，維護人民群眾的根本利益，實現社會和諧穩定發展。

二、穩定觀：理論來源與實踐基礎

（一）理論來源

馬列主義、毛澤東思想、鄧小平理論、“三個代表”重要思想、科學發展觀是習近平經濟社會發展“穩定觀”理論的重要理論來源。主要包括以下幾個方面：

1. 馬克思列寧的穩定思想。馬克思、恩格斯、列寧的穩定思想主要體現在《馬克思恩格斯全集》、《馬克思恩格斯選集》、《列寧全集》、《列寧選集》等著作之中。這些思想是習近平“穩定觀”理論產生的世界觀基礎。

2. 毛澤東、鄧小平的穩定思想。毛澤東、鄧小平等領袖的穩定思想主要體現在《毛澤東選集（1-4）》、《毛澤東文集（1-8）》、《建國以來毛澤東文稿（1-8）》、《周恩來選集（上、下）》、《劉少奇選集（上、下）》、《朱德選集》、《董必武選集》以及《鄧小平文選（1-3）》、《鄧小平論黨的建設》、《陳雲文選（1-3）》、《陳雲論黨的建設》等著作之中。這些思想是習近平“穩定觀”產生和形成的根本性理論依據。

毛澤東關於穩定思想的代表性講話文章主要有：《實踐論》、《矛盾論》、《不要四面出擊》、《關於正確處理人民內部矛盾的問題》、《論十大關係》、《關於領導方法的若干問題》、《工作方法六十條（草案）》、《論人民民主專政》，這些經典文章被人們概括俗稱爲“實踐論”、“矛盾論”、“正處論”、“十大關係論”等。毛澤東穩定思想最主要的觀點就是：在社會主義條件下，要科學區分敵我兩類不同性質的矛盾，正確處理人民內部矛盾。

鄧小平關於穩定思想的代表性講話文章主要有：《全黨講大局，把國民經濟搞上去（1975）》、《各方面都要整頓（1975）》、《實現四化，永不稱霸（1978）》、《民主和法制兩手都不能削弱（1979）》、《目前的形勢和任務（1980）》、《堅決打擊經濟犯罪活動（1982）》、《穩定世界局勢的新辦法

(1984)》、《維護世界和平，搞好國內建設（1984）》、《保持香港的繁榮和穩定（1984）》、《和平和發展是當代世界的兩大問題（1985）》、《社會主義和市場經濟不存在根本矛盾（1985）》、《沒有安定的政治環境什麼事都干不成（1987）》、《壓倒一切的是穩定（1989）》、《中國不允許亂（1989）》、《新疆穩定是大局，選拔幹部是關鍵（1981）①》。鄧小平穩定思想最主要的觀點就是：穩定壓倒一切，沒有穩定什麼事也干不成。

3. 江澤民、胡錦濤的穩定理論重要論述。江澤民穩定理論重要論述主要體現在《江澤民文選（1－3）》、《江澤民論黨的建設》；胡錦濤穩定理論重要論述主要體現在《十六大以來重要文獻選編（上、中、下）》、《十七大以來重要文獻選編（上、中）》以及近年來關於社會建設管理與穩定的文章講話等文獻著作之中。這些理論是習近平 "穩定觀" 形成和發展的現實性理論依據。

江澤民關於穩定理論重要論述的代表性講話包括：《保持香港繁榮穩定是我們的基本國策（1990）》、《西藏工作要抓好穩定和發展兩件大事（1994）》、《把握好改革、發展、穩定的關係（1994）》、《正確處理社會主義現代化建設中的若干重大關係（1995）》、《堅持依法治國（1996）》、《加強新疆各民族團結，堅決維護祖國統一（1998）》、《治國必先治黨，治黨務必從嚴（2000）》、《切實加強社會治安工作（2001）》、《同周邊國家發展睦鄰友好關係（2001）》、《以穩定、安全、靈活、多元的思路籌劃工作（2001）》、《和而不同是人類各種文明協調發展的真諦（2002）》等。江澤民穩定理論最主要的觀點就是：要堅持穩定壓倒一切的方針，正確處理改革發展穩定的關係，把不斷改善人民生活作爲處理改革發展穩定關係的重要結合點，在社會穩定中推進改革發展，通過改革發展促進社會穩定。

胡錦濤關於穩定理論重要論述的代表性講話包括：《在省部級主要領導幹部提高構建社會主義和諧社會能力專題研討班上的講話（2005）》、《在紀念黨的十一屆三中全會召開30週年大會上的講話（2008）》、《在第二十三次集體學習正確處理新時期人民內部矛盾問題上的講話（2010）》、《在省部級主要領導幹部社會管理及其創新專題研討班上的講話（2011）》、

---

① 中共央文獻研究室編. 新疆工作文獻選編（1949－2010）. 北京：中央文獻出版社，2010. 第95頁。

《在慶祝中國共產黨成立 90 週年大會上的講話（2011）》等。胡錦濤穩定理論最主要的觀點就是：正確處理改革發展穩定關係，實現改革發展穩定的統一，是關係我國社會主義現代化建設全局的重要指導方針。

除此以外，還有兩個重要來源：一個是維護穩定工作的政策法規：建國以來中國的法律法規及黨的路綫、方針與政策，亦即法律法規與黨規黨法。例如《中共中央關於維護社會穩定加強政法工作的通知（1990）》、《中央維護穩定工作領導小組關於切實做好當前維護社會政治穩定工作的意見（2004）》等，就是關於維護穩定工作的規範性文件。這些政策法規是最具體的理論支撐。另一個是維護社會穩定的社會科學理論：政治學、哲學、社會學、黨建黨史理論是習近平 "穩定觀" 的產生與發展的理論基礎。這些理論是支柱性理論依據。

（二）實踐基礎

習近平 "穩定觀" 產生於實踐，並服務於實踐。也就是説，社會實踐是穩定觀產生的源泉，也是穩定觀的最終歸宿。唯物論、認識論、辯證法是貫穿習近平 "穩定觀" 的思想綫索。

習近平 "穩定觀" 是在貫徹落實鄧小平理論、江澤民 "三個代表" 重要思想和胡錦濤科學發展觀，推進經濟社會發展和維護穩定工作的一系列實踐過程中逐步形成的，正是這些具體而實際的維護穩定工作爲習近平 "穩定觀" 的產生奠定了豐厚的實踐基礎。具體來説，主要包括兩個方面：一個是實踐形式；另一個是形成發展過程。

1. 習近平穩定觀的實踐形式

習近平穩定觀的實踐形式有諸多方面，包括妥善化解社會矛盾、正確處理人民内部矛盾、正視和面對矛盾、領導下訪、作風建設年、狠抓落實年、創新楓橋經驗（鄉鎮綜合治理中心建設）、柯橋經驗、鹿城做法、義烏模式、平安浙江、平安上海、平安世博、平安奧運、社會保險繩建設、編織濟困救助網、治安穩定器建設、法治浙江等。其中，比較典型、代表性實踐形式有創新楓橋經驗、建設平安浙江與實行領導下訪制度。

創新楓橋經驗就是在浙江省諸暨市 "楓橋經驗" 的基礎上，進一步推進 "村、鄉鎮" 基層的社會穩定工作，主要工作成果是浙江省各個鄉鎮、街道辦事處成立 "鄉鎮綜合治理中心"。

平安浙江建設是推進浙江省社會穩定的重要載體和有效途徑。主要工作是建設平安縣市、平安城區、平安鄉鎮、平安社區、平安小區；創建平安示範縣市、平安示範城區、平安示範漁場、平安示範市場、平安示範企業、平安示範學校、平安示範家庭等。

領導下訪就是領導幹部下訪接待群衆制度，是浙江省推出的實踐 "執政爲民" 的實際舉措和 "親民政治" 的有效途徑。在開展下訪活動中，首先，采取 "事先預告、上下聯動、分類處理、跟踪督辦" 等方式，提前10天向社會預告，省、市、縣三級領導和有關部門負責人共同參加接訪活動，對群衆反映的問題進行認真梳理，實行分類解決。然後，按照 "事事有回音、件件有着落" 的要求，認真梳理，及時交辦，落實責任，集中調處，真正達到了解決一批、疏導一批、研究一批、息訪一批的要求。在領導下訪的推動下，浙江注重對信訪工作規律的研究，修訂《浙江省信訪條例》，實行雙向責任追究和信訪重點地區管理機制，建立了涉法信訪處理和督查督辦制度，開展了重復訪專項治理，促信訪工作制度化，提高各級幹部的執政能力。

2. 習近平穩定觀的形成發展過程

習近平 "穩定觀" 的形成與發展：首先是基層穩定觀，然後是地方穩定觀，再上昇爲國家穩定觀。

第一、基層穩定觀的形成。習近平基層穩定觀是一種初步的穩定觀，主要源於在陝西省延川縣樑家河大隊、河北省正定縣、寧德地區行署等地認識、學習與執行關於維護社會穩定工作的路綫、方針、政策的具體實踐。這一期間，習近平工作在基層一綫，直接面對、接觸農村的幹部群衆，生動活潑、具體實在，因而形成了樸素的基層穩定觀、鄉村穩定觀。習近平基層穩定觀是一種鄉村穩定觀，也是一種農村穩定觀。

第二、地方穩定觀的形成。習近平地方穩定觀是一種探索、嘗試、創新的穩定觀，主要源於在河北省、福建省、浙江省、上海市擔任省、市、行署主要領導期間，領導並身體力行的關於省域、地市域、縣市域、鄉鎮域的維護社會穩定工作與化解社會矛盾工作的大量實踐。這一期間，習近平先後擔任寧德地區、福州市、福建省、浙江省、上海市的主要領導，作爲高級領導幹部，維護社會穩定工作不僅僅是貫徹落實黨的路綫方針政策，堅持體現宏觀性、全局性、整體性，還需要實事求是，因地制宜，考慮縣情、地市情、省情，體現區域性、地域性與民族性，從而更快更好更準地貫徹落實執行黨的路線方針政策。也就是說，習近平地方穩定觀由具有 "認識、學習與執行" 特徵的基層穩定觀，演變上昇發展成爲具有 "探索、嘗試、創新" 特徵的地方穩定觀。如創新楓橋經驗、建設平安浙江、建設法治浙江等就是一種 "探索、嘗試、創新"。習近平地方穩定觀不僅包括農村穩定觀，還包括城鎮穩定觀，特別是大都市穩定觀；不僅包括鄉鎮穩定觀、縣（市）穩定觀，還包括省（市）級穩定觀。習近平地方穩定觀是一種地方性、區域性的城鄉穩定觀。這實際上是一種促進區域範圍內經濟社會協調發展的地方穩定觀。

第三、國家穩定觀的初步形成。習近平國家穩定觀是在基層穩定觀、地方穩定觀基礎上形成的更具宏觀性、全局性、戰略性的穩定觀，主要源於習近平同志擔任黨和國家領導人以來的保持經濟社會發展穩定工作的重要實踐。2007 年 10 月以來，習近平高度重視維護社會穩定工作，重視社會矛盾化解工作，重視群衆工作創新，特別重視正確處理人民內部矛盾工作，逐漸形成了發展着的國家穩定觀的初步理論。全國性的社會穩定工作比之地方的範圍更廣、責任更大、任務更重：習近平在繼續深入貫徹落實科學發展觀，全面推進小康社會建設過程中，着眼於正確處理政治穩定、經濟穩定、社會穩定與維護穩定之間的相互關係，着眼於進一步促進整個中國經濟社會穩定發展，着眼於國內國外兩個方面的社會穩定局勢，在系統地、全面地扎實推進穩定工作中進行了新的實踐和探索。習近平國家穩定觀，是一種仍然在發展着的穩定觀。

三、穩定觀：詞義考察、基本涵義與主要特徵

（一）穩定、衝突與矛盾的詞義考察

要研究探討穩定觀，有必要認識、瞭解穩定、衝突與矛盾等基本概念的詞義及其延伸含義。亦即什麼是穩定，什麼是動盪？與穩定相關的詞彙又有些？

"穩定" 是一個多義詞。《辭海》、《現代漢語詞典》、《當代漢語詞典》等不少辭書詞典都收錄並進行了詮釋。大體包括：穩固安定、沒有變動、平穩安定、穩固沒有變動、沒有波動、使穩定、物質性能；穩重、穩妥、使固定、確定；穩如泰山、穩定平衡等。"穩定" 一般用於形容位置、狀態、數量、頻率、質量、因素、貨幣、價格、市場、地方、環境、形勢、

局勢、局面、空氣、氣氛、政權、政策、調子等，也可以形容人、人心、心情、性格、感覺、情緒、思想和腳步等。“穩定”既可用於自然科學，亦可用於社會科學。進一步而言，穩定是一種狀態，就是事物良性更新的狀態，指所處的環境或者心境在一定量的時間之內不會輕易變化。

與穩定一詞相關的詞彙有：動盪、衝突、差异、矛盾、和諧。1. 動盪或動亂是“穩定”的反義詞。動盪是個多義詞，大體包括：波浪起伏、局勢不穩定、局勢不安定、情況不平靜、不太平、起伏晃動、社會動盪、動盪不安、動盪不定。2. 衝突是個多義詞，大體包括：碰撞、衝撞、爭執、爭鬥、激烈鬥爭、相互矛盾、矛盾激化。“衝突”既可用於自然科學，亦可用於社會科學。進一步看，所謂衝突是指人與人、群體與群體之間激烈對立的社會互動方式和過程。衝突的含義很廣，它既包括事物之間的衝突，也包括人們之間的心理衝突。從規模上劃分，有個人之間和集團之間的衝突；從性質上劃分，有經濟衝突、政治衝突、思想衝突、文化衝突、宗教衝突、種族衝突、民族衝突以及階級衝突和國際衝突等。衝突是矛盾和矛盾鬥爭的表現形式之一。衝突的表現方式有：辯論、口角、拳頭、決鬥、儺殺、械鬥、戰争等。衝突可能發生在個人層次上，也可能發生在群體、組織、國家、社會這樣較大規模的層次上。在各種形式的衝突中，最顯著的是階級的衝突。[①] 3. 差异是個多義詞，大體包括：差別、區別、不同、奇异、反常、差之毫厘，謬以千裏。“差异”既可用於自然科學，亦可用於社會科學。進一步而言，差异是指事物相互區別和自身區別，是没有激化的矛盾的一種表現，又稱差別。差异本身就是矛盾，是矛盾存在的一種狀態。差异具有普遍性，世界上萬事萬物之間及事物内部都存在差异。差异分爲外在的和内在的兩種。外在的指兩個互不相干的事物之間的差异，内在的指統一體内部兩個對立面之間的差异；外在差异是直接的差別，而内在差异才是本質的差异。[②] 4. 矛盾是個多義詞，大體包括：前後不一、自相抵觸、互相排斥、非此即彼。矛盾出自中國先秦的《韓非子·難一》：楚人有鬻楯與矛者，譽之曰“吾楯之堅，物莫能陷也”。又譽其矛曰“吾矛之利，於物無不陷也”。或曰“以子之矛，陷子之楯，何如？”其

---

① 金炳華主編．馬克思主義哲學大辭典．上海：上海辭書出版社．2003．第248頁。
② 廖蓋隆主編．馬克思主義百科要覽·上卷．北京：人民日報出版社．1993．第248頁。

人弗能應也。矛盾原指説話内容前後不一，不能自圓其説之意，後來以此比喻相互抵觸、互不相容。矛盾是一個哲學名詞。在唯物辯證法中，矛盾即對立統一，指事物内部各個對立面之間的互相依賴而又互相排斥的關係。這種矛盾又稱爲“辯證矛盾”。矛盾是一個邏輯名詞。形式邏輯中，矛盾指兩個概念互相排斥或兩個判斷不能同時是真也不能同時是假的關係。這種矛盾又稱爲“邏輯矛盾”。5. 和諧是個多義詞，大體包括：配合得適當、配合得匀稱、和睦、融洽、協調而匀稱、和睦協調、和解、和好相處。和諧可以形容顔色、色調、聲音、聲調、樂曲、旋律、節奏、字眼兒、大自然、自然美等，也可以形容家庭、整體、生活和關係、氣氛、空氣、氛圍以及行爲、動作等。“和諧”既可用於自然科學，亦可用於社會科學。進一步而言，和諧是指事物和現象的各方面相互調合和協調一致，多樣變化中的統一。和諧是一個美學範疇，是指審美對象在多樣聯繫中形成的協調的整體以及主客體之間的諧調一致。和諧不僅是整齊一律和平衡對稱，更重要的還在於差異中見出協調，在不齊中見出整齊，在整體上給人以匀稱一致、和順適宜的感覺，並使主客體達到矛盾統一。①

（二）與穩定觀相關的概念範疇

與穩定觀相關的概念範疇主要有：矛盾論與矛盾觀；群體性事件與突發性事件；和諧論與衝突論等。

1. 矛盾論與矛盾觀。矛盾論有兩方面涵義：一是專門指毛澤東的《矛盾論》論文或著作。這篇哲學論文，是毛澤東繼《實踐論》之後，爲了同一的目的，即爲了克服存在於中國共産黨内的嚴重的教條主義思想而寫的。② 二是指關於矛盾的涵義、特徵、分類、本質、規律、關係、作用等的系統化理論。矛盾觀則是指人們對矛盾的涵義、特徵、分類、本質、規律、關係、作用等問題的基本觀點或看法。矛盾分類有兩種：一種是兩分法，即可分爲敵我矛盾與人民内部矛盾；另一種是辯證法分類，即可分爲基本矛盾與非基本矛盾、普遍矛盾和特殊矛盾、主要矛盾和次要矛盾、對抗性矛盾和非對抗性矛盾、主要矛盾方面和次要矛盾方面等。

2. 和諧論與衝突論。和諧論是關於和諧的涵義、特徵、分類、本質、

---

① 金炳華主編. 馬克思主義哲學大辭典. 上海：上海辭書出版社. 2003. 第 633 頁。
② 毛澤東選集第 1 卷. 北京：人民出版社. 1991. 第 299 – 340 頁。

規律、關係、作用等的系統化理論。和諧社會是和諧論的重要範疇，就是指構成社會的各個部分、各種要素處於一種相互協調的狀態，是指一種美好的社會狀態和一種美好的社會理想，即 "形成全體人們各盡其能、各得其所而又和諧相處的社會"。所謂社會主義和諧社會，則是指各方面利益關係得到有效的協調、社會管理體制不斷創新和健全、穩定有序的社會，也就是一種民主法治、公平正義、誠信友愛、充滿活力、安定有序、人與自然和諧相處的社會。衝突論是關於衝突的涵義、特徵、分類、本質、規律、關係、作用等的系統化理論。社會衝突理論、文明衝突理論是兩種代表性衝突理論。社會衝突理論重點研究社會衝突的起因、形式、制約因素及影響，強調社會衝突對於社會鞏固和發展的積極作用。

3. 群體性事件與突發性事件。群體性事件、突發性事件是近年來產生的一個新概念。很多大型社會科學類詞典辭書都未收錄，目前的學術界界定仍然有爭議。主流觀點認爲，所謂群體性事件是指經濟轉軌和社會轉軌期間，由各種社會矛盾引發的集體上訪、圍堵黨政機關、堵塞交通、局部範圍的罷工、罷市、罷課，甚至集體械鬥等非集體活動。① 群體性事件可分爲群體性暴力事件和群體性非暴力事件。網上群體性事件是一種新型的虛擬群體性事件。突發事件則是指社會上突然發生的具有一定社會危害性的事件。根據《突發事件應對法》規定：突發事件是指突然發生，造成或者可能造成嚴重社會危害，需要采取應急處置措施予以應對的自然災害、事故災難、公共衛生事件和社會安全事件。按照社會危害程度、影響範圍等因素，自然災害、事故災難、公共衛生事件分爲特別重大、重大、較大和一般四級。群體性、突發性事件，是由人民內部矛盾和糾紛所引起的部分公衆參與的對社會秩序和社會基本價值產生嚴重威脅的事件。群體性、突發性事件的特徵主要有：主體的群體性，主觀方面的目的性，客觀方面的危害性，事件發生的突然性，事件原因的復雜性。

4. 社會基本矛盾與人民內部矛盾。社會基本矛盾是指生產力和生產關係的之間、經濟基礎和上層建築之間的矛盾。這兩對基本矛盾存在於一切社會形態之中，規定社會的性質和基本結構，貫穿於人類社會發展的始

---

① 葉篤初、盧先福主編. 黨的建設詞典. 北京：中共中央黨校出版社，2009. 第 398 - 399 頁。

終，推動着人類社會由低級向高級發展。社會主義社會基本矛盾也是指生產關係和生產力之間的矛盾，上層建築和經濟基礎之間的矛盾，是推動社會主義社會向前發展的基本矛盾。在社會主義社會中，生產力和生產關係的矛盾、經濟基礎和上層建築的矛盾原則上不再是對抗性的，它可以通過社會主義制度本身的改革和調整來解決。人民内部矛盾是在人民利益根本一致的基礎上產生的矛盾，是兩類社會矛盾之一。人民内部矛盾在不同的國家和各個國家的不同歷史時期有着不同的内容。在中國社會主義革命、建設和改革開放時期，包括工人階級内部，工農兩個階級之間，知識分子之間，農民階級之間，工人、農民和知識分子之間的矛盾。

（三）穩定觀的基本涵義

穩定既是一個老話題，也是一個歷久彌新的新課題。什麼是穩定觀？穩定觀是指關於穩定的涵義特徵、内容形式、行爲過程、影響因素、模式規律、途徑措施、地位作用以及社會效果等方面的基本觀點與總的看法。從固有習慣、傳統思維來説，人們講穩定，一般就是講社會穩定。但從嚴格意義和新的視野來看，穩定應當包括政治穩定、經濟穩定、狹義社會穩定、文化穩定、生態穩定等廣義社會有機體的各個方面。本書所探討的穩定觀中的穩定，即是指廣義的穩定。

穩定觀，即經濟社會發展穩定觀，包括政治穩定觀、經濟穩定觀、社會穩定觀、文化穩定觀，還包括邊疆穩定觀、國防穩定觀、外交穩定觀等。穩定觀體系是由政治穩定、經濟穩定、社會穩定、文化穩定、邊疆穩定、國防穩定、外交穩定等有機結合而成。穩定觀分類有兩種：一種從社會結構看，可分爲政治穩定觀、經濟穩定觀、社會穩定觀、文化穩定觀；二是從空間區域看，可分爲全球穩定觀、國家穩定觀與地區穩定觀等。

實踐中，有兩種截然不同的穩定觀：一種是同論觀，另一種是和論觀。"同論"者認爲，要維護、鞏固社會穩定，就必須致力於求"同"，亦即強調整齊劃一，步調高度一致，絕不允許有一點差异，只能有一個聲音，不能有另類的聲音。"和論"者則認爲，要維護、鞏固社會穩定，就必須致力於求"和"，亦即強調求同存异，人本至上，多樣性的統一。"同論觀"要求的是一種絕對的、完全静態的穩定觀，這種觀點違背了物種多樣性的哲學原理，是一種形而上學穩定觀；而"和論觀"追求的則是一種相對的、動態的穩定觀，這種觀點符合辯證法的哲學原理，是一種科學的馬克思主義穩定觀。

習近平經濟社會發展 "穩定觀" 是指習近平關於政治穩定、經濟穩定、社會穩定與生態穩定等方面的總的觀點、態度和根本看法。進一步看，習近平經濟社會發展 "穩定觀" 是習近平關於維護政治、經濟、社會、文化等領域的穩定，化解社會矛盾與衝突、正確處理人民內部矛盾、做好群衆工作，促進經濟社會和諧穩定發展等諸多方面的總的觀點、態度和根本看法。簡而言之，習近平經濟社會發展 "穩定觀" 是習近平對經濟社會發展進程中政治、經濟、社會、文化與生態等領域穩定問題的思想、觀點、方法的集中概括。在實際工作中，堅持和踐行經濟社會發展 "穩定觀"，其核心要點就是 "保穩定"，即社會穩定，國泰民安，百姓安居樂業。

習近平經濟社會發展 "穩定觀"（簡稱習近平 "穩定觀"）是一種廣義的穩定觀，是一種涵蓋政治、經濟、社會、文化穩定的全面穩定觀，是一種促進整個社會有機體良性發展的穩定觀。政治穩定是指一定社會的政治系統保持動態的有序性和連續性。政治穩定的層次包括穩定的政權體系、合理的權力結構體系與有序的政治過程；政治穩定的表現，主要包括國家的主權穩定、政府穩定、政策穩定、政治生活秩序穩定以及社會政治心理穩定方面。經濟穩定是指社會經濟生活的協調有序及其發展態勢的可控性，也就是指要實現充分就業，物價穩定和國際收支平衡，保持經濟的持續、穩定與協調的發展。社會穩定（狹義的）包括社會心理穩定與社會秩序穩定，主要表現爲社會治安狀況良好、社會風氣正常。維護穩定工作包括維護政治穩定、經濟穩定、社會穩定與文化穩定。化解矛盾就是化干戈爲玉帛，冤家宜解不宜結。矛盾化解工作包括：妥善化解各類社會矛盾衝突、妥善處置群體突發事件。正確處理人民內部矛盾，包括科學區分敵我兩類不同性質的矛盾，及時、妥善地準確處理人民內部矛盾。

習近平經濟社會發展 "穩定觀" 的目標與任務：政局安定，社會穩定，國泰民安，百姓安居樂業。習近平指出：人人平安，社會和諧，是科學發展觀的題中應有之義，是全面建設小康社會的重要目標。從文化淵源看，崇尚和諧，企盼穩定，追求政通人和、安居樂業的平安社會、和諧社會，這是中華文化的重要組成部分。①

習近平經濟社會發展“穩定觀”的範圍與分類：從全球空間區域穩定看，習近平“穩定觀”主要涉及或分爲國内穩定觀、周邊地區穩定觀與世界穩定觀；從國内行政區劃穩定看，習近平“穩定觀”主要涉及或分爲鄉鎮域穩定觀、縣市域穩定觀、省域穩定觀與全國穩定觀；從治國理政内容看，習近平“穩定觀”主要涉及或分爲政治穩定觀、經濟穩定觀、社會穩定觀、文化穩定觀。

（四）穩定觀的主要特徵

習近平追求、倡導與實施的“穩定觀”是在實踐中逐步形成的、仍在發展着的、不斷完善、與時俱進的穩定觀。從習近平身體力行維護穩定工作的具體實踐看，其特徵主要體現在以下幾個方面：

1. 戰略全局性。習近平穩定觀既考慮戰略性、長遠性，同時也考慮局部性、全局性，體現戰略全局性。穩定觀戰略要統攬全局，着眼於未雨綢繆。古人雲：不謀萬世者，不足謀一時，不謀全局者，不足謀一域。② 習近平（2006 年）指出：要善於從大局的高度來看穩定、促和諧，見之於早、抓之於實、求之於解。習近平（2007 年）強調：要深入貫徹黨的十六屆六中全會精神，按照省委的工作要求，從戰略、全局和政治的高度，進一步認清形勢，統一認識，綜合治理，形成合力，着力解決影響全省社會穩定的突出問題，扎實做好維護社會穩定的各項工作。

2. 經常一貫性。習近平抓社會穩定工作是一以貫之、始終如一、常抓不懈、從不鬆懈，體現經常一貫性。習近平（2004 年）指出：“平安浙江”工作要按照“貴在落實，貴在堅持”的要求，一以貫之、鍥而不捨地把這項工作落實下去、堅持下去。習近平（2006 年）指出：要常研究，常排查，常督促，像進行經濟形勢分析那樣，經常分析社會穩定形勢，把過細的工作做到前面，不要整天做救火隊員。

3. 靈活統一性。習近平穩定觀既要堅持原則性與靈活性相結合，又要堅持多樣性、多元化與統一性相結合，體現靈活統一性。社會穩定工作紛繁複雜，要因地制宜、因時制宜、因事制宜；要考慮省情、世情、縣情、

---

① 習近平 . 之江新語 . 杭州：浙江人民出版社 . 2007. 第 119 頁。

② 楊慶旺主編 . 中國軍事知識辭典 . 北京：華夏出版社 . 1987. 第 71 頁。

鄉情、村情以及行業情況、單位情況、各領域情況。

4. 實踐實效性。習近平穩定觀既重視汲取實踐經驗，更關注穩定成果的實際效果，體現實踐實效性。平安浙江、領導下訪、楓橋基層維穩經驗、機關效能建設、保險繩、救助網、穩定器等穩定方法都是來自於縣市的具體實踐，然後，經過改造、補充、完善與創新，及時付諸實踐，發揮積極作用，產生良好的社會效果。

5. 內外統籌性。習近平穩定觀強調內地穩定與邊疆穩定要一起抓、同時抓，同時也要求國內穩定、地區周邊穩定與世界穩定一同關注、考慮，體現內外統籌性。習近平指出：內地穩定、邊疆穩定與地區周邊穩定、國內穩定與世界穩定是穩定觀的重要內容、不可分割的組成部分，因此，要一起抓、同時抓，不偏不倚。習近平指出：要高度重視國內東部、中部、西部的社會穩定及其相互關係，更要密切關注中國與周邊地區國家的穩定及其相互關係。

6. 繼承創新性。習近平穩定觀是在繼承前人的基礎上，與時俱進、創新發展着的，體現繼承創新性。習近平多次指出：經濟社會發展要在繼承中創新，在創新中發展。習近平（2004 年）指出：要把握大局，正確處理改革發展穩定的關係，注重在樹立新的改革觀、樹立新的發展觀與樹立新的穩定觀三個方面下功夫。平安社會建設演變過程就是繼承創新的典型實例：從創新楓橋經驗，上昇到平安浙江創建，從平安浙江建設經驗進一步推進、推廣運用到平安上海建設，運用到平安奧運建設，及至建設平安中國。

四、穩定觀：基本問題、主要內容與相互關係

（一）基本問題

穩定觀的基本問題既是實際工作中的首要的、基本的問題，也是理論研究過程中不容迴避的問題。習近平指出：面對大發展大變革大調整的世界局勢，我們要善於分析和把握國內外形勢的發展變化，深刻認識世界多極化、經濟全球化、科技革命加速推進等發展趨勢及其對我國發展的重大影響，從戰略高度深入研究我國發展面臨的機遇和挑戰，科學回答當今世界經濟、政治、文化、社會等領域的重大問題，爲緊緊抓住和用好我國發

展的重要戰略機遇期、推動經濟社會又好又快發展提供理論指導和思想保证。[1]

習近平在地方維護穩工作中，根據科學發展觀的基本問題，通過平安浙江建設和法治浙江建設的實踐，探索概括了穩定觀的基本問題。概而言之，習近平穩定觀的基本問題就是：實現什麼樣的穩定，怎樣實現穩定；換言之就是實現什麼樣的社會穩定，怎樣實現社會穩定。進一步詮釋就是：穩定觀的基本問題主要是爲瞭解決“爲什麼要保持社會穩定，怎樣保持社會穩定，由誰負責去保持社會穩定，用什麼措施去保持社會穩定，保持什麼樣的社會穩定”等問題。

（二）主要内容

習近平指出：要維護和實現公平正義，加強社會建設和管理，全力維護社會公共安全，要樹立新的穩定觀，堅持穩定是硬任務，關心支持國防和軍隊建設。[2] 習近平“穩定觀”的内容體現在多個方面，其主要内容體現在以下幾個方面：

1. 從穩定觀的基本構成要素看，習近平“穩定觀”主要包括政治穩定觀、經濟穩定觀、社會穩定觀、文化穩定觀，還包括邊疆穩定觀、國防穩定觀等。其穩定觀體系是由政治穩定、經濟穩定、社會穩定、文化穩定等有機結合而成的一種體系。

2. 從穩定觀的形成和發展過程看，習近平“穩定觀”主要包括農村穩定觀與城鎮穩定觀；鄉鎮穩定觀、縣（市）穩定觀、省市穩定觀與全國穩定觀；福建省域穩定觀、浙江省域穩定觀與上海市域穩定觀等方面。

3. 從平安浙江的實踐看，習近平“穩定觀”主要包括：建設平安縣市、建設平安鄉鎮、平安城區、平安社區、平安小區；創建平安示範縣市、平安示範城區、平安示範企業、平安示範學校、平安示範家庭等。

4. 從保持穩定工作内容角度看，習近平“穩定觀”主要包括：維護政治、經濟、社會、文化等穩定工作、妥善化解社會矛盾工作、正確處理人民内部矛盾工作、妥善處置群體突發事件工作、群衆工作創新等。

---

① 習近平. 中國共產黨 90 年來指導思想和基本理論的與時俱進及歷史啓示. 學習時報，2011 年 6 月 27 日。

② 習近平. 干在實處走在前列：推進浙江新發展的思考與實踐. 北京：中央黨校出版社. 2006. 第 241 – 236 頁。

5. 從保持穩定工作空間範圍角度看，習近平 "穩定觀" 主要包括：國內穩定觀、邊疆穩定觀、周邊地區穩定觀與世界穩定觀。

6. 從保持穩定工作的影響因素看，習近平 "穩定觀" 的影響因素包括：既有政治因素，也有經濟因素；既有國內因素，也有國際因素；既有當前現實因素，也有歷史遺留因素。

（三）穩定觀：穩定與矛盾、改革、發展的關係

穩定與矛盾的關係：矛盾是穩定的存在依據和實踐對象，而穩定是矛盾發展變化的一種狀態和結果；矛盾是引發不穩定的重要因素，而穩定則是要化解各類矛盾；穩定與矛盾二者相互依存，相互關聯、相互促進。

穩定與改革、發展關係：穩定是改革、發展的重要內容、組成部分；穩定是改革、發展的前提與保障，改革、發展是穩定的目標與方向；穩定與改革、發展之間相互依存、相互促進，共同發展。習近平指出：只有保持經濟社會又快又好地發展，不斷增強綜合實力和區域競爭力，才能更好地滿足人民日益增長的物質文化需要，更好地解決前進中的矛盾和問題，爲推進改革和保持和諧穩定創造條件。改革是促進經濟社會發展的強大動力，也是實現社會和諧穩定的強大動力。只有不斷深化改革，加快破除體制性機制性障礙，消除體制性弊端，才能實現經濟社會又快又好發展，才能促進社會和諧穩定。穩定是發展和改革的重要前提。只有保持社會和諧穩定，才能妥善應對和處理各種新情況新問題，牢牢把握加快發展的主動權。也只有在一個和諧穩定的社會環境下，才能順利推進各項改革措施，不斷完善社會主義市場經濟體制。[①]

五、實踐模式：楓橋經驗、平安浙江與支撐條件

習近平經濟社會發展 "穩定觀" 在浙江等地形成發展過程中，呈現出了一個具有地方區域特色的維護、保持與促進穩定的典型實踐模式。這種模式是習近平同志在科學發展觀統領下，緊緊圍遶經濟建設、政治建設、文化建設、社會建設與黨的建設 "五位一體" 的總體布局，堅持在社會穩定中推進改革發展，切實落實 "干在實處、走在前列" 的新要求，大膽嘗

---

① 習近平. 正確處理事關 "十一五" 經濟社會發展全局的幾個重大關係. 政策瞭望, 2005, (12)：4-9。

試，由點帶面的實踐中創立的。

（一）夯實基層基礎：楓橋經驗及其創新發展

什麼是 “楓橋經驗”？20 世紀 60 年代初，浙江省諸暨市楓橋鎮幹部群衆創造了 “發動和依靠群衆，堅持矛盾不上交，就地解決，實現捕人少，治安好” 的 “楓橋經驗”，爲此，1963 年毛澤東同志就曾親筆批示 “要各地仿傚，經過試點，推廣去做”。“楓橋經驗” 由此成爲全國政法戰綫一個膾炙人口的典型。[①] 改革開放以來，“楓橋經驗” 得到不斷發展，形成了具有鮮明時代特色的 “黨政動手，依靠群衆，預防糾紛，化解矛盾，維護穩定，促進發展” 的楓橋新經驗，使其成爲了新時期加強基層基礎工作、維護社會穩定的一個典型。

如何創新發展 “楓橋經驗”？“楓橋經驗” 凝聚了浙江廣大幹部群衆在社會治安綜合治理工作實踐中的創造，是浙江加強基層基礎工作，推進社會治安綜合治理的有效載體，在建設 “平安浙江” 中有着重要的意義。習近平（2004 年）指出：我們將進一步總結推廣和創新發展 “楓橋經驗”，進而全面推進 “平安浙江” 建設，爲經濟社會全面協調可持續發展，創造長期和諧穩定的環境。一是堅持統籌兼顧，治本抓源。“楓橋經驗” 始終堅持 “兩手抓，兩手都要硬” 的方針不動搖，緊緊圍遶爲經濟建設服務這個大局，正確處理改革發展穩定的關係，高度重視維護社會穩定工作，促進了經濟與社會協調發展。二是堅持強化基礎，依靠群衆。“楓橋經驗” 充分發揮黨的政治優勢，通過依靠和組織人民群衆，化解消極因素，解決社會矛盾，是黨的優良傳統和群衆工作路綫在新形勢下的繼承和發揚。三是堅持完善制度，注重長效。“楓橋經驗” 在正確處理人民內部矛盾方面，以完善的制度爲保障，健全矛盾糾紛排查調處工作機制，狠抓落實責任制，努力做到組織建設走在工作前，預測工作走在預防前，預防工作走在

---

① 背景材料：“楓橋經驗” 出自於浙江省諸暨市楓橋鎮。1963 年，楓橋在社會主義教育運動中，發動群衆，對有破壞活動的 “四類分子” 開展了說理鬥爭，沒有打人，也沒有損人，就把 “四類分子” 制服了。當年 11 月，中共浙江省委工作隊和諸暨縣委聯合寫了《諸暨縣楓橋在社會主義教育運動中開展對敵鬥爭的經驗》，主要內容是 “依靠和發動群衆，堅持矛盾不上交，就地解決，實現捕人少、治安好。” 同年 11 月 20 日，在公安部向二屆全國人大四次會議報告的以 “楓橋經驗” 爲主要內容的發言稿上，毛澤東主席親筆批示 “其中應提到諸暨的好例子，要各地仿傚，經過試點，推廣去做。” 由此，“楓橋經驗” 成爲全國政法戰綫的一面旗幟，在華夏大地上不斷掀起學習推廣的熱潮。

調解前，調解工作走在激化前。切實使 "預警在先，苗頭問題早消化；教育在先，重點對象早轉化；控制在先，敏感時期早防範；調解在先，矛盾糾紛早處理"。①

"楓橋經驗" 在新時期的豐富與發展。"楓橋經驗" 大致經歷了三個發展階段：20 世紀 60 年代中期至 70 年代，楓橋創造了發動群衆改造流竄犯和幫教失足青年的成功經驗；十年動亂結束後，楓橋在全國率先給 "四類分子" 摘帽，爲全國範圍的撥亂反正提供了範例；黨的十一屆三中全會後，楓橋依靠群衆維護治安，成爲社會治安綜合治理的典範。進入 21 世紀以來，"楓橋經驗" 又與時俱進、創新發展，不斷增添新的内容：一是體制機制創新。2004 年初，全國首家鄉鎮綜治中心在浙江省杭州市餘杭區喬司鎮成立。這是新形勢下如何做好穩定工作的一項探索。隨後浙江全省陸續成立了鄉鎮（街道）綜治中心。該中心創造性地建立了集綜治辦、信訪辦、司法所、巡防隊、流動人口管理辦公室等 7 部門於一體的喬司鎮社會治安綜合治理工作中心。在全省鄉鎮（街道）廣泛建立的綜治工作中心，既整合了政府資源，提高了行政效能，又方便群衆、服務群衆，成爲浙江省新時期維護社會穩定工作的一大特色和亮點。習近平指出：平安浙江建設的一項重要内容，就是強化基層基礎工作，進一步總結、推廣和創新楓橋經驗。習近平強調：要大力加強社會治安防控體系建設，全面推廣建立綜治工作中心的做法，完善聯調、聯防、聯勤、聯治的工作體系。② 二是技術管理創新。2007 年，"網格化管理、組團式服務" 管理服務新模式在舟山市普陀區桃花鎮誕生。2007 年底，整個桃花鎮被分成 40 個管理服務網格，所有居民被納入單元網格中，每個網格配備一支服務團隊，團隊裏有鄉鎮幹部、社工、民警、教師、醫生等。2008 年 8 月，"網格化管理、組團式服務" 在舟山全面推開，全市 43 個鄉鎮（街道）分成 2464 個網格、1.69 萬名黨員，共聯繫 19.1 萬户、52 萬名普通群衆，有效避免了管理服務的 "真空"。"網格化管理、組團式服務" 將傳統的聯繫包干責任制度與現代信息網絡技術結合起來，建立起公共服務與管理的新型信息化平臺。網格化治理從劃分基層社會管理的基本單元着手，實現了基層管理服

---

① 習近平. 創新楓橋經驗，建設平安浙江——在全國社會治安綜合治理工作會議上的講話. 今日浙江，2004，（12）：4 - 5。

② 金國娟. "楓橋經驗" 在新時期的豐富與創新. 新華網浙江頻道，2005 年 09 月 28 日。

務“橫向到邊、縱向到底”全覆蓋；它以強化公共服務爲突破點，全面、及時回應群衆要求，實現基層管理的重心前移和重點轉移；它注重整合“條塊”公共服務資源，實現網格化治理與現有行政管理的無縫對接。網格化治理的全部工作都是從依靠群衆、聯繫群衆、服務群衆着手，從而暢通了群衆訴求渠道，抓住了維穩工作“强基層、打基礎”這個重點，從源頭上夯實了維穩工作的群衆基礎。[①]

（二）社會穩定載體：平安浙江、平安中國與經濟社會穩定

2004 年 1 月，習近平在浙江省委理論學習中心組學習會上首次正式提出了建設“平安浙江”的要求。5 月，浙江省委十一屆六次全會審議通過了《中共浙江省委關於建設“平安浙江”，促進社會和諧穩定的決定》，對“平安浙江”建設作出全面部署。

1. 平安浙江決策的出臺背景。習近平指出：黨的十六大以來，以胡錦濤同志爲總書記的新一屆中央領導集體特別强調“保持我國和諧穩定的社會環境，是利用好、維護好戰略機遇期的必然要求，是全面建設小康社會的重要內容，也是實現黨在新世紀新階段宏偉奮鬥目標的重要前提和保證。”習近平進一步指出：浙江是經濟相對發達的東部省份和市場經濟的先發地區，在體制轉軌和社會轉型期，我們更早地感受到一些新的帶普遍性的矛盾和問題。黨中央提出的重大戰略思想對加快浙江全面建設小康社會，提前基本實現現代化指明瞭方向，提供了强大的思想武器。正是基於科學發展觀的要求，浙江省委從浙江實際出發，作出了建設“平安浙江”的決策。

2. 平安浙江的基本內涵。2004 年，習近平指出：我們提出建設“平安浙江”中的“平安”，不是狹義的“社會平安”，而是涵蓋了經濟、政治、文化和社會各方面寬領域、大範圍、多層面的“平安”。[②] 2006 年習近平進一步指出：我們所說的“平安浙江”是一個“大平安”的概念，還包括建設“法治浙江”和加快建設文化大省，妥善協調各方利益關係，維護社會公平和正義等。[③]“平安浙江”體現了科學發展觀的執政理念，蘊含

---

① 徐祝君. 舟山市網格化管理、組團式服務工作紀實. 浙江在線，2010 年 05 月 19 日。

② 習近平. 建設“平安浙江”、促進社會和諧穩定——在省委十一屆六次全體（擴大）會議上的報告. 今日浙江，2004，(9)：4 – 8。

③ 葉輝. 習近平 – 和諧社會需要平安. 光明日報，2006 年 03 月 20 日。

着 "富民强省" 的新思路，完全符合中央提出的構建社會主義和諧社會的要求，完全符合浙江人民群衆的根本利益和願望，具有鮮明的浙江特色。

　　3. 平安浙江的目標與指導原則。習近平指出：總體目標就是努力實現經濟更加發展、政治更加穩定、文化更加繁榮、社會更加和諧、人民生活更加安康。具體目標就是要堅持以人爲本、統籌兼顧、標本兼治、協力推進的原則，努力實現確保社會政治穩定、確保治安狀況良好、確保經濟運行穩健、確保安全生産狀況穩定好轉、確保社會公共安全、確保人民安居樂業。① 習近平進一步指出：在實際工作中，我們要突出强化六個方面：一是始終保持高壓態勢，嚴厲打擊各類犯罪活動；二是强化基層基礎工作，努力化解人民内部矛盾；三是切實采取有力舉措，保持經濟持續快速協調健康發展；四是建立健全各種應急機制，全力維護社會公共安全；五是大力推進民主法制建設，切實維護人民根本利益；六是注重精神文明建設，不斷提高全民素質。②

　　習近平指出：在平安建設工作中，要注意把握科學的指導原則。一是堅持以人爲本的原則。着眼於人的全面發展，不斷滿足人民群衆日益增長的物質文化需要，切實保障人民群衆的經濟政治文化權益，關愛生命，關心健康，關注安全，努力提高人民群衆的思想道德素質、科學文化素質和健康素質，積極爲人民群衆創造平等發展、安居樂業、和諧穩定、能够充分發揮聰明才智的社會環境，真正讓改革發展的成果惠及最廣大人民群衆。二是堅持統籌兼顧的原則。正確處理改革發展穩定的關係，切實把改革的力度、發展的速度和社會可承受的程度統一起來，正確處理經濟建設與社會發展的關係，切實把物質文明、政治文明、精神文明建設統一起來，正確處理不同社會群體之間的利益關係，切實把人民群衆的長遠利益與眼前利益，根本利益與具體利益統一起來。三是堅持標本兼治的原則。既從嚴治標，什麼問題突出就有針對性地解決什麼問題，又着力治本，充分考慮經濟、政治、文化等因素，綜合運用行政、法律、教育等方法，堅持依法治理，做到德法相濟、打防結合、疏堵並舉、上下聯動，積極推進

---

　　① 習近平. 建設 "平安浙江"、促進社會和諧穩定——在省委十一屆六次全體（擴大）會議上的報告. 今日浙江, 2004,（9）: 4-8。
　　② 習近平. 建設 "平安浙江"、促進社會和諧穩定——在省委十一屆六次全體（擴大）會議上的報告. 今日浙江, 2004,（9）: 4-8。

體制、機制和制度建設，努力從源頭上解決問題。四是堅持協力推進的原則。強化各級黨委總攬全局，協調各方的領導核心作用，完善各級政府經濟調節、市場監管、社會管理、公共服務的職能，充分發揮執法部門的職能作用，充分發揮各類社會組織的基礎性作用，充分發揮廣大人民群眾的主體作用，使廣大人民群眾既成爲社會和諧穩定的受益者，又成爲平安浙江的建設者。①

4. 推進措施、成效與推廣。習近平指出："平安浙江"建設"貴在落實，貴在堅持"。一是要把建設"平安浙江"與做好改革發展工作結合起來。正確處理改革發展穩定的關係，堅持穩定壓倒一切的方針，堅持發展這個第一要務，堅持改革開放的路綫，圍遶"八八戰略"的總體部署，落實建設"平安浙江"各項任務。二是要把建設"平安浙江"與各地創建平安市縣工作結合起來。把創建平安市縣、平安單位這個載體納入到全省建設"平安浙江"的大局之中，層層分解建設"平安浙江"的目標任務，力爭通過若干年的努力，使全省絕大多數市縣達到平安市縣創建標準。三是要把建設"平安浙江"和加強機關效能建設緊密結合起來。以推進"平安浙江"建設來促進機關效能建設，以加強機關效能建設來保証"平安浙江"建設，使這兩項工作相得益彰，互促共進。四是要把做好各項階段性工作和建立健全各種長效工作機制結合起來。進一步建立健全正確處理人民內部矛盾的疏導化解機制，打防結合、專群並舉的治安防控機制，貫徹"嚴打"方針的經常性工作機制，嚴格執法、公正司法的法治保障機制，維護社會穩定的領導責任機制，提高經濟發展協調性和安全性的運行機制，維護社會公共安全的應急機制等，確保建設"平安浙江"各項工作長期有效地深入開展。同時要進一步完善檢查、監督、考核、管理機制，制訂建設"平安浙江"的各項考核措施和創建平安市縣的考核體系，把這項工作作爲衡量政績的重要指標，與各級領導幹部的工作業績聯繫起來，認真加以考核，並把考核結果作爲幹部政績評定、晋職晋級和獎勵懲處的重要依據。② 習近平指出："平安浙江"決策實施以來取得了積極的成效：首先，各級幹部和廣大群眾的思想認識提高了，都認爲建設"平安浙江"非

---

① 習近平. 建設"平安浙江"、促進社會和諧穩定——在省委十一屆六次全體（擴大）會議上的報告. 今日浙江, 2004,（9）：4 - 8。

② 習近平. 推進"平安浙江"建設促進社會和諧穩定. 人民論壇, 2004,（7）：7 - 8。

常必要，是構建和諧社會在浙江的具體實踐。其次，在推進 “平安浙江” 建設中，各方面工作取得了積極的進展，人們的安全感和幸福感得到提昇，全省安全生産事故、刑事案件、群衆上訪和群體性事件等都有較大幅度的下降。“平安浙江” 建設 3 年來，4980 萬浙江人欣喜地發現，自己的生活猶如 “芝麻開花節節高”，持續攀昇的不僅有生活水平與質量，還有對美好明天的信心與期盼。資料顯示：全省群衆安全感滿意率連續 3 年高於全國平均水平；全省安全生産事故發生起數、死亡人數和直接經濟損失三項指標連續 3 年實現零增長；全省刑事發案上昇幅度連續兩年實現回落，去年還實現刑事發案絶對數下降；全省企業養老保險、基本醫療保險、失業保險和以大病統籌爲主的農村新型合作醫療保險參保人數逐年增加。①

　　平安浙江的發展與推廣：2004 年 5 月，胡錦濤對 “平安浙江” 建設工作進行了重要批示，充分肯定了浙江省開展實施的平安社會建設工作。② 2005 年 10 月，中共中央辦公廳國務院辦公廳轉發《中央政法委員會、中央社會治安綜合治理委員會關於深入開展平安建設的的意見》，正式要求全國各地開展平安建設工作。2005 年以後，全國不少地方都先後開展了平安城市建設工作。代表性的如平安上海、平安重慶、平安廣東、平安奧運等。

　　（三）支撑條件

　　“平安浙江” 是習近平 “穩定觀” 典型實踐模式，這一模式需要一系列的支撑條件。這些支撑條件主要是：“八八戰略”（經濟强省）、綠色浙江（生態省建設）、文化浙江（文化大省建設）、法治浙江（依法治省）、浙江黨建（黨的建設）等，由此構成 “平安浙江” 支撑條件體系。③ “平安浙江” 支撑條件體系可以概括爲 5 句話：一是實施 “八八戰略”，全面落實科學發展觀；二是加快生態省建設，打造 “綠色浙江”；三是加快建設文化大省，增强浙江的文化軟實力；四是建設法治浙江，發展社會主民

---

　　① 朱海兵. “平安浙江” 建設成效顯著　民衆對將來充滿信心. 浙江日報，2007 年 03 月 30 日。

　　② 習近平. 創新楓橋經驗，建設平安浙江——在全國社會治安綜合治理工作會議上的講話. 今日浙江，2004，（12）：4-5。

　　③ 習近平. 干在實處走在前列：推進浙江新發展的思考與實踐. 北京：中央黨校出版社. 2006. 第 59-396 頁。

主政治；五是加强黨的執政能力建設，保持和發展黨的先進性。

1. 八八戰略：經濟强省。

"八八戰略"是一種經濟强省戰略。習近平指出："八八戰略"就是發揮"八個優勢"、推進"八項舉措"。習近平進一步指出："八八戰略"基本内容包括八個方面，即進一步發揮浙江的體制機制優勢，大力推動以公有制爲主體的多種所有制經濟在市場競爭中相互促進、共同發展，不斷完善社會主義市場經濟體制；進一步發揮浙江的區位優勢，主動接軌上海，積極參與長江三角洲地區的合作與交流，不斷提高對内對外開放水平；進一步發揮浙江的塊狀特色産業優勢，加快先進製造業基地建設，走新型工業化道路；進一步發揮浙江的城鄉協調發展優勢，統籌城鄉經濟社會發展，加快推進城鄉一體化；進一步發揮浙江的生態優勢，創建生態省，打造"綠色浙江"；進一步發揮浙江的山海資源優勢，大力發展海洋經濟，推動欠發達地區實現跨越式發展，努力使海洋經濟和欠發達地區的發展成爲浙江省經濟新的增長點；進一步發揮浙江的環境優勢，積極推進以"五大百億"工程爲主要内容的重點建設，切實加强法治建設、信用建設和機關效能建設；進一步發揮浙江的人文優勢，積極推進科教興省、人才强省，加快建設文化大省。"八八戰略"的提出和實施，對樹立和落實科學發展觀，扎實推進浙江經濟社會全面、協調、可持續發展，起到了重要作用。

2. 綠色浙江：生態省建設。

習近平指出：建設生態省是浙江加快全面建設小康社會和提前基本實現現代化的必然選擇。習近平指出：浙江生態省建設的總體目標是力爭經過 20 年左右的努力，基本實現人口規模、素質與生産力發展要求相適應，經濟社會發展與資源、環境承載力相適應，把浙江建設成爲具有比較發達的生態經濟、優美的生態環境、和諧的生態家園、繁榮的生態文化，可持續發展能力較强的省份，使全省走上生産發展、生活富裕、生態良好的文明發展道路。習近平進一步指出：浙江生態省建設的主要任務是，努力構建五大體系，突出抓好十大重點領域。五大體系是：以循環經濟爲核心的生態經濟體系；可持續利用的自然資源保障體系；山川秀美的生態環境體系；與資源環境承載力相適應的人口生態體系；科學高效的能力支持保障體系。十大重點領域，即：生態工業與清潔生産、生態農業建設、生態公益林建設、萬裏清水河道建設、生態環境治理、生態城鎮建設、農村環境綜合整治、碧海生態建設、下山脫貧與幫扶致富、科教支持與管理決策等。通過上述工作，努力整合各種資源，組織和推動經濟社會實現可持續發展。

3. 文化浙江：文化大省建設與文化軟實力。

習近平指出：加快建設文化大省是浙江落實“干在實處、走在前列”要求的重大舉措。習近平指出：全面把握加快建設文化大省的着力點，增強文化“三個力”，即增強先進文化的凝聚力、解放和發展文化生產力與提高社會公共服務能力。習近平指出：大力實施文化建設，重點建設“八項工程”，深化文化體制改革。“八項工程”即實施文明素質工程、實施文化精品工程、實施文化研究工程、實施文化保護工程、實施文化產業促進工程、實施文化陣地工程、實施文化傳播工程、實施文化人才工程。習近平指出：深化教育、科技、衛生、體育體制改革，加快建設教育強省、科技強省、衛生強省、體育強省等“四個強省”。習近平進一步指出：要加強組織領導、制定發展規劃、完善扶持政策與強化宏觀管理，切實爲加快建設文化大省提供有力保障。

4. 法治浙江：依法治省。

習近平指出：建設法治浙江是全面落實科學發展觀，協調推進經濟、政治、文化和社會建設的基本保障；是體現社會和諧的本質特徵，全面構建社會主義和諧社會的重要保證；是發展社會主義民主政治，建設社會主義政治文明的具體實踐。習近平指出：建設法治浙江的總體要求是在浙江全面建設小康社會和社會主義現代化建設進程中，通過扎實有效的工作，不斷提高經濟、政治、文化和社會各個領域的法治化水平，加快建設社會主義民主更加完善、社會主義法制更加完備、依法治國基本方略得到全面落實、人民政治經濟和文化權益得到切實尊重和保障的法治社會，使我省法治建設工作整體上走在全國前列。習近平指出：建設法治浙江要堅持5條基本原則：一是堅持黨的領導。在黨的領導下發展社會主義民主、建設社會主義法治社會，實現堅持黨的領導、人民當家作主和依法治國的有機統一。二是堅持以人爲本。堅持一切權力屬於人民，以最廣大人民的根本利益爲出發點和落腳點，尊重和保障人權，做到執法爲民。三是堅持公平正義。在立法、執法、司法活動中維護社會公平正義，做到公開、公平、

公正，維護群衆權益，維護國家利益。四是堅持法治統一。以憲法和法律
爲依據，緊緊圍遶黨和國家大政方針和重大工作部署，結合浙江實際開展
立法、執法、司法工作。五是堅持法治與德治相結合。堅定不移地實施依
法治國的基本方略，充分發揮以德治國的重要作用，在加强社會主義法治
建設的同時，進一步加强社會主義道德建設。習近平指出：建設法治浙江
是一項長期任務，是一個漸進過程，是一項系統工程。主要任務是：堅持
和改善黨的領導，堅持和完善人民代表大會制度，堅持和完善共産黨領導
的多黨合作和政治協商制度，加强地方性法規和規章建設，加强法治政府
建設，加强司法體制和工作機制建設，加强法制宣傳教育，確保人民的政
治、經濟和文化權益得到切實尊重和保障，爲全面落實 "八八戰略"、"平
安浙江"、文化大省等重大戰略部署，順利實施 "十一五" 經濟社會發展
規劃，實現全面建設小康社會目標提供法治保障。

　　5. 浙江黨建：黨的建設。

　　浙江黨的建設包括三個方面：一是學習貫徹落實 "三個代表" 重要思
想，加强和改進黨的建設；二是加强黨的執政能力建設；三是開展保持共
産黨員先進性教育活動。（1）關於切實加强黨的執政能力建設。習近平指
出：切實加强黨的執政能力建設是黨的建設的重要內容。習近平指出：加
强黨的執政能力建設的主要任務是緊緊圍遶提高駕馭社會主義市場經濟的
能力、發展社會主義民主政治的能力、建設社會主義先進文化的能力、構
建社會主義和諧社會的能力、應對國際局勢和處理國際事務的能力的要
求，致力於鞏固黨執政的各方面基礎，深入實施八八戰略，全面建設平安
浙江，切實加强黨的思想、組織、作風和制度建設，不斷增强執政本領。
習近平進一步指出：加强黨的執政能力建設的主要任務的核心就是 "鞏固
八個基礎，增强八種本領"。亦即致力於鞏固黨執政的思想基礎，加强理
論武裝和黨對意識形態工作的領導，不斷增强用發展着的馬克思主義指導
新實踐的本領；致力於鞏固黨執政的經濟基礎，全面推進經濟强省建設，
不斷增强駕馭社會主義市場經濟的本領；致力於鞏固黨執政的政治基礎，
全面推進法治社會建設，不斷增强發展社會主義民主政治的本領；致力於
鞏固黨執政的文化基礎，全面推進文化大省建設，不斷增强建設社會主義
先進文化的本領；致力於鞏固黨執政的社會基礎，全面推進 "平安浙江"
建設，不斷增强構建社會主義和諧社會的本領；致力於鞏固黨執政的體制

基礎，健全和完善黨的領導制度和領導方式，不斷增強地方黨委總攬全局、協調各方的本領；致力於鞏固黨執政的組織基礎，加強幹部隊伍建設和基層組織建設，不斷增強自身素質和團結帶領廣大群眾幹事業的本領；致力於鞏固黨執政的群眾基礎，密切黨同人民群眾的血肉聯繫，不斷增強拒腐防變和抵禦風險的本領。（2）關於扎實有效地開展先進性教育活動。習近平指出：在全黨開展保持共產黨員先進性教育活動，是我們黨自身建設史上的一個偉大創舉，是加強黨的先進性建設的一次生動實踐。習近平指出：在先進性教育活動中，要把先進性教育活動與推動各項工作結合起來，用先進性教育活動的扎實有效開展促進各項工作的落實，切實做到“兩不誤、兩促進”。習近平進一步指出：一是要進一步加大宣傳力度，努力形成先進性教育活動的良好宣傳氛圍，進一步增強抓好先進性教育活動的政治責任感，始終保持良好的精神狀態和工作熱情。二是要堅持把學習實踐“三個代表”重要思想和牢固樹立科學發展觀作為主線，強調真學、真懂、真信、真用，努力提高黨員幹部特別是領導幹部的思想理論水平。三是要始終把切實解決涉及群眾切身利益的實際問題作為確保教育活動取得實效的關鍵環節，采取了一系列措施。四是要堅持抓重點、攻難點、出亮點，注重以制度鞏固成果、以機制擴大成效，在繼承中創新，在創新中推進。

六、穩定觀：本質核心、繼承發展與理論創新

（一）本質、演變與核心

習近平穩定觀的本質是實現經濟社會又好又快又穩發展；核心是正確處理人民內部矛盾；根本動力在於人民群眾的廣泛參與；根本目的在於維護人民群眾利益；最終目標是建設平安、幸福、和諧的小康社會。

“天育物有時，地生財有限，而人之欲無極”①。多年來，習近平十分重視和關注經濟社會發展中的速度與效益、效率與公平問題，其關於穩定觀本質經歷了一個“從又快又好到又好又快，從又好又快到平穩較快、和諧穩定”的認識發展過程。

---

① 唐代白居易曰：天育物有時，地生財有限，而人之欲無極。以有時有限奉無極之欲，而法制不生其間，則必物暴殄而財乏用矣。

1. 又快又好。習近平（2004 年）指出：戰略機遇期是我們判斷經濟發展形勢的最大前提，且只有 20 年，可能更短，必須爭分奪秒。速度本身沒有錯，關鍵在於不浪費資源，不犧牲環境。各地必須徹底改變計劃經濟體制下的指標觀念，實事求是地確定本地區的預期增長目標，防止盲目攀比速度，更不要層層加碼。[①] 習近平（2006 年）指出：要按照中央提出的中國特色社會主義經濟、政治、文化和社會建設"四位一體"的總體布局，落實"干在實處、走在前列"的要求，扎實推進浙江"十一五"時期又快又好發展。[②]

2. 又好又快。習近平（2007 年）指出：要深入實施"八八戰略"，促進浙江省經濟又好又快發展，要進一步推進"作風建設年"活動，努力使作風建設逐步走上制度化、規範化的軌道，取得實實在在的成效，爲推動浙江省經濟社會又好又快發展提供有力保障。[③] 習近平（2007 年）指出：上海正站在一個新的發展起點上，要抓住舉辦世博會和浦東綜合配套改革試點的契機，齊心協力加快推進科學發展、和諧發展，努力實現"四個率先"，加快推進"四個中心"建設，實現經濟社會又好又快發展。[④] 習近平（2008 年）指出：各級黨組織和廣大黨員幹部要在開局良好的基礎上，按照中央要求深入推進學習實踐活動，切實把科學發展觀的要求落實到實現經濟社會又好又快發展上來，不斷提高堅持改革開放、推動科學發展、促進社會和諧的能力。[⑤] 習近平（2011 年）指出：西部地區要緊緊抓住國家實施新一輪西部大開發的戰略機遇，加快轉變經濟發展方式，切實調整和優化經濟結構，充分發揮自身優勢，推動經濟社會又好又快發展。[⑥]

3. 平穩較快。習近平（2009 年）指出：要扭住一個中心，抓好一項首要任務，把保增長、保民生、保穩定真正落到實處。扭住一個中心，就是要始終堅持以經濟建設爲中心，堅定不移地貫徹發展是硬道理的戰略思想，始終做到聚精會神搞建設、一心一意謀發展。抓好一項首要任務，就

① 習近平. 浙江經驗：力促轉向"又好又快". 財經新聞網，2007 年 04 月 05 日。

② 周咏南. 堅持"四位一體"總體布局推進浙江又快又好發展. 浙江日報，2006 年 09 月 19 日。

③ 習近平. 促進浙江經濟社會又好又快發展. 浙江日報，2007 年 03 月 20 日。

④ 習近平. 上海有責任繼續當好改革開放排頭兵. 新聞晨報，2007 年 04 月 02 日。

⑤ 金波. 習近平：把科學發展觀落實到又好又快發展上來. 浙江日報，2008 年 11 月 19 日。

⑥ 習近平. 繼續扎實抓好十七屆四中全會精神落實. 新華網，2011 年 05 月 11 日。

是要堅決保持經濟平穩較快增長。① 習近平（2009 年）指出：必須牢牢扭住經濟建設這個中心不動搖，堅決完成經濟平穩較快發展這個首要任務不懈怠，切實把保增長、保民生、保穩定落到實處。②

4. 和諧穩定。習近平（2007 年）指出：當前，我們要緊密結合浙江實際，創造性地開展工作，着力抓轉型、促協調，抓創新、促發展，抓落實、促成效，在又好又快發展中努力促進社會和諧。③ 習近平（2007 年）指出：進一步解放思想，以加快推進 "四個率先" 爲主綫，切實做好改革發展穩定各項工作，保証中央宏觀調控政策在上海全面落實，保持經濟社會平穩協調健康發展的良好態勢。④ 習近平（2010 年）指出：各級黨組織要深入貫徹落實黨的十七屆五中全會精神，以科學發展爲主題，以加快轉變經濟發展方式爲主綫，帶領黨員群衆深化改革開放，保障和改善民生，促進經濟平穩較快發展和社會和諧穩定。⑤

綜合以上，習近平所論述、強調與主張的經濟社會發展穩定具有鮮明的特點：第一階段是又快又好階段，強調 "快"，突出 "效率優先、公平第二"；重視發展速度。第二階段是又好又快階段，強調 "好"，突出 "公平優先、效率第二"；重視發展質量。第三階段是又快又好又穩階段（即平穩較快、和諧穩定），強調 "穩"，突出 "穩定優先，兼顧公平與效率"；重視發展效果。

根據習近平 "穩定觀" 的本質核心、基本特徵與實踐基礎，不難看出，習近平 "穩定觀" 是一種積極的、動態的、全面的穩定觀；是一種實現經濟社會又好又快又穩發展的新型穩定觀；是一種實現經濟社會有機體良性發展的穩定觀。這一科學穩定觀是積極的而非消極的，是主動的而非被動的，是相對的而非絕對的，是動態的而非靜態的，是有機的而非機械的，是全面的而非局部的，是現代的、新型的而非保守的、傳統的。這就

---

① 習近平. 把保增長、保民生、保穩定落到實處——"實現浙江又好又快發展". 浙江日報, 2009 年 03 月 13 日.

② 潘綉文、蘭鋒. 習近平同福建代表團代表們一起審議政府工作報告. 中國福建網, 2009 年 04 月 09 日.

③ 習近平. 努力在又好又快發展中推進浙江和諧社會建設——在省十屆人大五次會議閉幕時的講話（2007 年 2 月 3 日）. 浙江日報, 2007 年 02 月 04 日.

④ 習近平. 切實做好改革發展穩定各項工作. 解放日報, 2007 年 8 月 16 日.

⑤ 習近平. 促進經濟平穩較快發展和社會和諧穩定. 新華網, 2010 年 12 月 08 日.

是習近平"穩定觀"與其他穩定觀的根本區別和重要標誌。

（二）繼承發展與理論創新

習近平十分重視理論創新工作。習近平指出：我們要自覺堅持以改革開放和社會主義現代化建設的實際問題、以正在做的事情爲中心，時刻關注社會發展的客觀要求和人民群衆的實踐創造，根據新鮮實踐經驗不斷推進理論創新。① 習近平強調並提醒：脫離實踐需要，脫離人民群衆的偉大創造，關起門來苦思冥想，或者從書本到書本，都不可能實現科學理論的創新。② 習近平追求、倡導與實施的"穩定觀"是在實踐中逐步形成的、仍在發展着的、不斷完善的、與時俱進的科學穩定觀。

1. 穩定觀理論：繼承、運用與發展

習近平"穩定觀"不是從天而降的，而是在繼承、吸收毛澤東、鄧小平穩定思想和江澤民、胡錦濤穩定理論重要論述的基礎上的進一步運用、探索、創新與發展。

一是繼承、運用與發展毛澤東的穩定思想。毛澤東穩定思想涉及、涵蓋政治、經濟、文化、社會、外交、國防等方面。主要內容包括：穩定的涵義與原則、穩定發展階段、穩定的重要性、不穩定的原因、矛盾種類劃分、實現途徑與方法等。毛澤東穩定思想理論發展演變大致經過新民主主義革命階段、社會主義革命與建設階段；毛澤東穩定思想的種類劃分包括新民主主義穩定、社會主義穩定兩個方面。政治穩定與社會穩定是毛澤東穩定思想中論述最多也是最重要的內容。毛澤東認爲，實現穩定的途徑與方法主要有：（1）發展經濟，不斷提高人民生活水平；（2）正確區分和處理兩類不同性質的矛盾；（3）善於運用矛盾的觀點、動態的眼光來對待和處理不穩定事件；（4）重視各民族團結，正確處理好民族問題；（5）相信群衆，依靠群衆，走群衆路綫；（6）重視加強軍隊及國防建設。

二是繼承、運用與發展鄧小平的穩定思想。鄧小平穩定思想涉及到政治、經濟、文化、科技、教育、黨建、外交等各個方面，貫穿於鄧小平思考和設計中國現代化建設事業的全過程。鄧小平穩定觀主要包括國內社會

---

① 習近平. 中國共產黨 90 年來指導思想和基本理論的與時俱進及歷史啓示. 學習時報，2011 年 06 月 27 日。

② 習近平. 中國共產黨 90 年來指導思想和基本理論的與時俱進及歷史啓示. 學習時報，2011 年 06 月 27 日。

的穩定和國際環境的穩定兩個方面，其中，國內社會的穩定又包括政治局勢穩定、經濟形勢穩定、思想情緒穩定與社會秩序安定。鄧小平穩定思想的基本觀點爲：（1）穩定是中國的最高利益，穩定壓倒一切；（2）穩定必須堅持黨的領導；（3）經濟建設是維護穩定的根本措施；（4）農村穩定至關重要；（5）維護穩定必須在法律範圍內進行；（6）維護穩定局面要講民主；（7）堅持不懈地開展標本兼治的反腐敗鬥爭；（8）有領導、有步驟地推進政治體制改革，加强社會主義民主和法制建設；（9）必須大力加强和不斷改進、完善我們的思想政治工作。鄧小平認爲，實現穩定的途徑與方法主要有教育的方法與懲治的方法。

三是繼承、運用與發展江澤民的穩定理論重要論述。江澤民穩定理論重要論述的基本內容包括政治、經濟、社會、文化、國防、軍事與外交等方面的相關穩定。主要理論觀點包括：强調穩定壓倒一切；政治穩定是多層次的有機整體；穩定是發展的穩定、動態的平衡；沒有穩定的政治和社會環境，一切無從談起，多麼好的規劃、方案都將難以實現；我們要繼續堅定不移地保持社會穩定，這是我們完成各項改革和建設任務的基本保证；推進改革和發展，維護社會穩定，基礎在基層、在人民群衆；把握好改革、發展、穩定的關係，是現代化建設的一項重要領導藝術；正確處理改革、發展、穩定的關係，是十一屆三中全會以來我們黨領導改革開放和現代化建設的一條重要經驗。

四是繼承、運用與發展胡錦濤的穩定理論重要論述。胡錦濤穩定理論重要論述的基本內容包括政治、經濟、社會、文化、國防、軍事與外交等方面的相關穩定。主要理論觀點包括：正確處理改革發展穩定關係，實現改革發展穩定的統一；發展是硬道理，穩定是硬任務；社會矛盾運動是推動社會發展的基本力量；正確處理人民內部矛盾，是關係改革發展穩定的全局性課題，是促進社會和諧的基礎性工作；堅持把穩定作爲改革發展的前提，切實做好關心群衆生產生活的各項工作，保持社會安定團結；加强矛盾糾紛排查調處工作，及時緩解、化解影響穩定的苗頭和事端，妥善處置群體性事件。

2. 新論斷、新表述與主要理論貢獻：理論創新

習近平"穩定觀"是探索、解決經濟社會發展穩定問題的重大理論創新成果。其主要創新論斷和表述有：

——發展是硬道理，是解決所有問題的關鍵；穩定是硬任務，是改革和發展的前提。

——富裕與安定是人民群眾的根本利益，致富與治安是領導幹部的政治責任。

——抓經濟促發展是政績，抓穩定保平安也是政績；推進經濟發展是政績，維護社會和諧穩定同樣是政績。

——平安是和諧的前提，和諧是平安的深化。沒有平安社會，也就沒有和諧社會。

——和諧社會並非沒有差別，而是和而不同；不是一個沒有矛盾的社會，而是一個能夠有效疏解人民內部矛盾、有力維護安全穩定的社會。

——要繼續保持抓穩定工作的力度，像分析經濟形勢一樣分析社會矛盾，像抓重點工程一樣抓信訪突出問題的調處，適時組織開展省、市、縣三級領導下訪活動，促進信訪工作重心下移。

——要用辯證的觀點抓穩定，具體分析和區別對待各種不同性質的矛盾，敏於洞察矛盾，敢於正視矛盾，勤於分析矛盾，善於化解矛盾，最大限度地減少各類矛盾對社會穩定的影響。

習近平“穩定觀”是在繼承前人的基礎上不斷創新發展着的重大理論成果。其主要理論貢獻體現在：

一是習近平“穩定觀”關於“平安浙江及其支撐條件”的探索創新，進一步回答瞭如何實現穩定的問題；習近平“穩定觀”關於“實現經濟社會又好又快又穩發展”的本質要求，創造性地回答了實現什麼樣的穩定的問題。

二是習近平“穩定觀”涵蓋了政治、經濟、社會、文化、外交、國防等各個領域，進一步豐富和發展了社會主義和諧社會理論和馬克思主義社會發展理論，從而進一步深化了對人類社會發展規律、社會主義建設規律和共產黨執政規律的認識。

七、穩定觀：推進維護經濟社會穩定工作的戰略對策

——堅持科學穩定觀，樹立正確穩定論，切實提高維護
　　社會穩定能力

堅持科學穩定觀，樹立正確穩定論，切實提高維護穩定的能力與水平

是一項系統工程，也是一項長期艱巨的任務。因此，要實現這一目標任務，就需要采取切實可行的做法和一系列有效的措施。習近平多年來在福建、浙江、上海等省市，大膽試驗，勇於創新，由此逐步形成了推進、維護、保持經濟社會穩定工作的政策措施體系。這些着重當前，着眼未來的主要做法與措施，既是經驗之談，同時也是戰略之策。概括、歸納習近平的講話、報告、文章、訪談與調研言論，其主要戰略對策（或主要做法與措施）有以下幾個方面：

戰略對策之一：創新楓橋經驗，建設平安浙江，推進平安社會建設。

平安浙江、平安上海、平安世博、平安奧運是和諧社會建設的重要內容。習近平指出：人人平安，社會和諧，是科學發展觀的題中應有之義，是全面建設小康社會的重要目標。建設 "平安浙江" 的具體實踐，爲我們建設和諧社會打下了工作基礎，積累了有益的經驗。各地實踐證明，平安建設已經成爲維護社會和諧穩定，保障人民安居樂業，實現城市長治久安的重要載體。

一是要充分認識創新楓橋經驗，推進平安建設在社會穩定中的地位與作用。習近平（2004 年）指出：要充分認識創新楓橋經驗，推進平安浙江等平安建設在維護社會穩定、鞏固黨的執政地位、服務經濟社會發展大局中的重要作用。習近平（2004 年）指出：要結合新形勢、新任務，以 "三個代表" 重要思想和科學發展觀爲指導，堅持把總結推廣和創新發展 "楓橋經驗" 擺到改革發展穩定的大局中去統盤考慮、整體推進，以發展促穩定，以穩定保發展，用發展的思路謀劃維護穩定的各項工作，用發展的理念解決影響穩定的各種問題。①

二是建設平安浙江，建設平安上海，加快和諧社會建設步伐。浙江省、上海市是經濟相對發達的先發地區，在維護穩定工作過程中最先最早遇到一些新的帶普遍性的矛盾和問題。平安浙江與平安上海建設是解決應對這些新問題新矛盾的重要途徑。習近平（2004 年）指出：緊緊圍遶深入實施 "八八戰略" 這條主線，把建設 "平安浙江" 作爲一項長期的戰略任務，貫穿於加快浙江全面建設小康社會、提前基本實現現代化的全過程，

---

① 楊新順. 創新 "楓橋經驗" 建設 "平安浙江" ——訪中共浙江省委書記習近平. 新華網浙江頻，2004 年 06 月 17 日。

在創建平安社會的動態過程中，推動各項工作的落實、落實、再落實，推進浙江物質文明、政治文明和精神文明協調發展，努力創建和諧穩定的社會環境。① 習近平（2007 年）指出：針對當前人民內部矛盾凸顯、刑事犯罪高發、對敵鬥爭復雜的新形勢，要切實把加強平安建設、維護社會和諧穩定放在事關大局的重要位置，努力使上海成爲最安全的城市之一。② 實踐證明：五年來，上海全市各地區、各部門緊緊圍遶經濟社會發展大局，堅持“打防結合、預防爲主，專群結合、依靠群衆”的方針，深入開展基層平安創建，有效落實社會治安綜合治理各項措施，特別是通過“平安世博”創建活動，確保了上海世博會的安全順利舉辦。

三是建設平安奧運，確保奧運會平安、順利、成功舉辦。平安奧運是中國在“綠色奧運、科技奧運、人文奧運”三大奧運理念之外，提出的新目標。習近平指出：平安奧運是北京奧運會取得成功的最大標誌，也是展現中國國家形象最重要的標誌。習近平強調：平安奧運是辦一屆有特色、高水平奧運會的前提；沒有平安奧運，一切無從談起。必須堅持平安奧運目標不動搖，堅持安保從嚴要求不放鬆，抓緊磨合賽時運行機制，細化優化各項安保工作方案和應急預案，在盡可能多惠民、少擾民的前提下，把奧運安保工作做得更嚴密、更得體。③ 習近平進一步指出：我們一定要全力做好奧運安保工作，確保實現平安奧運目標。各地區各部門要深入貫徹落實中央提出的奧運安保工作要求，爲實現平安奧運目標貢獻力量。北京市、北京周邊地區和京外賽區所在省市，要進一步明確和落實奧運安保責任，細化和深化各項安保措施，制定和演練應對各種突發事件的預案。要廣泛動員人民群衆積極支持和參與奧運安保工作，同時，要繼續加強奧運安保國際合作，形成平安奧運的強大合力。④

戰略對策之二：推進領導下訪，創新信訪制度，密切黨群干群關係。

信訪工作是爲人民群衆排憂解難的工作，也是構建社會主義和諧社會

---

① 習近平：努力創建和諧穩定的社會. 浙江日報，2004 年 08 月 05 日。

② 習近平. 堅定走科學發展之路　加快推進“四個率先”努力開創“四個中心”和社會主義現代化國際大都市建設的新局面——在中共上海市第九次代表大會上的報告（2007 年 5 月 24 日）. 文匯報，2007 年 5 月 30 日。

③ 王鏡宇. 習近平考察北京奧運服務場所及設施. 新華網，2008 年 07 月 21 日。

④ 習近平. 在北京奧運會、殘奧會賽時工作動員大會上的講話. 新華網，2008 年 07 月 09 日。

的基礎性工作。群衆上訪變爲領導下訪，不僅僅是現場解決問題，更是爲各級幹部作出執政爲民的表率。習近平指出：各級領導幹部一定要牢固樹立執政爲民思想，把下訪作爲一項重要工作扎實做好，與群衆面對面接觸，直接傾聽群衆呼聲，誠心誠意爲民辦實事、盡心竭力爲民解難事、堅持不懈爲民做好事。①

一是要提高認識，增强責任，把握領導下訪的必要性與重要性。習近平（2003 年）指出：推廣建立領導下訪接待群衆的制度，有利於進一步暢通與基層群衆交流、溝通的渠道，有利於切實爲群衆解決實際問題，有利於面對面地向群衆宣傳黨的路綫方針政策和有關法律法規，有利於更好地研究、探索和把握信訪工作以及其他工作的規律。② 習近平（2007 年）指出：開展黨政領導幹部下訪活動，有利於促進幹部轉變作風，進一步密切黨和政府與人民群衆的血肉聯繫。③

二是要重心下移，開展三級領導下訪活動，推進提昇信訪工作質量。習近平指出：要繼續保持抓穩定工作的力度，像分析經濟形勢一樣分析社會矛盾，像抓重點工程一樣抓信訪突出問題的調處，適時組織開展省、市、縣三級領導下訪活動，促進信訪工作重心下移。習近平還指出：要狠抓基層基礎，落實縣（市、區）一級信訪工作的主體責任，發揮鎮鄉（街道）綜治中心的作用，通過抓基層、打基礎，力求把問題解決在基層，力促信訪工作邁上新臺階。習近平强調：要發揮組織領導上的政治優勢，把加强信訪工作與維護穩定放在更加突出的位置，切實爲黨委、政府分憂，爲人民群衆解難。要善於利用綜合治理的政治優勢，進一步建立和完善矛盾糾紛排查調處機制，綜合運用經濟、法律、行政等手段和教育、協商、調解等方法化解矛盾。④

三是要真下真訪民情，敢於到矛盾多的地方上門解決問題。習近平强調：開展黨政領導幹部下訪活動，要敢於到矛盾多的地方上門解決問題。⑤ 習近平指出：要堅持領導幹部下訪，進一步轉變工作作風，聽取和瞭解群

---

① 習近平. 要敢於到矛盾多的地方上門解決問題. 解放日報，2007 年 9 日 20 日。
② 江南. 浙江首推領導 "下訪" 制度. 人民網，2003 年 09 月 19 日。
③ 習近平. 要敢於到矛盾多的地方上門解決問題. 解放日報，2007 年 9 月 20 日。
④ 習近平. 圍遶構建和諧社會要求扎實做好信訪工作. 浙江日報，2007 年 01 月 29 日。
⑤ 習近平. 要敢於到矛盾多的地方上門解決問題. 解放日報，2007 年 9 月 20 日。

衆訴求，體察群衆疾苦，幫助解決難點熱點問題，爲群衆雪中送炭，推動基層基礎工作。在下訪活動中，要敢於到矛盾多的地方去，真正變被動接訪爲主動服務，變上來解決爲上門解決。要"真"下，不能搞形式、走過場，要通過我們的實際行動，進一步樹立黨委、政府的良好形象。領導幹部對信訪工作既要"掛帥"，又要"親征"，通過下訪，切實爲民排憂解難。① 習近平強調：要堅持重心下移，進一步推動基層基礎工作。要通過領導下訪，把關心和愛護傳遞到基層，把基層的積極性保護好、發揮好。要營造氛圍，層層開展下訪活動，形成一個全市上下共同關心基層工作的良好氛圍。對基層幹部工作中遇到的困難，要設身處地加以理解，滿腔熱情、扎實有效幫助解決，敢於爲基層幹部分擔責任。在人力、物力、財力上，要進一步向基層傾斜，進一步夯實基層基礎工作。②

　　戰略對策之三：化解社會矛盾，正確處理人民内部矛盾，全力維護社會穩定。

　　隨着我們國家總體上進入改革發展的關鍵時期，經濟體制深刻變革，社會結構深刻變動，利益格局深刻調整，思想觀念深刻變化，給社會穩定帶來了空前的挑戰。習近平指出：各級黨委、政府務必高度重視社會穩定問題，切實增強憂患意識、責任意識和大局意識，做到"爲之於未有、治之於未亂、防患於未然"，最大限度地增加和諧因素，最大限度地減少不和諧因素，努力保障社會安定有序。

　　一是要敢於面對和正視矛盾。習近平（2006 年）指出：和諧社會並非没有差別，而是和而不同；不是一個没有矛盾的社會，而是一個能夠有效疏解人民内部矛盾、有力維護安全穩定的社會。③ 習近平（2011 年）指出：共産黨員要始終保持良好的精神狀態，敢於面對矛盾和問題，矢志不渝地爲中國特色社會主義事業不懈奮鬥。"④ 習近平（2011 年）進一步指出：領導幹部要多到矛盾突出的基層去，多到困難較多的一綫去，多到難點焦點問題聚集的地方去，在克服困難、化解矛盾、解決問題中抓落實、

---

①　習近平. 要敢於到矛盾多的地方上門解決問題. 解放日報, 2007 年 9 月 20 日。
②　習近平. 要敢於到矛盾多的地方上門解決問題. 解放日報, 2007 年 9 月 20 日。
③　習近平. 加强基層基礎工作　夯實社會和諧之基. 求是, 2006,（22）: 22－24。
④　習近平. 共産黨員要敢於面對矛盾和問題. 新華網, 2011 年 07 月 02 日。

促發展、出實績。①

二是要妥善化解各類社會矛盾衝突。習近平（2004 年）指出：加強基層基礎工作，及時及早化解矛盾。要立足及早發現和及時化解，認真做好矛盾糾紛預警預測工作；立足基層，深入群衆，做到工作重心下移；要立足抓早抓小抓苗頭，堅持矛盾糾紛的集中排查和經常性化解相結合，使人民調解與行政調解、司法調解協調發展，形成化解矛盾糾紛的綜合優勢。②習近平（2006 年）指出：基層既是産生利益衝突和社會矛盾的源頭，也是協調利益關係和疏導社會矛盾的"茬口"，把基層基礎工作做扎實了，利益關係得到協調，思想情緒得以理順，社會發展中的不穩定因素就能得到及時化解，各種矛盾衝突就能得到有效疏導，社會和諧也就有了牢固的基礎。③習近平（2009 年）指出：要認真做好矛盾糾紛排查調處工作，切實加強社會治安綜合治理，妥善處置各類突發事件，高度重視維護民族團結，確保社會大局穩定。④

三是要正確處理人民内部矛盾。習近平（2006 年）指出：人民内部矛盾是現階段影響社會穩定的主要因素。目前影響社會穩定的人民内部矛盾主要表現爲勞動就業、社會保障、收入分配、土地徵用、房屋拆遷等帶來的一系列社會問題。習近平（2006 年）指出：各級黨委、政府和領導幹部，着眼於新的形勢加強學習，深刻認識和把握新形勢下人民内部矛盾的特點、規律，探索解決矛盾的正確途徑和有效方法，不斷提高正確處理新形勢下人民内部矛盾的本領，努力避免因爲決策失誤和工作不當引起群衆不滿，依法妥善處置群體性事件，防止局部性問題轉化爲全局性問題、非對抗性矛盾轉化爲對抗性矛盾，注重從源頭上減少人民内部矛盾的發生。習近平（2006 年）指出：解決人民内部矛盾需要各級領導幹部牢固樹立群衆利益無小事的觀念，扎實轉變工作作風，多站在群衆的立場想一想，多做一些解疑釋惑的工作，多做一些得民心聚民氣的工作，珍惜民力民智，解決民困民難，維護民生民利，把群衆工作做實做細做好。⑤

① 習近平.關鍵在於落實.求是, 2011, (6): 5-9。
② 習近平.妥善化解社會矛盾 全力維護社會穩定.求是, 2004, (3): 20-22。
③ 習近平.加強基層基礎工作 夯實社會和諧之基.求是, 2006, (22): 22-24。
④ 習近平.做好矛盾糾紛排查調處工作 確保大局穩定.人民日報, 2009 年 07 月 22 日。
⑤ 習近平.之江新語.杭州:浙江人民出版社.2007.第 237-238 頁。

四是要進一步擴大社保覆蓋面，提高群衆安全感幸福感。習近平（2007 年）指出：要從深入貫徹落實科學發展觀、率先構建社會主義和諧社會的戰略高度，高度重視並認真做好社會保障工作，按照統籌兼顧、量力而行、盡力而爲要求，逐步擴大社會保障覆蓋面，逐步提高社會保障水平，使經濟發展成果更多地體現在改善民生上，不斷提高人民群衆的安全感、幸福感和滿意度，共建共享和諧社會。習近平（2007 年）進一步指出：要着眼於解決人民群衆最關心、最直接、最現實的利益問題，堅持保基本、廣覆蓋原則，把黨和政府工作重點、政策支持重點、財力保障重點，向擴大就業、完善社會保障體系、改善困難群衆生活傾斜。[①]

戰略對策之四：創新群衆工作方法，提高群衆工作水平，切實保持社會穩定。

黨和國家事業的發展進步，離不開人民的創造力量；黨的全部執政活動，離不開強有力的群衆工作。習近平指出：深入研究形勢和任務的發展變化對群衆工作提出的新要求，積極探索加強和改進群衆工作的新途徑新辦法，把群衆工作貫穿到社會管理各個方面、各個環節，從源頭上化解社會矛盾、維護社會穩定、促進社會和諧。

一是要深刻認識新形勢下群衆工作的重要性和緊迫性。習近平（2011 年）指出：在不同歷史時期和不同發展階段，群衆工作會有不同的具體特點。隨着改革開放的深入和社會主義市場經濟的發展，群衆工作對象更加多樣化，群衆工作內容更加豐富，群衆工作環境越來越復雜，群衆工作組織網絡需要進一步健全。這就要求我們把做好新形勢下群衆工作擺在更加突出的位置，不斷增強群衆工作的針對性和有效性。[②] 習近平（2011 年）強調：做好群衆工作是領導幹部的重要職責。是否重視做群衆工作，是否善於做群衆工作，是衡量領導幹部政治上是否合格、工作上是否稱職、領導能力強不強的一個基本標準。[③] 習近平（2011 年）指出：黨的基層組織和基層幹部是加強和創新社會管理、做好群衆工作最基本、最直接、最有效的力量，是我們黨執政爲民最爲重要的組織基礎。[④]

---

① 習近平. 擴大社保覆蓋面，提高群衆安全感幸福感. 文匯報，2007 年 09 月 01 日。
② 習近平. 群衆工作是社會管理基礎性經常性根本性工作. 人民日報，2011 年 2 月 24 日。
③ 習近平. 群衆工作是社會管理基礎性經常性根本性工作. 人民日報，2011 年 2 月 24 日。
④ 習近平. 群衆工作是社會管理基礎性經常性根本性工作. 人民日報，2011 年 2 月 24 日。

二是要不斷創新群眾工作方法。習近平（2005 年）指出：我們必須研究和把握新形勢下群眾工作的特點和規律，做到深入群眾而不是脫離群眾，服務群眾而不是與群眾爭利，宣傳群眾而不是與群眾相對立，團結教育群眾而不是無原則地遷就一些落後的思想情緒，特別是要適應群眾而不是讓群眾來適應領導。① 習近平（2011 年）指出：面對新形勢新任務，要善於研究和把握群眾工作的特點和規律，創新工作方法，把群眾工作做深做細做實，增強群眾工作的親和力和感染力，提高群眾工作的針對性和實效性。② 習近平（2011 年）指出：領導幹部無論工作多忙，都要抽出適當時間堅持學習，尤其要高度重視中國特色社會主義理論體系的學習，堅持用馬克思主義中國化最新成果武裝頭腦，切實增強戰略思維、創新思維、辯證思維能力，把理論底子打扎實，這樣才能從根本上提高領導水平和工作水平。③ 習近平（2011 年）強調：要在繼承和運用以往群眾工作有效做法的基礎上不斷創新方式方法，幫助基層幹部不斷提高新形勢下群眾工作能力。④ 習近平（2011 年）指出：時時處處、切切實實關心群眾生活，緊抓民生之本、解決民生之急、排除民生之憂，這是密切黨群關係的治本之策，也是最根本的群眾工作。⑤

三是不斷提高群眾工作水平。習近平（2011 年）指出：領導幹部要堅持馬克思主義群眾觀點和黨的群眾路綫，以高度的政治責任感扎實做好聯繫群眾、宣傳群眾、組織群眾、服務群眾、團結群眾的工作，不斷提高群眾工作水平。⑥ 習近平（2011 年）指出：要認真貫徹執行已有的行之有效的群眾工作制度，大力弘揚深入群眾、深入基層、深入調查研究的優良傳統，拿出更多的時間和精力到基層去、到一綫去、到條件較差和情況復雜的地方去，察實情、辦實事、求實效，做到謀劃發展思路向人民群眾問計，查找發展中的問題聽人民群眾意見，改進發展措施向人民群眾請教，

---

① 習近平·如何做好新形勢下的群眾工作——訪中共浙江省委書記習近平.求是，2005，(17)：31 –34。

② 習近平.領導幹部要不斷提高新形勢下群眾工作水平.人民日報，2011 年 01 月 06 日。

③ 習近平.領導幹部要不斷提高新形勢下群眾工作水平.人民日報，2011 年 01 月 06 日。

④ 習近平.群眾工作是社會管理基礎性經常性根本性工作.人民日報，2011 年 2 月 24 日。

⑤ 習近平.群眾工作是社會管理基礎性經常性根本性工作.人民日報，2011 年 2 月 24 日。

⑥ 習近平.領導幹部要不斷提高新形勢下群眾工作水平.人民日報，2011 年 01 月 06 日。

落實發展任務靠人民群衆努力，衡量發展成效由人民群衆評判。① 習近平（2011 年）指出：做好群衆工作必須貫徹全心全意爲人民服務的根本宗旨，從人民群衆最關心最直接最現實的利益問題入手，努力解決學有所教、勞有所得、病有所醫、老有所養、住有所居的問題，真心實意爲群衆謀利益，扎扎實實爲群衆辦實事、辦好事。② 習近平（2011 年）指出：各級黨委要切實加強基層組織建設，推動基層組織把知民情、解民憂、化民怨、暖民心作爲經常性工作，按照情況掌握在基層、問題解決在基層、矛盾化解在基層、工作推動在基層、感情融洽在基層的要求做好群衆工作。要進一步突出重視基層的用人導向，通過多種方式使那些適合基層工作、作風好能力強的幹部留在基層，讓那些在基層工作有經驗、有實績的優秀幹部得到更好的培養和使用。③ 習近平（2011 年）指出：各級領導幹部要以身作則，從樹立群衆觀點、堅定群衆立場、堅持群衆路綫、增進同群衆的感情和創新群衆工作方式方法等方面加強修養和鍛煉，以正確的世界觀立身，以正確的權力觀用權，以正確的事業觀做事，在做好群衆工作中充分發揮示範引領作用。④

戰略對策之五：構建和諧勞動關係，努力化解勞動關係矛盾，推動和諧社會建設。

習近平指出：黨和國家對勞動關係問題歷來高度重視，近些年來各級黨委和政府把構建和諧勞動關係擺到更加突出的位置，加大工作力度，取得積極成效。經過這些年的探索和實踐，構建和諧勞動關係工作已初步形成黨委領導、政府負責、社會協同、企業和職工參與的工作格局，要在堅持中進一步明確各方職責，使黨政力量、群團力量、企業力量、社會力量緊密結合和統一起來，共同推進構建和諧勞動關係。⑤

一是要進一步提高認識、強化責任，構建和諧勞動關係。習近平強調：構建和諧勞動關係，是建設社會主義和諧社會的重要基礎，是增強黨的執政基礎、鞏固黨的執政地位的必然要求，是堅持中國特色社會主義道

---

① 習近平. 領導幹部要不斷提高新形勢下群衆工作水平. 人民日報，2011 年 01 月 06 日。
② 習近平. 群衆工作是社會管理基礎性經常性根本性工作. 人民日報，2011 年 2 月 24 日。
③ 習近平. 群衆工作是社會管理基礎性經常性根本性工作. 人民日報，2011 年 2 月 24 日。
④ 習近平. 群衆工作是社會管理基礎性經常性根本性工作. 人民日報，2011 年 2 月 24 日。
⑤ 劉維濤. 全國構建和諧勞動關係先進表彰會舉行　習近平會見與會代表. 人民網，2011 年 8 月 16 日。

路、貫徹中國特色社會主義理論體系、完善中國特色社會主義制度的重要組成部分，其經濟、政治、社會意義十分重大而深遠。各級黨委和政府要進一步提高認識、強化責任，把構建和諧勞動關係作爲一項重要而緊迫的政治任務抓實抓好。

二是要堅持以人爲本，維護職工權益，構建和諧勞動關係。習近平強調，構建和諧勞動關係，要堅持以人爲本，把解決廣大職工最關心最直接最現實的利益問題，切實維護他們的經濟權益、政治權益、文化權益、社會權益，作爲根本出發點和落脚點；要堅持促進企業發展和維護職工權益相統一，同時調動勞動關係主體雙方的積極性、主動性，推動企業與職工群衆協商共事、機制共建、效益共創、利益共享；要從不同類型企業的實際出發，把構建和諧勞動關係必須遵循的總的共同要求與具體的具有差异性的措施結合起來，統籌兼顧、分類指導，既整體推進，又突出重點、突破難點。

三是堅持正確輿論導向，推進和諧勞動關係創建活動。習近平指出：各級黨委宣傳部門和新聞媒體要把構建和諧勞動關係作爲宣傳報導的經常性任務，堅持正確輿論導向，引導和促使各類媒體共同營造構建和諧勞動關係的良好輿論氛圍。要繼續大力推進和諧勞動關係創建活動，豐富創建内容，規範創建標準，改進創建評價，完善激勵措施，不斷把創建活動取得的成果轉化爲構建和諧勞動關係的長效機制。

四是要妥善處理好當前和今後的任務，構建和諧勞動關係。習近平指出：當前和今後一個時期，要着重抓好進一步完善勞動法律法規並保障其實施、合理調節企業工資收入分配、加強企業民主管理建設、努力化解勞動關係矛盾、加強企業黨組織建設、支持和促進企業健康發展等工作，以構建和諧勞動關係的新進步更好地推動科學發展、促進社會和諧。

戰略對策之六：正確處理改革、發展與穩定的關係，促進經濟社會又好又快又穩發展。

正確處理改革、發展與和諧穩定的關係，是我們現代化建設中始終要牢牢把握好的一個重大問題。發展是硬道理，這是我們必須始終堅持的一個戰略思想。習近平指出：始終堅持處理好改革發展穩定三者關係，切實維護好團結和諧穩定的大局，是促進經濟社會又好又快發展的基本經驗和重要保证。

一是要正確處理改革、發展與穩定的相互關係。其一，要樹立新的穩定觀。習近平（2004 年）指出：要用聯繫的觀點抓穩定，正確認識影響社會穩定的新情況、新特點，善於全面分析相互交織在一起的各種政治、經濟、文化的因素，妥善把握工作展開的重點、步驟、時機與力度；用發展的觀點抓穩定，努力做到在經濟社會的動態發展中，不斷破解發展時穩定提出的新課題，不斷探索做好維護穩定工作的有效方法和手段，不斷建立完善維護穩定的各項工作機制；用辯證的觀點抓穩定，具體分析和區別對待各種不同性質的矛盾，敏於洞察矛盾，敢於正視矛盾，勤於分析矛盾，善於化解矛盾，最大限度地減少各類矛盾對社會穩定的影響。① 其二，必須堅持以人爲本。習近平（2005 年）指出：以人爲本是科學發展觀的核心，也是我們正確處理改革、發展與和諧穩定關係的根本原則。要堅持以人爲本加快發展，始終抓好發展這個黨執政興國的第一要務，堅持以科學發展觀統領經濟社會發展全局，在發展經濟的基礎上，不斷提高城鄉居民收入水平和生活水平，實現富民強省。要堅持以人爲本深化改革，既要堅定不移地推進改革，爲落實科學發展觀、實現科學發展提供體制保障，又要充分考慮各方面群衆的切身利益和社會承受能力，加強各項改革的協調配套，調整好各方面的利益關係。要堅持以人爲本促進社會和諧穩定，進一步加強民主法制建設，正確處理人民內部矛盾，切實保障人民群衆的經濟、政治、文化權益，切實解決人民群衆最關心的現實問題，維護安定團結的大好局面。② 其三，必須共享改革發展成果。習近平（2006 年）指出：要切實在落實科學發展觀中維護社會穩定，正確處理改革發展穩定的關係，以解決人民群衆最關心、最直接、最現實的利益問題爲重點，最大限度地使廣大群衆共享改革發展成果，不斷夯實維護社會和諧穩定的群衆基礎。

二是要進一步促進經濟社會又好又快又穩發展。習近平（2007 年 2 月）指出：我們要切實增強責任感和使命感，以更爲扎實有效的工作，認真落實這次大會確定的各項目標任務，努力推動全省經濟社會又好又快發

---

① 習近平．干在實處走在前列：推進浙江新發展的思考與實踐．北京：中央黨校出版社．2006．第 227－228 頁。
② 習近平．正確處理事關“十一五”經濟社會發展全局的幾個重大關係．政策瞭望，2005，(12)：4－9。

展，推進社會主義和諧社會在浙江的實踐。① 習近平（2007 年 5 月）指出：堅持又好又快、好中求快，加快轉變經濟增長方式，深入實施科教興市戰略、可持續發展戰略，努力走出一條服務經濟比較發達、創新能力顯著提高、資源消耗持續降低、生態環境逐步改善、城市綜合服務功能充分發揮的新路。② 習近平（2010 年）指出：要求各級幹部特別是領導幹部要進一步察實情、出實招、干實事、求實效，以扎實的作風做好各項工作，推動重慶經濟社會又好又快發展。③

八、結束語與展望

黨成立 90 多年、新中國黨執政 60 多年來的實踐證明：社會穩定是經濟社會發展的必要條件、重要保証與有機組成部分；沒有穩定的環境，什麼事情都辦不成，改革與發展都會成爲一句空話，已經取得的成果也會失掉。這是我們幾代人付出沉重代價得出的一條基本經驗。

習近平同志歷來十分關心和高度重視經濟社會發展中的穩定問題。主要有三個緣由：基於在經濟社會發展過程中維護穩定工作的重要地位、作用及其特點的客觀要求、基於化解現階段中國經濟社會發展過程中存在的種種不穩定因素的需要、基於維護邊疆穩定和保障國家安全的需要。習近平經濟社會發展"穩定觀"是指習近平同志關於政治穩定、經濟穩定、社會穩定與生態穩定等方面的總的觀點、態度和根本看法。也就是習近平同志關於維護政治、經濟、社會、文化等領域的穩定，化解社會矛盾與衝突、正確處理人民內部矛盾、做好群衆工作，促進經濟社會和諧穩定發展等諸多方面的總的觀點、態度和看法。習近平經濟社會發展"穩定觀"的目標與任務是政局安定，社會穩定，國泰民安，百姓安居樂業。習近平經濟社會發展"穩定觀"的特徵主要是戰略全局性、經常一貫性、靈活統一性、實踐實效性、內外統籌性和繼承創新性。在實際工作中，堅持和踐行經濟社會發展"穩定觀"，其核心要點就是"保穩定"，即社會穩定，國泰

① 習近平. 努力在又好又快發展中推進浙江和諧社會建設——在省十屆人大五次會議閉幕時的講話（2007 年 2 月 3 日）. 浙江日報，2007 年 02 月 04 日。

② 習近平. 堅定走科學發展之路　加快推進"四個率先"努力開創"四個中心"和社會主義現代化國際大都市建設的新局面——在中共上海市第九次代表大會上的報告（2007 年 5 月 24 日）. 文匯報，2007 年 5 月 30 日。

③ 習近平. 促進經濟平穩較快發展和社會和諧穩定. 新華網，2010 - 12 - 08。

民安，百姓安居樂業。

習近平經濟社會發展 "穩定觀" 內容豐富，涵蓋政治、經濟、社會和文化等諸多領域的穩定問題，其中，"平安浙江" 是習近平經濟社會發展 "穩定觀" 在浙江等地形成發展過程中所呈現出的具有地方區域特色的維護、保持與促進穩定的一種實踐模式。習近平穩定觀的基本問題就是 "實現什麼樣的穩定，怎樣實現穩定"；換言之就是 "實現什麼樣的社會穩定，怎樣實現社會穩定"。習近平穩定觀的本質是實現經濟社會又好又快又穩發展；核心是正確處理人民內部矛盾；根本動力在於人民群衆的廣泛參與；根本目的在於維護人民群衆利益；最終目標是建設平安、幸福、和諧的小康社會。進一步而言，習近平 "穩定觀" 是一種積極的、動態的、全面的穩定觀；是一種實現經濟社會又好又快又穩發展的新型穩定觀；是一種實現經濟社會有機體良性發展的穩定觀。這是習近平穩定觀與其他穩定觀的根本區別和重要標誌。

馬克思列寧主義、毛澤東思想、鄧小平理論、"三個代表" 重要思想、科學發展觀是習近平經濟社會發展 "穩定觀" 理論的重要理論來源。習近平 "穩定觀" 產生於實踐，並服務於實踐。習近平 "穩定觀" 的形成與發展階段：首先是基層穩定觀，然後是地方穩定觀，再上昇爲國家穩定觀。習近平穩定觀的實踐形式包括妥善化解社會矛盾、正確處理人民內部矛盾、正視和面對矛盾、領導下訪、作風建設年、狠抓落實年、創新楓橋經驗（鄉鎮綜合治理中心建設）、柯橋經驗、鹿城做法、義烏模式、平安浙江、平安上海、平安世博、平安奧運、社會保險繩建設、編織濟困救助網、治安穩定器建設、法治浙江與領導下訪等。其中，比較典型的實踐形式有創新楓橋經驗、建設平安浙江。習近平追求、倡導與實施的 "穩定觀" 是在實踐中逐步形成的、仍在發展着的、不斷完善、與時俱進的科學穩定觀，其主要理論貢獻體現在：①習近平 "穩定觀" 關於 "平安浙江及其支撐條件" 的探索創新，進一步回答瞭如何實現穩定的問題；習近平 "穩定觀" 關於 "實現經濟社會又好又快又穩發展" 的本質要求，創造性地回答了實現什麼樣的穩定的問題。②習近平 "穩定觀" 涵蓋了政治、經濟、社會、文化等各個領域，進一步豐富和發展了社會主義和諧社會理論和馬克思主義社會發展理論，從而進一步深化了對人類社會發展規律、社會主義建設規律與共產黨執政規律的認識。

習近平強調：堅持科學穩定觀，樹立正確穩定論，切實提高保持、維護穩定工作能力與水平，需要采取一系列有效的政策措施或戰略對策：創新楓橋經驗，建設平安浙江，推進平安社會建設；推進領導下訪，創新信訪制度，密切黨群干群關係；化解社會矛盾，正確處理人民內部矛盾，全力維護社會穩定；創新群衆工作方法，提高群衆工作水平，切實保持社會穩定；構建和諧勞動關係，努力化解勞動關係矛盾，推動和諧社會建設；正確處理改革、發展與穩定的關係，促進經濟社會又好又快又穩發展。

社會穩定關乎民生社稷，乃政之大事，不可不察也。治國理政，穩定爲重，爲此要謹記聖賢古訓：①郡縣治，則天下平；郡縣不治，則天下難安。②是故君子安而不忘危，忘而不忘亡，治而不忘亂，是以身安而國家可保也。③其安易持，其未兆易謀；其脆易泮，其微易散。④蓋天下之亂，不在一姓之興亡，而在萬民之憂樂。⑤道之以政，齊之以刑，民免而無恥；道之以德，齊之以禮，有恥且格。⑥思所以危則安矣，思所以亂則治矣，思所以亡則存矣。

穩定是國家和人民之福，動亂是國家和人民之禍。社會穩定，既是重大的社會問題，也是重大的政治問題；不僅關係人民群衆的安居樂業，而且關乎黨的執政地位的鞏固，關乎國家的長治久安。

（1）要繼續解放思想，與時俱進，進一步創新發展穩定觀。經濟社會發展在不斷變化，由此引發的各種矛盾也會隨之發生變化。因此，順應這一客觀規律，要保持社會穩定就需要解放思想不停步，創新發展不自滿，以適應變化了的經濟社會發展形勢。社會穩定的實踐是不斷前進的，指導這種實踐的理論也要不斷前進。胡錦濤在慶祝中國共產黨成立90週年大會上強調指出：我們要準確把握世界發展大勢，準確把握社會主義初級階段基本國情，深入研究我國發展的階段性特徵，及時總結黨領導人民創造的新鮮經驗，重點抓住經濟社會發展重大問題，作出新的理論概括，永葆科學理論的旺盛生命力。[1] 爲此，保持和實現當前經濟社會發展穩定，要重點在理念認識、工作思路、政策措施等方面不斷創新，進一步豐富、發展和完善馬克思主義穩定理論。

（2）要科學把握穩定觀的本質和內涵，全面推進經濟社會發展穩定工

---

① 胡錦濤在慶祝中國共產黨成立90週年大會上的講話．人民網，2011 年 07 月 01 日。

作。穩定觀理論表明：科學的穩定是一種動態的、相對平衡的穩定，具有自身的特徵和發展規律。實踐也告訴我們：相對的動態的穩定是一種常態，而絕對的靜態的穩定則是一種非常態。胡錦濤在慶祝中國共產黨成立90週年大會上強調指出：我們要遵循社會發展規律，主動正視矛盾，妥善處理人民內部矛盾和其他社會矛盾，不斷爲減少和化解矛盾培植物質基礎、增強精神力量、完善政策措施、強化制度保障，最大限度激發社會活力，最大限度增加和諧因素，最大限度減少不和諧因素。[1] 對此，我們一定要保持清晰的認識。各級領導幹部要科學把握穩定觀的本質和內涵，遵循穩定的內在規律，全面推進經濟社會發展穩定工作：要常抓不懈，持之以恒，貫徹落實積極的、動態的新型穩定觀；要堅持科學的安全的發展，堅決杜絕違反科學的不安全的發展；要妥善應對民衆訴求，及時化解社會矛盾衝突，全力維護社會穩定；要堅持懲惡揚善，打黑除惡，創造平安幸福的社會環境；要加快社會穩定風險評估制度建設，有效降低社會穩定風險；要切實掌握互聯網知識，及時應對甄別 "網上群體性事件"；要高度重視和警惕社會穩定管理中的 "內卷化" 現象[2]，避免維穩被動化。當務之急是要進一步提高各級領導幹部保持、維護與推進社會穩定工作的本領，全面把握社會穩定大局，有效應對各種挑戰，努力實現經濟社會又好又快又穩發展。

---

[1]　胡錦濤在慶祝中國共產黨成立90週年大會上的講話. 人民網, 2011 年 07 月 01 日。

[2]　背景資料："內卷化" 是社會科學領域的一個重要概念，是指一個社會或組織既沒有突變式的發展，也沒有漸進式的增長，而是處於一種不斷內卷、自我復製與精細化的狀態。社會管理 "內卷化" 的危害性相當大，應當引起嚴重關切：正確的態度就是要堅持科學發展觀，轉變社會管理方式，從源頭上杜絕社會管理的失範行爲。只有用實際行動贏得人民群衆的信任與支持，才能不辜負人民群衆對黨和政府加強與創新社會管理的期待。參見蔡輝明. 警惕社會管理中的 "內卷化" 現象. 學習時報, 2011 年 08 月 22 日。

第三章
習近平幹部選拔任用"四有論"研究[*]

【知識導引】

習近平幹部選拔任用"四有論"是指習近平同志關於在科學發展觀統領下選拔任用有韌勁、有思路、有激情與有貢獻的優秀幹部的一種理論化概括統稱。

【本章目錄】

---

　* 本文初稿撰寫於 2010 年 05 月，發表於《戰略與風險管理》2010 年第 4 期第 4–15 頁，2012 年 10 月編入本書時僅對原文個別文字進行了修改、訂正。

【內容提要】幹部選拔任用標準是幹部人事制度的重要內容。幹部選拔任用標準的科學、合理與否事關幹部人事制度改革的成敗。習近平幹部選拔任用 "四有論" 是習近平關於黨政幹部選拔任用標準的新論斷與新表述。所謂習近平幹部選拔任用 "四有論" 就是指習近平同志關於有韌勁、有思路、有激情與有貢獻的一種理論化概括統稱。其內容要求包括堅持科學發展有韌勁、謀劃科學發展有思路、推動科學發展有激情、實現科學發展有貢獻。在實際工作中，其核心要點就是 "選好人"，即選賢任能，德才兼備。習近平幹部選拔任用四有論的核心是科學發展，關鍵是選出來、用起來，目標方向是建設高素質的幹部隊伍。習近平幹部選拔任用 "四有論" 的理論基礎主要是鄧小平理論、"三個代表" 重要思想與科學發展觀，正是這些堅實的理論支撐其 "四有論" 的提出、應用與發展。

習近平 "四有論" 具有鮮明的時代特徵，既是一種階段性目標，也是一種行之有效的選拔方法，與此同時也必將隨着實踐的發展而不斷、改進、提昇與完善。習近平指出：四有論造就的是四有幹部。所謂四有幹部，就是堅持科學發展有韌勁、謀劃科學發展有思路、推動科學發展有激情、實現科學發展有貢獻的優秀幹部。習近平強調：堅持四有論，培養造就四有幹部，努力建設一支高素質的幹部隊伍，必須采取一系列對策：堅持正確的用人導向，嚴格執行黨的幹部政策，提高選人用人科學水平；堅持與時俱進，求真務實，突出特色，大膽選拔任用各類優秀幹部；領導幹部要嚴格要求，率先垂範，加強修養，提高應對科學發展的綜合素質；重視加強各級幹部隊伍建設，抓好思想政治工作，建設高素質幹部隊伍；保持黨同人民群眾的血肉聯繫，切實加強作風建設，努力增強幹部的凝聚力和支撐力；扎實開展創先爭優活動，加強和改進黨的執政能力建設，切實培養、造就一批四有幹部。

【關鍵詞】習近平；黨政幹部；四有論；選人用人機制；戰略對策

引　言

　　黨的幹部選拔任用（簡稱幹部選用）標準是幹部人事制度的重要內容。幹部選用標準的科學、合理與否事關幹部人事制度改革的成敗。黨的幹部是黨的事業的骨幹，是帶領群眾前進的骨幹力量。毛澤東曾經指出："政治路綫確定之後，幹部就是決定因素"。① 鄧小平同志則強調："中國的事情能不能辦好，社會主義和改革能不能堅持，經濟能不能快一點發展起來，國家能不能長治久安，從一定意義説，關鍵在人。"② 這個"人"不是指一般的人，而是指黨的各級幹部。黨的十七大明確提出，要深入貫徹落實科學發展觀，加快轉變經濟發展方式，促進國民經濟又好又快發展。很顯然，要完成和實現這一目標任務，就必須依靠各級黨政幹部的大力支持，必須充分發揮各級黨政幹部的積極作用。因此，如何選好人用好人，造就一支高素質幹部隊伍，就成爲一項重要任務和亟待破解的重大課題。

　　深入貫徹落實科學發展觀是一項長期的工作。習近平同志從全局出發，站在歷史的高度，在科學發展觀統領下，針對政治體制改革最關鍵的問題，以戰略的眼光提出了具有時代特徵的幹部選拔任用"四有論"，借此通過科學、合理的幹部選用標準，倡導風清氣正的用人導向，完善選人用人機制，建設、造就高素質的幹部隊伍，爲推動科學發展，促進社和諧會，實現全面小康社會的奮鬥目標，提供強有力的政治和組織保障。

一、四有論的提出：背景、依據與意義

　　幹部選拔任用是幹部人事工作的重中之重。習近平同志歷來十分重視幹部選拔任用問題，幹部選拔任用"四有論"就是其深思熟慮的集中體現，也是其關於黨的建設理論的階段性成果。

（一）時代背景

　　幹部選拔任用"四有論"是習近平關於黨政幹部選拔任用標準的新論

---

① 毛澤東選集第 2 卷. 北京：人民出版社. 1991. 第 526 頁。
② 鄧小平文選第 3 卷. 北京：人民出版社. 1993. 第 380 頁。

斷與新表述。幹部選用"四有論"是習近平同志2010年4月11日至13日在海南調研時首次提出的；2010年7月17日至18日習近平同志在河北唐山調研時再一次提出幹部選用"四有論"。第一次"四有論"表述爲：要堅持把選人用人與深入貫徹落實科學發展觀緊密結合起來，注意培養選拔那些堅持科學發展有韌勁、謀劃科學發展有思路、推動科學發展有激情、實現科學發展有貢獻的幹部，努力建設高素質幹部隊伍。① 第二次"四有論"表述爲：要進一步完善選人用人機制，真正把那些堅持科學發展有韌勁、謀劃科學發展有思路、推動科學發展有激情、實現科學發展有貢獻的優秀幹部選出來、用起來，努力造就推動科學發展的骨幹隊伍。②

馬克思主義哲學社會科學理論告訴我們：任何一個科學理論或命題的提出與產生，通常都與特定的歷史條件、社會環境及現實要求密切相關。習近平兩提選用幹部"四有"論，不是空穴來風，也不是無的放矢，而是應運而生，恰逢其時。黨的十七大報告明確提出了"深入貫徹落實科學發展觀，加快經濟發展方式轉變"的重大任務。而要確保這兩大任務的貫徹落實，就需要采取措施進一步加強和改進黨的建設，需要加大力度進一步深化幹部人事制度改革。其中幹部選拔任用改革是最爲關鍵的內容。習近平曾指出：積極應對國際金融危機衝擊、保持經濟平穩較快發展，維護社會和諧穩定，關鍵在黨，關鍵在人。習近平還指出："中國要在激烈的國際競爭中贏得主動、實現發展目標，關鍵取決於各級領導班子和領導幹部的素質與能力，歸根到底取決於一批又一批年輕幹部的健康成長。"習近平進一步指出："要圍繞科學發展選準幹部、配強班子、聚集人才、建設隊伍，真正把貫徹落實科學發展觀態度堅決而又有能力的幹部選拔上來，從幹部和人才上爲加快經濟發展方式轉變提供有力保証。"概括而言，習近平幹部選用"四有論"的提出，主要是基於"深入貫徹落實科學發展觀，推動經濟發展方式加快轉變"的需要。進一步而言，從宏觀視角看主要是基於四個方面背景：一是實現黨的十七大描繪的宏偉藍圖的需要；二是深入貫徹落實科學發展觀的需要；三是加強和改進黨的建設的需要；四是應對復雜多變的國際形勢的需要。從微觀視角看主要是基於五個方面背

---

① 徐京躍. 習近平海南調研首提幹部選用"四有論". 新華網, 2010年04月13日。
② 李亞杰. 習近平唐山調研再提幹部選用"四有論". 新華網, 2010年07月19日。

景：一是深入學習實踐科學發展觀的需要；二是加快轉變經濟發展方式的需要；三是加强黨的執政能力建設的需要；四是深化幹部人事制度改革的需要；五是深入開展創先爭優活動的需要。

（二）理論基礎

習近平幹部選拔任用"四有論"的理論基礎主要是鄧小平理論、"三個代表"重要思想與科學發展觀，正是這些堅實的理論支撐其"四有論"的提出、應用與發展。

1. 鄧小平理論

習近平幹部選用"四有論"首要的理論基礎就是鄧小平理論。

鄧小平理論是馬克思主義中國化的一大理論成果，也是社會主義建設理論的一個重大突破。鄧小平理論是馬克思列寧主義的基本原理同當代中國實踐和時代特徵相結合的產物，是毛澤東思想在新的歷史條件下的繼承和發展，是馬克思主義在中國發展的新階段，是當代中國的馬克思主義，是中國共產黨集體智慧的結晶，引導着我國社會主義現代化事業不斷前進。

鄧小平理論中關於"四有新人"、"幹部四化標準"、"三個有利於"等是習近平幹部選用"四有論"直接的理論基礎與依據。"四有新人"就是指"有理想、有道德、有文化、有紀律"的新人。幹部四化標準是指革命化、年輕化、知識化和專業化的標準，是中國共產黨制定的新時期黨的幹部隊伍建設的總標準。革命化是對幹部隊伍政治素質的要求，主要指堅持四項基本原則，擁護和執行黨的基本路綫，在政治上同中共中央保持一致；年輕化是對幹部年齡的要求，主要指年富力强，精力充沛，能夠勝任繁重的工作；知識化是對幹部文化水平的要求，主要指不斷提高科學文化水平，以適應現代化建設的需要，既要注重學歷，又要注重真才實學；專業化是對幹部專業水平和業務能力的要求，主要指專業技術、知識，使之成爲精通本行的行家和能手。"三個有利於"是指有利於發展社會主義社會生產力、有利於增强社會主義國家的綜合國力、有利於提高人民的生活水平。

2. "三個代表"重要思想

習近平幹部選用"四有論"第二個理論基礎就是"三個代表"重要思想。

"三個代表" 重要思想，就是指中國共產黨始終代表中國先進生產力的發展要求，代表中國先進文化的前進方向，代表中國最廣大人民的根本利益。"三個代表" 重要思想是對馬克思列寧主義、毛澤東思想、鄧小平理論的繼承和發展，反映了當代世界和中國的發展變化對黨和國家工作的新要求，是加強和改進黨的建設、推進我國社會主義自我完善和發展的強大理論武器，是中國共產黨集體智慧的結晶，是黨必須長期堅持的指導思想。

"三個代表" 重要思想中關於黨的執政能力建設與先進性建設是習近平幹部選用 "四有論" 重要的理論基礎與依據。黨的執政能力建設是黨執政後的一項根本建設，其內容與任務就是要不斷提高駕馭社會主義市場經濟的能力、發展社會主義民主政治的能力、建設社會主義先進文化的能力、構建社會主義和諧社會的能力、應對國際局勢和處理國際事務的能力。黨的先進性建設是黨的又一項根本建設，其內容與任務，就是要使我們黨保持與時俱進的品質，始終走在時代前列，不斷提高執政能力、鞏固執政地位、完成執政使命；就是要通過推進思想建設、組織建設、作風建設、制度建設、反腐倡廉建設，使黨的理論和路綫、方針、政策始終體現社會發展進步的要求和全國各族人民的利益，不斷提高廣大黨員的素質和各級黨組織的創造力、凝聚力、戰斗力，始終發揮黨員的先鋒模範作用，始終發揮黨組織的領導核心作用和戰鬥堡壘作用。

3. 科學發展觀

習近平幹部選用 "四有論" 第三個理論基礎就是科學發展觀。

科學發展觀，就是指堅持以人為本，樹立全面、協調、可持續的發展觀，促進經濟社會和人的全面發展，推進各項事業的改革和發展的一種方法論。胡錦濤科學發展觀的第一要義是發展，核心是以人為本，基本要求是全面協調可持續，根本方法是統籌兼顧。

科學發展觀是同馬克思列寧主義、毛澤東思想、鄧小平理論和 "三個代表" 重要思想既一脈相承又與時俱進的科學理論，是我國經濟社會發展的重要指導方針，是發展中國特色社會主義必須堅持和貫徹的重大戰略思想。

科學發展觀中關於黨的建設的論述是習近平幹部選用 "四有論" 最重要的理論基礎與依據。科學發展觀是發展中國特色社會主義必須堅持和貫徹的重大戰略思想。在新的發展階段繼續全面建設小康社會、發展中國特色社會主義，必須堅持以鄧小平理論和“三個代表”重要思想爲指導，深入貫徹落實科學發展觀。要深入貫徹落實科學發展觀，就必須切實加強和改進黨的建設。要把提高黨的執政能力、保持黨的先進性體現到領導科學發展、促進社會和諧上來，落實到引領社會發展進步、更好地代表和實現最廣大人民的根本利益上來，使黨的思想、組織、作風、制度和反腐倡廉建設更加符合科學發展觀的要求，爲科學發展提供可靠的政治和組織保障。

此外，黨的十七大報告、新修訂的《黨章》、十七屆四中全會《決定》等也是習近平幹部選用“四有論”的理論支撐。

（三）重要意義

習近平同志三個月時間裏兩次強調幹部選用“四有論”，樹立起新形勢下幹部培養選拔的鮮明導向，是時代的呼喚，也是現實的要求，具有極強的現實意義與戰略意義。

1. 現實意義。幹部選用“四有論”具有及時應對現實的實踐意義，是當前幹部選用工作的具體化。（1）幹部選用“四有論”概括、吸收了各地各級組織部門幹部選用的有益經驗，是十七大幹部選用標準的具體化與生動化。（2）幹部選用“四有論”爲新時期如何選好人用好人指明瞭方向，是培養選拔幹部的標準、導向與試金石。（3）幹部選用“四有論”不是無的放矢，而是對官場事實上存在的與“四有”相抵觸、相背離的選人、用人潛規則的批判，有着很強的現實針對性。

2. 戰略意義。幹部選用“四有論”具有引導未來的戰略意義，是今後選用幹部、考察幹部和評價幹部的重要標尺：一方面，爲未來更科學合理的選人用人導向指明瞭方向；另一方面爲創新改進幹部選用標準提供了一個基本框架。

二、四有論：涵義、特徵及其關係

（一）四有論的基本涵義

習近平幹部選拔任用“四有論”，就是指選拔任用“堅持科學發展有韌勁、謀劃科學發展有思路、推動科學發展有激情、實現科學發展有貢獻"的優秀幹部的一種標準與尺度的理論。

簡而言之，習近平幹部選拔任用"四有論"是指習近平同志關於在科學發展觀統領下選拔任用有韌勁、有思路、有激情、有貢獻的優秀幹部的一種理論化概括統稱。在實際工作中，堅持和踐行幹部選拔任用"四有論"，其核心要點就是"選好人"，即選賢任能，德才兼備。對此，可作進一步理解：

1. 有韌勁。韌者，柔軟而結實，不易折斷。《管子・心術下》曰："人能正靜者，筋韌而骨強"。① 勁者，堅強有力。《孫子・軍爭篇》曰："勁者先，疲者後，其法十一而至"。② 韌勁，本義是指頑強能持久的勁頭或精神。所謂有韌勁，就是在堅持科學發展上，要有頑強且能持久的勁頭或精神。

2. 有思路。思者，思慮、思考及思維之義也。《論語・爲政》曰："學而不思則罔，思而不學則殆"。③《論語・里仁》曰："見賢思齊，見不賢而内自省也"。④ 路者，道路、路程、路途也。思路，本義是指思考問題的綫索、條理、脈絡，也就是在觀察、理解、認識客觀事物的思維活動中形成的思考路綫、構思踪迹與實踐路徑。所謂有思路，就是在謀劃科學發展上，要有明確具體的路綫與切實可行的實踐路徑。

3. 有激情。激者，激動、激烈與激昂也。《孫子・勢篇》曰："激水之疾，至於漂石者，勢也"。⑤ 情者，情緒、情感，情操與情志也。常用成語有激情滿懷、激昂慷慨、激濁揚清。激情，本義是指一種强烈、短暫、爆發式的情緒狀態。當具體情境與人的需要之間發生了劇烈突然和重大的變化，就會引起激情。激情有雙重作用，積極的激情能激勵人們克服艱險，攻克難關；消極的激情常常對正常活動具有抑制的作用或引起衝動行爲。所謂有激情，就是在推動科學發展上，要以積極主動，激昂慷慨的姿態，去克服艱險，攻克難關。

4. 有貢獻。貢者，進獻、貢品與貢税也。《左傳・僖公四年》曰：

---

① 馬天祥、蕭嘉祉編著. 古漢語通假字字典. 西安：陝西人民出版社.1991. 第570頁。
② 黄葵、劉春生編著. 孫子兵法詞典. 成都：四川教育出版社.1998. 第73頁。
③ 參曉穎、許秀英譯註. 論語. 廣州：廣州出版社.2004. 第15頁。
④ 參曉穎、許秀英譯註. 論語. 廣州：廣州出版社.2004. 第39頁。
⑤ 黄葵、劉春生編著. 孫子兵法詞典. 成都：四川教育出版社.1998. 第62頁。

"貢之不入，寡君之罪也"。《孟子・滕文公上》曰："夏后氏五十而貢"。[1]
獻者，進獻、獻計與獻策也。《詩經・小雅・楚茨》曰："爲賓爲客，獻酬
交錯"。《周禮・地官・鄉大夫》："獻賢能之書於王，王再拜受之"。[2] 貢
獻，本義是指把智慧、經驗、建議與財物獻給國家或人民。包括物質方面
的貢獻與精神方面的貢獻。所謂有貢獻，就是在實現科學發展上，要腳踏
實地，無私奉獻，求真務實，扎扎實實地作出成績與實績。

綜上所述，習近平幹部選拔任用 "四有論" 其主要精神内容就是：在
科學發展觀統領下，進一步完善選人用人機制，真正把那些堅持科學發展
有韌勁、謀劃科學發展有思路、推動科學發展有激情、實現科學發展有貢
獻的優秀幹部選出來、用起來，努力培養、造就和建設推動、實現科學發
展的高素質的幹部隊伍。

（二）四有論的形成

2008 年以來，習近平同志一直在關注、思考或探索幹部選人用人
問題。

2008 年 2 月 17 日至 19 日，習近平在 2007 年度全國組織工作會議上提
出要樹立 "六個導向"，真正做到選好人用好人。這是習近平同志進入中
央政治局常委會後，第一次系統地闡述其用人觀。"六個導向" 爲：一是
要樹立注重品行的導向；二是要樹立科學發展的導向；三是要樹立崇尚實
幹的導向；四是要樹立重視基層的導向；五是要樹立鼓勵創新的導向；六
是要樹立群衆公認的導向。同年 12 月 27 日，習近平在 2008 年度全國組織
工作會議上又提出了 "四德五用" 的選人用人標準。選用幹部的四德標準
就是：幹部的政治品德標準、職業道德標準、家庭美德標準和社會公德標
準。選用 5 類幹部就是：用靠得住的幹部；用敢負責的幹部；用肯實幹的
幹部；用口碑好的幹部；用嚴以律己的幹部。

2009 年 3 月 1 日，習近平在中央黨校春季學期開學典禮上強調要加強
"五個方面的修養"。"五個方面的修養" 就是：加强理論修養，加强政治
修養，加强道德修養，加强紀律修養，加强作風修養。同年 12 月 11 日，

---

① 周發增、陳隆濤主編. 中國古代政治制度史辭典. 北京：首都師範大學出版社. 1998. 第
253 頁。

② 編寫組編. 古漢語實用詞典. 北京：中華書局. 2004. 第 68 頁。

習近平在全國組織部長會議提出了 "三個特別關注"。"三個特別關注" 就是：特別關注各條戰綫、各個領域的基層和生產一綫；特別關注環境艱苦、工作困難、矛盾復雜、長期默默奉獻的崗位；特別關注那些心係群衆、埋頭苦干、不拉關係、不走門子的老實人與正派人。

2010 年 4 月 11 日至 13 日，習近平同志在海南調研時首次提出幹部選用 "四有論"；7 月 17 日至 18 日，習近平同志在河北唐山調研時再一次提出幹部選用 "四有論"。至此，幹部選用四有論初步形成，並引起國内外部分學者及敏感官員的高度關注。

(三) 四有論的基本特徵

習近平幹部選拔任用 "四有論" 具有很强的實踐性、實效性與實施性，具有鮮明的時代特徵。習近平幹部選拔任用四有論的基本特徵有：

一是生動形象，通俗易懂。如有韌勁、有激情與選出來、用起來，就顯得生動、形象；又如堅持、推動、實現與有思路、有貢獻等，就比較通俗易懂。不論是一般幹部、基層幹部，還是高級幹部、縣市幹部都能夠很快接受，容易理解，便於實施，不產生歧義或爭議。

二是圍遶科學發展，服務科學發展。一方面，幹部選用四有論是深入貫徹科學發展觀的過程中產生的，也就是根源於科學發展；另一方面，四有論的涵義就是堅持科學發展有韌勁、謀劃科學發展有思路、推動科學發展有激情、實現科學發展有貢獻。四有論既產生於科學發展，又爲了科學發展，最後實現科學發展。

三是承前啓後，繼承創新。四有論不是從天而降，也不是前無古人，而是在繼承鄧小平理論、三個代表重要思想、科學發展觀等中國特色社會主義理論的基礎上所進行的有益嘗試與創新。是對傳統的、現行的根本選用標準的創新、突破與有益補充、有益完善。

四是來自實踐，指導實踐。大力貫徹科學發展觀以來，各地在從經濟增長轉換到經濟發展方式的過程中，逐步探索、摸索如何推動科學發展，分散地提出了 "謀發展要有韌勁、保持發展激情、科學發展有思路、抓項目要突出科學謀劃" 等工作方法。四有論正是在廣泛吸收這些有益經驗的基礎上，再繼續進行提煉歸納，形成比較規範的理論，然後又用這些理論指導幹部選用的工作實踐。

（四）四有論之間的相互關係

四有論中的有韌勁、有思路、有激情、有貢獻乃四位一體，相互關聯，不可或缺，具有内在邏輯聯繫，是一個不可分割的有機整體。

就理論視角看：有韌勁是前提、是基礎，只有堅持科學發展有韌勁、不動搖，才能更好地謀劃科學發展、推動科學發展、實現科學發展；有思路是保証、是條件，只有謀劃科學發展有思路、有策略，才能更好地堅持科學發展、推動科學發展、實現科學發展；有激情是動力、是助力，只有推動科學發展有激情、有熱情，才能更好地堅持科學發展、謀劃科學發展、實現科學發展；有貢獻是標尺、是標準，只有實現科學發展有貢獻、有成績，才是最好地堅持科學發展、謀劃科學發展、推動科學發展。

就實踐發展視角而言：堅持科學發展有韌勁指的是對科學發展的認識問題；謀劃科學發展有思路指的是對科學發展的安排部署問題；推動科學發展有激情指的是對科學發展的態度問題；實現科學發展有貢獻指的是對科學發展的成效問題。

（五）四有論與幹部四化觀、"三個代表"重要思想、科學發展觀的關係

習近平幹部選用"四有論"與幹部四化論比較：幹部四化論是幹部選用四有論的理論來源，幹部四化論是方針，而幹部選用四有論則是一種具體標準。

習近平幹部選用"四有論"與"三個代表"重要思想比較："三個代表"重要思想是幹部選用四有論的理論基礎，規定、指引與啓發幹部選用四有論的形成與發展，具有繼承與創新的關係。

習近平幹部選用"四有論"與科學發展觀論比較：科學發展觀是幹部選用四有論的理論基礎，直接推動幹部選用四有論的産生與發展，具有繼承與創新的關係。"四有幹部"的選與用，是對科學發展觀的貫徹落實和生動體現。科學發展觀的第一要義是發展，核心是以人爲本，基本要求全面協調可持續，根本方法統籌兼顧。在實際工作中，我們要想真正貫徹、落實科學發展觀，只有把那些"堅持科學發展有韌勁、謀劃科學發展有思路、推動科學發展有激情、實現科學發展有貢獻"的幹部選出來、用起來，才能真正抓住"科學發展觀的第一要義是發展"的精髓，才能真正落實"科學發展觀以人爲本"的核心，才能真正貫徹"科學發展觀全面協調

可持續" 的基本要求，才能真正利用 "科學發展觀統籌兼顧" 的根本方法，才能真正在各級政府部門的日常工作中真正實現人與人、人與自然、人與社會的有機和諧，才能真正把科學發展推動起來。

三、四有論：核心、地位與理論創新

（一）核心與地位

習近平幹部選拔任用 "四有論" 是堅持科學發展有韌勁、謀劃科學發展有思路、推動科學發展有激情與實現科學發展有貢獻四位一體的科學理論。不難看出，習近平幹部選拔任用 "四有論" 的核心是科學發展，關鍵是選出來、用起來，目標方向是建設高素質的根本隊伍。

科學發展是四有論的核心與主綫。首先，四有論是在科學發展觀統領下產生的；其次，所謂四有論指的是堅持科學發展有韌勁、謀劃科學發展有思路、推動科學發展有激情、實現科學發展有貢獻的四有論；再次，四有論是貫徹落實科學發展觀的四有論。進一步分析看，當前乃至今後相當長的時期，堅持、推動科學發展，最重要的是貫徹落實科學發展觀。黨員領導幹部是貫徹落實、學習實踐科學發展觀的組織者、推動者、實踐者，他們對科學發展的態度如何、方法怎樣，將直接制約和影響着科學發展方向和進程。貫徹落實科學發展觀是一項艱巨、復雜的任務，絕非一朝一夕之事，必須采取切實可行的應對措施。習近平指出："貫徹落實科學發展觀是長期任務，必須堅持不懈地抓下去。" 習近平強調："學習實踐活動已基本結束，但貫徹落實科學發展觀是一項長期任務。" 習近平進一步指出："各地各部門各單位要充分認識搞好深入學習實踐科學發展觀活動總結工作的重大意義，深刻理解和充分運用學習實踐活動取得的認識成果、實踐成果和制度成果，把有效做法制度化、成功經驗長效化，使集中教育和經常性工作有機銜接起來、緊密結合起來，在新的起點上繼續抓好科學發展觀的學習研究和貫徹落實，不斷取得新成效、積累新經驗。" 習近平進一步強調："要以深入學習實踐科學發展觀活動取得的成果爲新起點不斷推進理論武裝工作，建立健全貫徹落實科學發展觀的長效機制，從思想政治上和精神動力上爲加快經濟發展方式轉變提供有力保证。"

四有論是黨的十七大報告及其四種全會決定的具體化與生動化；四有論是新時期黨的幹部選拔任用理論的重要組成部分；是鄧小平理論、江澤民"三個代表"重要思想、胡錦濤科學發展觀等關於幹部選用基本標準的繼承、創新與發展。四有論豐富和完善了黨的建設理論,豐富和發展了馬克思主義政黨的選人用人標準。

（二）理論創新與工作創新

黨的執政實踐告訴我們,創新是一個民族進步的靈魂,是一個國家興旺發達的不竭動力,也是一個政黨永葆生機的源泉。勇於和善於根據實踐發展的要求,不斷推進馬克思主義理論創新,是中國共產黨人的一個鮮明風格與政治優勢。習近平幹部選拔任用"四有論"就是一種典型的黨建理論創新。

習近平十分重視黨建理論創新工作。習近平指出:"進入新世紀新階段,世情、國情、黨情發生深刻變化,黨的建設遇到許多新情況新問題,面臨許多新考驗新挑戰。"這就要求我們黨要善於運用在加強自身建設中長期積累的成功經驗,與時俱進地推進黨的建設的理論創新、制度創新、工作創新、方法創新。習近平強調:"要積極推進選人用人理論創新、實踐創新和制度創新,大力破解選人用人難題,進一步形成正確的用人導向。"進一步分析看,習近平幹部選拔任用"四有論"就屬於一種理論創新、工作方法創新。

理論創新內容體現在:一是進一步完善了幹部選拔任用理論,提出了一個新標準;二是進一步豐富了黨的建設理論體系,使之更加貼近現實;三是進一步豐富中國特色社會主義理論,增強其科學性。

工作方法創新內容體現在:一是四有論是在充分吸收各地有益經驗的基礎上,提出了一個新標準、新尺度;二是四有論是對近年來各類選用標準的總結歸納,系統化,進一步昇華,形成簡明扼要的工作語言;三是通過實地典型調研,把業已形成的理論觀點表達示人,使得黨員幹部容易接受。

習近平認爲,之所以要推進幹部選用理論創新工作,主要是因爲:

一是不斷深化幹部人事制度改革,要求推進幹部選用理論創新。深化幹部人事制度改革是一項長期的、持久的工作。胡錦濤強調:"要抓住當前幹部群衆反映突出的重點難點問題,毫不動搖地推進幹部人事制度改革,既要積極探索創新,又要穩妥有序推進。"習近平多次指出要不斷深化幹部人事制度改革。習近平指出:"要抓住領導班子和幹部隊伍建設的關鍵問題、幹部人事工作的難點問題和幹部群衆關注的熱點問題,堅定不移地深化幹部人事制度改革。"習近平又指出:"堅持正確用人導向,既要靠幹部政策來引導,也要靠深化幹部人事制度改革、建立健全科學的選人用人機制來保障。"習近平還指出:"樹立正確用人導向,把人選準用好,必須繼續堅定不移地推進幹部人事制度改革。"

二是科學發展觀與時俱進的特徵,要求推進幹部選用理論創新。科學發展觀不是一成不變的,它總是隨着實踐的發展而發展,隨着時代的變遷而不斷進行豐富、修正、補充、發展與創新,體現了與時俱進的鮮明特徵。科學發展觀是指導現階段幹部人事制度改革的科學理論。深入貫徹落實科學發展觀,要求切實加強和改進黨的建設,要求不斷深化幹部人事制度改革,着力造就高素質的幹部隊伍。科學發展觀賦予了現行幹部選用標準諸多的新内涵:科學發展觀使選人用人的出發點得到深化;科學發展觀使選人用人落脚點得到深化;科學發展觀使選人用人的全面性得到深化。習近平指出:"深入貫徹落實科學發展觀,要不斷提高戰略思維、創新思維、辯證思維能力,增强工作的原則性、系統性、預見性與創造性。"幹部選用標準是一定歷史條件的産物,不是一成不變的,而是不斷發展的,必須與時俱進,使其具有新時代特色。不容置疑的一個事實是:盡管改革之初我們就制訂了幹部選拔的方針與原則,而且對黨的幹部隊伍建設發揮了巨大作用。但幾十年過去了,黨的根本隊伍已經發生了根本性變化。因此,在新歷史條件下,需要不斷豐富和發展現行幹部選用標準,使黨的幹部工作更好地適應形勢和任務的發展需要,爲推進科學發展、全面建設小康社會提供組織保证。

三是堅持改革創新的執政經驗,要求推進幹部選用理論創新。堅持改革創新,增强黨的生機活力,是共産黨一條重要的執政經驗,反映了我們黨勇於變革、勇於創新,永不僵化、永不停滯的治黨治國之道。習近平指出:"黨要承擔起人民和歷史賦予的重大使命,必須認真研究自身建設遇到的新情况新問題,在領導改革發展中不斷認識自己、加强自己、提高自己。"習近平强調:"必須以黨的執政能力建設和先進性建設爲主綫,以改革創新爲動力,推動黨的思想建設、組織建設、作風建設、制度建設和反腐倡廉建設相互促進,從整體上提高黨的建設水平。"改革開放以來,從廢除領導職務終身制到實行公開選拔、競争上崗、民主推薦龢民主評議幹部等幹部人事制度改革，黨的建設在理論和實踐上取得了一系列創新成果。在全面建設小康社會背景下，要充分運用這一成功的創新經驗，積極、穩妥地推進幹部選用標準創新，事必會取得事半功倍的成效。

四、四有論：主要内容與基本要求

習近平幹部選用“四有論”既是一種方法論，也是一種工作指南。根據其概念的涵義看，四有論的基本内容包括：一是進一步完善選人用人機制；二是把四有幹部選出來、用起來；三是推動科學發展；四是建設高素質幹部隊伍；五是堅持科學發展有韌勁、謀劃科學發展有思路、推動科學發展有激情與實現科學發展有貢獻。

作爲工作指南，用四有論指導工作，選拔優秀幹部時，其基本要求則爲：堅持科學發展有韌勁；謀劃科學發展有思路；推動科學發展有激情；實現科學發展有貢獻。這一要求主要是對高素質幹部而言，要求選拔的幹部必須是優秀幹部。

（一）堅持科學發展有韌勁
——如何正確理解與認識堅持科學發展有韌勁

1. 基本含義與内容表述

堅持科學發展有韌勁是幹部選用四有論的内容之一。

堅持科學發展有韌勁，就是指各級幹部要始終如一堅持科學發展的觀念，長期堅持貫徹落實，實實在在地爲民謀福利，不動搖，不懈怠；切實體現鍥而不捨、堅忍不拔、持之以恒、百折不撓的精神面貌。也就是説，科學發展要堅持，就必須有韌勁，有毅力，否則，科學發展就難以保持或得而復失。

堅持科學發展有韌勁是對新時期領導幹部素質的一項基本要求。堅持科學發展有韌勁者，通常是那些有頑强毅力、有堅强意志將科學發展觀落實執行到底的人。堅持科學發展有韌勁的幹部，必然是那種對科學發展有深刻認識、對真理有執着追求的精神、對科學發展的目標理想有着堅定信念的幹部。

2. 存在問題

堅持科學發展是一項艱巨的任務和復雜的工作。貫徹落實科學發展觀，非朝夕之功，必須百折不撓，堅韌不拔。當前存在的問題表現在：認識片面、缺乏韌勁、心浮氣躁、急功近利。有些黨員幹部對科學發展的意義認識不深、不透,不能自覺堅持科學發展。個別領導幹部只顧片面發展不講全面發展,見物不見人、求快不圖好。少數黨員幹部急功近利,熱衷於“政績工程”、“面子工程”、“形象工程”,喜歡“擺姿勢”、“熱做秀”、“搞花拳繡腿”,最終勞民傷財。一些地方借“統籌”之名搞新的形式主義,有的熱衷於貼“標籤”、炒概念,以口號代替對“五個統籌”的具體貫徹落實。

3. 基本對策

(1) 堅持科學發展有韌勁,要求領導幹部始終如一地堅持科學發展的觀念,要求對科學發展觀有真學真信真懂真用的自覺性與堅定性。堅持科學發展有韌勁實際上是一個對科學發展的認識問題。就是要求廣大黨員幹部清醒地認識到當前發展中的各類矛盾問題必須依靠科學發展才能解決。堅持科學發展有韌勁,就是要面對挑戰和困難信念不動搖、步伐不停滯,百折不撓,勇往直前。

(2) 堅持科學發展有韌勁,要求正確認識科學發展的特點與規律。科學發展是一種高質高效的發展,沒有對科學發展的深刻認識、沒有對真理執着的追求精神、沒有對科學發展目標理想的堅定信念,就無法實現我們的科學發展。科學發展既不是一蹴而就的事,也從來都不會一帆風順。發展難,科學發展更難。但“前途是光明的,道路是曲折的”。強調“堅持科學發展有韌勁”,是因為在發展過程中,必然會碰到這樣那樣的矛盾、困難和問題,甚至會遇到難以想象的阻力,這就要求各級幹部必須樹立堅忍不拔的意志,敢於迎難而上,善於攻堅克難。

(3) 堅持科學發展有韌勁,要力戒官場的“短跑心態”。當前在少數領導幹部身上,存在目光短淺、急功近利、好大喜功的問題,造成不少短期行為,留下諸多人為隱患。他們熱衷於“短、平、快”,喜歡“顯山露水”、重形式走過場,重數量輕質量,今天比蓋高樓大廈,明天爭建大道廣場,只重視任期內上項目、出政績,對事業發展缺少長遠規劃,對人民群眾切身利益漠然視之。這種忽視抓基層,懶得打基礎,不為子孫計的“短跑心態”已傳染了一些領導幹部,長此以往,必然導致違背實際,脫離群眾,貪圖虛名,不求實效,勞民傷財,遺患無窮。“短跑心態”之所以在一些領導幹部中滋生蔓延,其根源在於自己內在的世界觀、人生觀、價值觀出現偏差，權力觀、地位觀、利益觀發生錯位。消除"短跑心態"，最重要的是樹立正確的世界觀、人生觀、價值觀，着力解決好權力觀、地位觀、利益觀的問題。

（4）堅持科學發展有韌勁，要注意警惕五種"僞政績觀"。一些領導幹部的政績觀比較模糊、片面，甚至錯誤，不適應新時期新階段的要求，不符合全面建設小康社會的需要，影響和阻礙了經濟社會的健康發展：一是偏，即片面理解"政績"，將政績只視爲經濟增長、等同於城市發展。二是散，即只求局部、不求全局的政績。三是急，即急功近利、好大喜功，只求眼前政績，不管身後"洪水滔天"。四是虛，即華而不實，虛報浮夸，用"水分"製造"政績"。五是混，即當官做老爺，不思進取，敷衍了事的政績。這種錯誤的政績觀，妨礙黨的路綫、方針、政策的全面貫徹落實；嚴重阻礙全面建設小康社會目標的實現；嚴重損害黨和政府的形象，損害黨群關係和干群關係。

（5）堅持科學發展有韌勁，要切實提高幹部科學發展的執行力。開展科學發展工作，光有韌勁不行，還要講求效率及其政策執行力。幹部執行力是幹部踐行科學發展觀的具體行動和實踐表現，需要從五個方面切實提高幹部的執行力：一是要着眼於培育共同的價值體系，提高基於願景共享的幹部執行力；二是要着眼於樹立强烈的責任意識，提高基於責權明晰的幹部執行力；三是要着眼於發揮團隊效應，提高基於整合集成的幹部執行力；四是要着眼於建立充滿生機活力的體制機制，提高基於改革創新的幹部執行力；五是要着眼於加强黨性修養和作風養成，提高幹事創業的幹部執行力。

（二）謀劃科學發展有思路

——如何正確理解與認識謀劃科學發展有思路

1. 基本含義與内容表述

謀劃科學發展有思路是幹部選用四有論的内容之一。

謀劃科學發展有思路，就是指各級幹部要勇於解放思想觀念，敢於開拓創新，善於謀化新的發展思路，善於在發展方式的轉變上做文章，有計劃，有步驟、有策略；切實體現思路開闊、思路清晰、深思熟慮、三思而行的精神面貌。也就是説，科學發展要有思路，就必須謀劃、籌劃、計劃、策劃，否則，就是無頭蒼蠅、雜亂無章，無頭無尾，甚至是一片混亂。

謀劃科學發展有思路是對新時期領導幹部素質的一項基本要求。工作有無好思路，體現出領導幹部的能力、素質、思想、水平。謀劃科學發展有思路者，通常是把握了社會發展規律，具有創新發展理念，能轉變發展方式、破解發展難題，有實現科學發展能力的人。謀劃科學發展有思路的幹部，必然是那種有堅實的理論基礎、有豐富的文化知識、有過硬的專業知識專業能力並善於在實踐中不斷總結積累的幹部。

2. 存在問題

當前存在的問題表現：認識片面、缺乏謀劃、盲目草率、拍腦袋決策。謀劃科學發展有思路要求領導謀劃大事，拿出決策。但實際工作中存在許多問題：一些幹部思想迂腐，思想陳舊，不思進取；一些幹部，習慣於 "等、靠、要"，對整體工作缺乏思考和思路；一些領導幹部把心思放到揣摩上級領導喜好上，睬着領導的脚印走路、把着領導的脈搏辦事、看着領導的臉色行事；一些幹部沒有自己的發展思路。特別突出的是庸官懶官對工作無謀劃、無思路，嚴重損害黨的先進性。庸官、懶官最大的特點，是散漫拖沓、暮氣沉沉。不論發展壓力多麼大、民生問題多麼急、機遇變化多麼快、上級要求多麼緊迫，他們却總是快不起來，悠悠然地磨蹭着，心懶、嘴懶、手懶、身懶。多半會變得遲鈍、保守甚至麻木，官僚主義、形式主義嚴重，盲目草率、拍腦袋決策。

3. 基本對策

(1) 堅持科學發展光有韌勁是不够的，還必須做到 "謀劃科學發展有思路"。實踐證明：一個地區的經濟飛速發展、人文面貌大爲改觀、公共服務極大完善，往往得益於領導者的正確決策和超前發展思路。各級幹部必須抱定科學發展觀的宗旨，積極從本地實際出發，開闊視野，創新思維，努力尋求合乎 "三個有利於" 原則，合乎群衆意願的科學發展新思路。

(2) 推進謀劃科學發展有思路，要求領導幹部出思路、作決策，拿主意，想辦法。思路決定出路。出思路、作決策，是領導幹部的基本職責和重要工作；謀劃科學發展有思路要求領導幹部拿主意，想辦法。毛澤東說：領導者的責任，歸結起來，主要地是出主意、用幹部兩件事。這裏的出主意就是要能够拿出有明確而務實的工作思路。"千難萬難，路子對了就不難”。思路清才能方向明。謀劃科學發展有思路，要求我們勇於解放思想，敢於開拓創新，善於科學謀劃，做到視野宏闊、思路寬闊、胸襟遼闊。善於把上級的部署要求與本地區本單位實際情況結合起來，想得出抓科學發展的辦法，作得出實事求是的決策，拿得出人民群衆認可的成績。

（3）堅持謀劃科學發展有思路，必須讓工作“不在狀態”的幹部騰位子，要使幹部做到四個不敢。負責任的精神是領導幹部爲政之德的基本要求。責任意識在群衆眼中是最重要的意識，不負責任在群衆眼中是最可憎的行爲。如果於工作無所用心，於事業無所追求，於人民無所貢獻，就是愧對人民群衆，不配擔任黨的幹部。更爲嚴重的是，少數領導幹部工作不在狀態，致使政令不暢通，使黨和國家的大政方針難以落實到基層，長期以往，勢必影響到黨的執政之基。因此，要讓這些工作“不在狀態”的幹部騰位子。要加强對領導班子和領導幹部的監督，使他們不敢無所事事。監督管理組織部門必須忠實履行職責，堅持從嚴教育、從嚴要求、從嚴管理、從嚴監督，切實改變目前幹部管理中存在的失之於寬、失之於軟的現象，使領導幹部不敢懈怠、不敢腐敗、不敢專權、不敢失責。

（4）正視謀劃科學發展有思路，要任勞任怨，“四怨幹部”要不得。面對困難、問題、矛盾，一些領導幹部卻擺不正心態、放不平心緒，由此生出種種“怨”來：一爲怨“上”；二爲怨“下”；三爲怨“別人”；四爲怨“前人”。在“四怨幹部”眼裏，上下左右都不好，只有自己最高明。有的甚至把抱怨當個性、當能耐、當時尚。“四怨”交集，變成一股“怨氣”，成爲工作中的路障。“四怨”，是態度問題，也是能力問題。告別怨氣，才能鼓舞士氣，提振精神；歷練能力，才能應對難題，打開局面。

（5）選拔謀劃科學發展有思路的幹部，應把心理健康作爲選用幹部的重要標準。領導心理學研究表明，一些有心理疾患的人是不適合當領導的。腐敗現象難以根除的原因有多方面的原因，其中之一就是一些人原本就有性格弱點和缺陷，品行不好，心理不健康。所以，要關心幹部的心理健康問題，而且應該把心理健康問題作爲選拔使用幹部的重要標準。哪些人不適合當領導呢？一是嫉妒心很强的人；二是有暴力行爲傾向的人；三是報復心理嚴重的人；四是偏執心理傾向性强的人；五是依賴心理强的人；六是心理冷漠的人。

(三) 推動科學發展有激情

——如何正確理解與認識推動科學發展有激情

1. 基本含義與內容表述

推動科學發展有激情是幹部選用四有論的內容之一。

推動科學發展有激情，就是指各級幹部要堅持愛崗敬業、具有蓬勃的朝氣和昂揚的銳氣，滿懷激情地去面對黨和人民的事業，有精神，有鬥志，有創新，有力量；體現激情昂揚、激昂慷慨、滿懷激情的精神面貌。要重視積極的激情，克服和避免消極的激情。也就是說，科學發展要推動，除了有思路外，還必須有志向、有熱情、有力量。否則，就是死氣沉沉、胸無大志或成績平平。

推動科學發展有激情是對新時期領導幹部素質的一項基本要求。毛主席曾說過，人活着要有點精神。這精神就是需要一種精氣神，或者說就是一種激情。抓科學發展，是一項前無古人的偉業，能否得到有效推動，取決於各級幹部是否有工作激情。推動科學發展有激情者，通常是通過全黨深入學習實踐科學發展觀活動，培養出的對科學發展觀科學內涵、精神實質有深刻認識，對科學發展觀重大意義、根本要求有透徹領悟的人。推動科學發展有激情的幹部，必然是那種有崇高理想、有遠大抱負，無限熱愛真理、熱愛祖國、熱愛人民的幹部。

2. 存在問題

推動科學發展有激情存在的問題主要是：認識片面、缺乏激情、死氣沉沉、勞民傷財。一些幹部坐而論道、怨天尤人，抑或"做一天和尚，撞一天鐘"，得過且過、敷衍了事；一些幹部上班工作渾渾噩噩，死氣沉沉；一些幹部忙於投機鑽營、跑官要官，拉關係、搞"圈子"；一些幹部工作起來散漫拖沓、暮氣沉沉、磨磨蹭蹭，效率及其低下；一些幹部從不創新，而是照鈔照搬，拿來就用。另外，在一些地方，政績焦慮症突出，積極的激情不足，而消極的激情則明顯有餘。

3. 基本對策

(1) 推動科學發展，除了有韌勁、思路，還必須有激情。領導科學與企業激勵學告訴我們：沒有激情是缺乏感染力的、是無法喚起群眾的參與的，是無法激發深埋在人內心的無窮潛力的。推動科學發展，要謹慎，但更要勇氣，要激情，這樣才能吸引更多的群眾參與到推動科學發展中來。

激情似火，當廣大幹部的工作熱情被點燃而成熊熊烈火的時候，那麼，伴隨着激情迸發的定當是推動科學發展的積極性和創造性的激發。

（2）推動科學發展有激情，需要幹部動真情、出實招。科學發展不是喊出來的，而是干出來的。科學發展，重在落實。滿懷熱情、激情、豪情，就會愛崗敬業，就會擁有蓬勃的朝氣和昂揚的銳氣。激情燃燒的歲月，需要幹部動真情、敢創新、出實招。各級領導幹部要戒虛、戒假、戒浮，求實、求真、求深，動真情、出實招、求實效；真正把心思用在事業上、把精力集中到發展上，讓人民群衆真正享受到科學發展的成果。

（3）推動科學發展有激情，要有高度的責任感和使命感，爲推動科學發展滿腔熱忱地工作。習近平強調："要樹立正確的工作觀，深入實際、深入群衆，真抓實幹，爭創一流業績。"推動科學發展有激情，要注意消除或防止政績焦慮症。政績焦慮症是實踐科學發展觀的絆腳石。政績焦慮症是一種不良的思想意識，反映了一種浮躁心態，反映了一種盲目的缺乏科學的思路和盲動，是一些領導幹部的官本位主義作怪或形式主義作祟。政績焦慮症容易導致形成扭曲的政績觀，妨害我們爲人民服務宗旨的實現，還會成爲科學發展觀的絆腳石，使我們的事業因此而貽誤。

（4）選拔任用推動科學發展有激情的幹部，力求選拔真正富有激情的幹部。當前要注意警惕、反對和避免 5 種不正常現象：一種是"混出來的官"，即混日子、不擔責的官；一種是"巴上去的官"，即只圖上級歡心、拼命巴結而上去的官；一種是"熬出頭的官"，即不肯多做事，以年齡優勢熬上去的官；一種是"跑出來的官"，即拉關係，走後門兒跑上去的官；一種是"要出來的官"，即伸手、張口向組織要的官。這種"混"、"巴"、"熬"、"跑"、"要"的現象，被一些幹部當作了昇官的潛規則，尤需引起警惕。

（5）考核推動科學發展有激情幹部的政績，要體現科學發展觀。科學發展觀從根本上明確了領導幹部追求政績應當遵循的根本價值取向，科學回答了爲誰創造政績以及創造怎樣的政績這一根本問題。因此，只有切實把握科學發展觀的科學內涵和根本要求，才能在領導幹部政績考核評價中真正體現科學性：領導幹部政績考核要看是否堅持把發展作爲第一要務；領導幹部政績考核要看是否堅持以人爲本；領導幹部政績考核要看是否堅持全面協調可持續；領導幹部政績考核要看是否做到了統籌兼顧。考核選拔任用推動科學發展有激情的幹部，要注意防止"三唯取人"。"三唯取人"確實是當前幹部選拔任用工作中迫切需要解決的問題。要堅持和完善民主推薦、公開選拔和競爭上崗辦法，堅持重德才、重實績、重公論用人，防止唯票取人、唯考取人、唯年輕取人。

（四）實現科學發展有貢獻
——如何正確理解與認識實現科學發展有貢獻

1. 基本含義與內容表述

實現科學發展有貢獻是幹部選用四有論的內容之一。

實現科學發展有貢獻，就是指各級領導幹部要勤勤懇懇、腳踏實地，有所作爲，求真務實，勇於創造一流業績，有顯績，有潛績，有實效；切實體現獻計獻策、無私奉獻與講求實效的精神面貌。既要重視物質性貢獻，也要關注精神性貢獻。也就是說，科學發展要取得貢獻，就必須去工作，去努力，去奉獻；只有有貢獻，有成績，有政績，科學發展才能得到實現，才會實現科學發展。

實現科學發展有貢獻是對新時期領導幹部素質的一項基本要求。實現科學發展有貢獻者，通常是踏踏實實工作，經過實踐檢驗，踐行科學發展觀取得實效的人。實現科學發展有貢獻的幹部，必然是那種"堅持科學發展有韌勁、謀劃科學發展有思路、推動科學發展有激情"的幹部，它是這"三有"的結果，也是對這"三有"的最好檢驗。

2. 存在問題

當前實現科學發展有貢獻存在問題表現在：認識片面、缺乏貢獻、敷衍了事，花拳繡腿。習近平強調："要樹立正確的政績觀，堅持爲官一任、造福一方，一心一意爲群衆辦實事、做好事、解難事。"但實際工作中，有些幹部的貢獻觀、政績觀問題頗多：爲多出、早出政績，有的官員絞盡腦汁走快捷方式，不惜殺鷄取卵，將本地各種資源"耗盡榨干"；有的官員則"重打鑼鼓另開張"，換一屆政府、變一套思路、扔下"半拉子政策"和"半拉子工程"；打一槍換一個地方，爲官一任，謀昇一級；有些幹部沽名釣譽、作風飄浮；有些幹部熱衷於一些面子工程，搞一些賺眼球的，中看不中用的"花拳繡腿"；個別幹部製造虛假政績、表面工程。一些黨員、幹部在發展觀念上存在重"顯績"輕"潛績"、重當前輕長遠、見物不見人、甚至製造虛假政績等問題。

3. 基本對策

（1）實現科學發展有貢獻，就是要勤勤懇懇、老老實實推動科學發展，取得經得起歷史、實踐和群眾檢驗的業績。科學發展不是一句空洞口號，必須在優化經濟增長方式、實現全面協調可持續發展上真動腦筋，在堅持以人爲本、讓廣大群眾共享改革開放成果上下大功夫。

（2）實現科學發展有貢獻，就要做到“三個往下”，重視調查研究。習近平在山東考察調研强調：“領導機關和領導幹部要眼睛往下看、身子往下沉、勁頭往下使，以更多的精力做好抓基層、打基礎的工作。”各級領導幹部究竟該怎麼辦？首先，眼睛往“下”看，就是要大興艱苦奮鬥之風。眼睛往“下”，就是放下架子，做喫苦的準備、奉獻的準備、扎根的準備、創業的準備，敢於到條件艱苦的地方去，到難題多矛盾復雜的地方去。其次，身子往“下”沉，就是要大興調查研究之風。身子往“下”沉，就是要善於調查研究，和群眾推心置腹，獲得第一手材料，能獲悉群眾疾苦冷暖。再次，勁頭往“下”使，就是要大興求真務實之風。勁頭往“下”使，就是要求真務實，講黨性、重品行、作表率，反對形式主義、官僚主義、弄虛作假，多干打基礎、利長遠的事。“沒有調查就更沒有決策權”、“堅持做好調查研究”這篇文章，是我們的謀事之基、成事之道。

（3）實現科學發展有貢獻，要注意重用埋頭苦干的幹部，不能讓老實人喫虧。胡錦濤總書記指出：對那些長期在條件艱苦、工作困難的地方工作的幹部要格外關注，對那些不圖虛名、踏實幹事的幹部要多加留意，對那些埋頭苦干、注重爲長遠發展打基礎的幹部不能虧待。胡錦濤選幹部“三句話”發人深思：胡錦濤選幹部的“三句話”是相輔相成的一個整體，體現了黨中央對幹部使用問題上的思想和態度，倡導了在幹部管理使用問題上的務實精神。胡錦濤關心的三種幹部如何才能提上來？這就需要建立選用埋頭苦干幹部的特殊機制。工作有不同的乾法，有的人着眼長遠、面向基層，踏踏實實幹事；也有的人浮於表面，熱心於作秀、快出政績。如果不注意考察，那些務實幹事、不善表現的幹部就會“喫虧”。工作是干出來的，不是“秀”出來的。埋頭苦干的幹部貢獻最大，付出最多，政績也最扎實。只有重用這樣的幹部，才會有更多的人傚仿，形成一支越來越大的實幹家隊伍。實幹的人多起來，國家的政策才能落實到位，老百姓的民生才會日益改善。

（4）實現科學發展有貢獻，必須講求實效，樹立科學的政績觀。一是要注重實效考核，堅持"潛績"與"顯績"並重的政績觀。幹部政績考核往往成爲各級領導幹部的"指揮棒"、"風向標"，有什麼樣的政績評價體系，就往往會有什麼樣的工作追求和施政行爲。因此，其一，要重視實績考核。實績考核是幹部選用的重要客觀標準。看實績用幹部是德才兼備原則的深化和具體化，是黨的幹部路綫的本質要求。其二，要堅持樹立"潛績"與"顯績"並重的政績觀。實際上，"潛績"與"顯績"都是政績，"潛績"與"顯績"同樣重要。二是幹部政績考核要注重四性。考核直接影響着幹部的政績觀，對領導幹部的政績考核要特別注重四性：其一，政績考核的内容要注重全面性。即在對領導幹部政績考核的指標體系設置上，要按照科學發展觀的要求，全面反映經濟、社會和人的全面發展情況；其二，政績考核的標準要注重科學性，即要求我們設置出能夠全面考核領導幹部德、能、勤、績、廉等方面；其三，政績考核的方法要注重民主性，即要堅持走群衆路綫，充分發揚民主，要特別重視廣大群衆對政績的認可度；其四，政績考核的結果要注重導向性，即要求我們必須堅持看實績用幹部。

五、四有論：幹部選拔任用的戰略對策

——堅持四有論，培養造就四有幹部

（一）四有幹部：涵義與選用對象

四有論造就的是四有幹部。所謂四有幹部，就是堅持科學發展有韌勁、謀劃科學發展有思路、推動科學發展有激情、實現科學發展有貢獻的優秀幹部。

四有幹部的選用對象爲：堅持科學發展有韌勁的幹部；謀劃科學發展有思路的幹部；推動科學發展有激情的幹部；實現科學發展有貢獻的幹部。

（二）基本素質與目標任務

四有幹部必須是優秀幹部，其基本素質爲：一是有韌勁，堅韌不拔敢於攻堅克難的素質；二是有思路，改革創新大力推動發展的素質；三是有激情，帶領群衆共同幹事創業的素質；四是有成績，求真務實講實效求實

績的素質。其中，最關鍵的素質是有思路。

四有幹部的目標任務：堅持四有論，培養造就四有幹部，努力建設一支高素質的幹部隊伍。既是一項長期艱巨的任務，同時也是貫徹落實科學發展觀所追求的重要目標。

（三）主要戰略對策：如何堅持與如何造就的政策建議

堅持四有論，培養造就四有幹部，努力建設一支高素質的幹部隊伍，是一項長期艱巨的任務。因此，要實現這一目標任務，就需要圍遶黨的建設的改革與完善展開工作，由此才能取得積極的、有效地的成果。歸納習近平的講話、報告、文章、訪談與調研言論，其主要戰略對策（主要做法與措施）有以下幾個方面：

戰略對策之一：堅持正確的用人導向，嚴格執行黨的幹部政策，提高選人用人科學水平。

用人導向是最重要的導向。習近平強調，為政之要，莫先於用人。因此，習近平多次強調：要全面正確地執行黨的幹部路綫和幹部政策，堅持德才兼備、以德為先，堅持正確的用人導向，提高選人用人水平。

一是堅持德才兼備、以德為先，選拔任用幹部既要看才更要看德。德才兼備、以德為先是黨的十七大之後胡錦濤多次強調、中央反復要求的用人標準。習近平指出：“選拔任用幹部既要看才、更要看德，把政治上靠得住、工作上有本事、作風上過得硬、人民群衆信得過的幹部選拔上來。”習近平指出：“考察幹部的德，既要注重在突發事件、抗禦自然災害、個人進退留轉等關鍵時刻的表現，又要注重在日常工作、生活中的表現，以小節觀其大德；既要聽其言更要觀其行，既要看其表更要察其裏，既要知其始更要識其變，把幹部德的考評結果作為幹部選拔任用的首要依據。”

二是堅持獎罰分明，建立選人用人失誤失察責任追究制度。習近平指出：“要進一步規範選人用人權力運作方式和程序，加快建立選人用人失誤失察責任追究制度，用嚴密的程序和剛性的責任保證把人選準用好，使跑官要官者沒有市場，買官賣官者受到處罰。”習近平強調：“褒獎那些貢獻突出的幹部，支持那些一身正氣的幹部，鼓勵那些老實幹事的幹部，鞭策那些相形見絀的幹部，教育那些跟風行事的幹部，約束那些投機鑽營的幹部，懲處那些貪污腐敗的幹部，進一步提高選人用人水平。”習近平還強調：“要在幹部隊伍中營造堅守政治品質、注重道德修養的良好氛圍，大力宣傳表彰德才兼優的幹部，充分激活幹部重德、養德的內在動力。"

三是必須繼續堅定不移地推進幹部人事制度改革。習近平指出："深化幹部人事制度改革，是糾正用人上不正之風、提高選人用人公信度的治本之策。"習近平強調："樹立正確用人導向，把人選準用好，必須繼續堅定不移地推進幹部人事制度改革。"關於改革的內容與方向，習近平指出：在幹部選拔任用的提名、考察、決定等環節進一步完善工作機制，匡正選人用人風氣。"習近平進一步指出："要建立健全主體清晰、程序科學、責任明確的幹部選拔任用提名制度，探索實行多種提名方式，進一步擴大提名環節的民主；要正確分析和運用民主推薦、民主測評結果，增強科學性和真實性，既要把民主推薦結果作爲選拔任用幹部的重要依據，又不能簡單地以票取人；要完善公開選拔、競爭上崗和差額選拔等競爭性選拔幹部方式，突出崗位特點，注重實際能力，堅持考試的科學合理導向，讓幹得好的考得好，能力強的選得上，作風實的出得來，使優秀人才能夠脫穎而出。"

四是以改革創新精神做好培養選拔年輕幹部工作。幹部隊伍新老交替與合作是一個永無完結的歷史過程，培養選拔年輕幹部工作必須常抓不懈。習近平指出："根據黨的十七大精神，當前和今後一個時期做好培養選拔年輕幹部工作，要堅持重在培養，以堅定理想信念、加強黨性修養和弘揚優良作風爲核心，進一步加強年輕幹部的理論培訓和實踐鍛煉，提高政治素質和能力素質；要堅持德才兼備、以德爲先用人標準，形成有利於優秀年輕幹部脫穎而出的選拔機制，使領導班子和幹部隊伍形成合理結構，始終充滿生機與活力。"習近平特別強調："各級黨委進一步加強對年輕幹部的黨性教育，特別要加強政治忠誠教育、道德情操教育、優良作風教育、黨的紀律教育和拒腐防變教育，堅持嚴格要求、嚴格管理，保証年輕幹部健康成長。"

戰略對策之二：堅持與時俱進，求真務實，突出特色，大膽選拔任用各類優秀幹部。

習近平指出：要按照黨的十七屆四中全會要求，建立健全各類優秀人才脫穎而出的體制機制，用寬闊的視野選人用人，用科學的方法選人用人，用管用的制度選人用人，切實抓好幹部隊伍建設。

一是樹立 6 大導向，注重選拔 6 類幹部。習近平指出："要樹立注重品行的導向，注重選拔政治堅定、原則性強、清正廉潔、道德高尚、情趣健康的幹部；要樹立科學發展的導向，注重選拔自覺貫徹落實科學發展觀、堅持又好又快發展、工作實績突出的幹部；要樹立崇尚實幹的導向，注重選拔求真務實、埋頭苦干、默默奉獻、不事張揚的幹部；要樹立重視基層的導向，注重選拔在基層和生產一線的優秀幹部，選拔長期在條件艱苦、工作困難地方努力工作的優秀幹部；要樹立鼓勵創新的導向，注重選拔思想解放、作風扎實、勇於創新、銳意進取的幹部；要樹立群眾公認的導向，注重選拔想幹事、能幹事、干成事，能爲人民造福、得到群眾擁護的幹部。"

二是堅持四德標準，大膽選用 5 類幹部。習近平指出："要堅持德才兼備、以德爲先用人標準，什麼樣的人該用，什麼樣的人重用，都要把德放在首位，在這個前提下注重選拔那些確有才幹、實績突出的幹部。"習近平進一步指出："幹部德的標準應當包括幹部的政治品德標準、職業道德標準、家庭美德標準和社會公德標準，把理想信念是否堅定，是否堅持執政爲民，是否求真務實，是否堅持民主集中制，是否清正廉潔等列爲評價要點。"習近平強調："選人用人，要堅持品行爲本，用靠得住的幹部，引導幹部講黨性、重品行、作表率，自覺落實科學發展觀，創造經得起實踐、人民、歷史檢驗的實績；要堅持責任爲重，用敢負責的幹部，引導幹部忠於黨的事業，忠於人民利益，銳意進取，敢闖敢干；要堅持務實爲要，用肯實幹的幹部，引導幹部求真務實、埋頭苦干、不事張揚、默默奉獻；要堅持民意爲上，用口碑好的幹部，引導幹部對群眾負責，爲群眾辦事；要堅持廉潔爲貴，用嚴以律己的幹部，引導幹部清正廉潔，自覺做到拒腐蝕、永不沾。"

三是堅持拓寬用人視野，特別關注三類幹部。習近平指出："要拓寬選人用人視野，堅持五湖四海、任人唯賢。"習近平強調："特別關注各條戰綫、各個領域的基層和生產一綫，特別關注環境艱苦、工作困難、矛盾復雜、長期默默奉獻的崗位，特別關注那些心係群眾、埋頭苦干、不拉關係、不走門子的老實人、正派人，使選出來的幹部組織放心、群眾滿意。"

戰略對策之三：領導幹部要嚴格要求，率先垂範，加強修養，提高應對科學發展的綜合素質。

習近平指出：新世紀新階段，面對前所未有的機遇和挑戰，各級領導

133

幹部要進一步增強大局意識、憂患意識、責任意識，按照黨章的要求老老實實做人、干乾净净幹事，在全面建設小康社會、開創中國特色社會主義新局面的偉大實踐中銳意進取、建功立業。

一是老老實實做人、干乾净净幹事。習近平指出：“老實做人、做老實人，是共產黨員先進性的内在要求，是領導幹部官德的外在表現，也是我們黨的一貫主張。”老實人就是思想務實、生活樸實、作風扎實的人，就是尊重科學、尊重實踐、尊重規律的人，就是誠實守信、言行一致、表裏如一的人，就是勤勤懇懇工作、努力進取創造、任勞任怨奉獻的人。習近平還指出：“領導幹部老老實實做人，既是一種高尚的人生態度，更是一種嚴謹的道德實踐，要從平凡小事做起，在點點滴滴中體現，特別要在對黨和人民忠心耿耿、對工作盡職盡責、對群衆滿懷真情、對成績謙虛謹慎上下功夫。”習近平強調：“領導幹部干乾净净幹事，就是要守得住清貧、耐得住寂寞、穩得住心神、經得住考驗，嚴守黨紀國法，自覺做到秉公用權、不以權謀私，依法用權、不假公濟私，廉潔用權、不貪污腐敗；就是要有强烈的事業心和高度的責任感，想幹事、肯幹事、能幹事、干成事，爲工作盡心盡力、盡職盡責、忘我奉獻，真正做到爲黨和人民的事業鞠躬盡瘁。”習近平進一步強調：“領導幹部干乾净净幹事，既要加强自身修養、提昇精神境界，不斷增强自律能力，又要充分發揮他律的作用，加强領導班子思想政治建設，對領導幹部嚴格教育、嚴格管理、嚴格監督，健全相應的體制機制，强化制度約束。”

二是要加强領導幹部的五大理論修養。習近平強調：“堅强的黨性，是成爲高素質領導幹部的首要條件。”各級領導幹部要加强5個方面的理論修養，習近平指出：“要加强政治修養，增强政治信念的堅定性、政治立場的原則性、政治鑒別的敏銳性、政治忠誠的可靠性；要加强道德修養，不斷提高道德認識、陶冶道德情操、鎚煉道德意志、提昇道德境界；要加强紀律修養，增强紀律觀念，自覺在思想上政治上行動上同黨中央保持高度一致，確保政令暢通；要加强作風修養，做到執政爲民有新舉措、求真務實有新要求、廉潔從政有新成效。”

三是要提高領導幹部推動科學發展的六大能力。習近平指出，各級領導幹部要努力提高六個方面的能力。這六個方面包括：其一要提高統籌兼顧的能力，善於運用唯物辯證法認識和處理問題，既統攬全局、統籌規劃，又在重點突破中推動工作協調發展。其二要提高開拓創新的能力，善於根據事物發展的客觀規律推動思維創新、方法創新、實踐創新、制度創新，創造性地開展工作。其三要提高知人善任的能力，善於發現人才，正確識別人才，科學評價人才，合理使用人才，把各方面優秀人才匯聚到黨和國家事業中來。其四要提高應對風險的能力，善於對各種可能出現的風險進行科學預判和超前準備，增強臨機處置能力，化風險爲機遇，化被動爲主動。其五要提高維護穩定的能力，善於見微知著，增強維護穩定的果斷性，及時化解矛盾糾紛，妥善處理群體性事件。其六要提高同媒體打交道的能力，尊重新聞輿論的傳播規律，正確引導社會輿論，要與媒體保持密切聯繫，自覺接受輿論監督。

戰略對策之四：重視加強各級幹部隊伍建設，抓好思想政治工作，建設高素質幹部隊伍。

習近平強調：黨要管黨、從嚴治黨，關鍵是從嚴抓好班子、帶好隊伍、管好幹部。各級黨委和組織部門要認真履行好從嚴管理幹部的職責，堅持原則，敢抓敢管，加強經常性教育，健全幹部日常管理機制，不斷提高幹部管理水平和效果。

一是要建設一支高素質基層黨組織帶頭人隊伍。習近平指出："深入學習貫徹黨的十七大和十七屆三中、四中全會精神，做好抓基層打基礎工作，夯實黨執政的組織基礎，關鍵是要建設一支高素質基層黨組織帶頭人隊伍。"爲此習近平要求必須做到："把科學發展觀轉化爲推動科學發展、促進社會和諧的實際行動，成爲把科學發展觀落實到基層的忠實執行者、建設社會主義新農村的優秀帶頭人；注重黨性鍛煉和作風養成，把宗旨意識、黨性原則、群衆觀念和優良作風轉化爲與人民群衆保持血肉聯繫的實際行動，在建設和發展中國特色社會主義偉大實踐中更好地擔當起當代中國共產黨人的歷史責任和崇高使命。"習近平強調："要切實做好抓基層打基礎工作，創新完善基層黨組織設置方式，建立健全教育、管理和服務黨員的長效機制，努力實現黨組織和黨的工作全社會覆蓋，更好地發揮廣大黨員的先鋒模範作用。"

二是要着力造就高素質縣委書記隊伍。習近平指出："全面貫徹落實黨的十七大和十七屆三中、四中全會精神，加強和改進新形勢下黨的建設，要求進一步加強幹部隊伍建設，着力造就高素質縣委書記隊伍。"爲此習近平要求必須做到："緊緊抓住發展這個黨執政興國的第一要務，統籌解決發展不平衡問題；堅持把老百姓的利益擺在最高位置，把維護群衆利益作爲自己的人生追求；擔任領導幹部始終保持一身正氣、兩袖清風；以富民强縣爲己任，真抓實幹，開拓進取，清正廉潔，艱苦奮鬥。"

三是要抓好領導班子思想政治建設。習近平指出："要着力抓好縣以上領導班子和黨員領導幹部這個重點，把開展學習實踐活動與加強領導班子思想政治建設結合起來，進一步提高各級領導幹部的思想政治素質。"習近平在天津調研時强調："各級黨委要緊密結合深入學習實踐科學發展觀活動，緊密結合貫徹落實中央決策部署、保持經濟平穩較快發展的實踐，大力抓好領導班子思想政治建設，促使領導幹部始終堅持中國特色社會主義道路和理論體系，增强政治責任感，嚴格遵守黨的政治紀律和從政道德，把講黨性、重品行、作表率的要求真正體現到工作中、落實到行動上。"

戰略對策之五：保持黨同人民群衆的血肉聯繫，切實加强作風建設，努力增强幹部的凝聚力和支撐力。

執政黨的作風，關係黨的形象，關係人心向背，關係黨的生命。習近平强調："以密切黨同人民群衆的血肉聯繫爲重點加强黨的作風建設，是長期執政條件下黨的建設一項重大而長期的任務。"

一是堅持四有論，培養造就四有幹部，就必須克服不良風氣，弘揚優良作風。習近平要求做到四個弘揚："大力弘揚密切聯繫群衆的作風，始終牢記黨的根本宗旨，堅持以人民利益爲重、以人民期盼爲念，努力爲群衆多辦好事、多辦實事；要大力弘揚調查研究的作風，傾聽民意、關注民生、溝通民心，堅持到基層和群衆中發現存在的問題、尋找解決的辦法；要大力弘揚艱苦奮鬥的作風，牢記"兩個務必"，堅持喫苦在前、享受在後，堅持勤儉辦一切事業，堅決反對鋪張浪費和大手大腳；要大力弘揚清正廉潔的作風，始終堅持爲民、務實、清廉，保持共産黨人的蓬勃朝氣、昂揚銳氣、浩然正氣，不斷提高拒腐防變能力。"

二是堅持四有論，培養造就四有幹部，就必須克服不良文風，積極倡導優良文風。習近平指出："領導幹部改進文風要在短、實、新上下功夫。"習近平進一步指出：力求簡短精煉、直截了當，要言不煩、意盡言止，觀點鮮明、重點突出。堅持內容決定形式，宜短則短，宜長則長。講符合實際的話不講脫離實際的話，講管用的話不講虛話，講反映自己判斷的話不講照本宣科的話。在研究新情況、解決新問題上有新思路、新舉措、新語言，力求思想深刻、富有新意。怎樣大力改進文風？習近平強調："各級領導機關和領導幹部要帶頭改進文風；要把改進文風同改進幹部工作作風結合起來；大力倡導獨立思考的風氣，進一步創造鼓勵講真話、提倡講新話的寬鬆環境。"

三是堅持四有論，培養造就四有幹部，就必須克服不良學風，積極倡導優良學風。習近平指出："建設馬克思主義學習型政黨，就要把學習科學理論和先進知識在全黨形成制度、形成風氣，以有效的學習提昇黨的創新能力，增強黨的生機活力。"習近平強調："各級領導幹部要重學好學，堅持在學習中感悟人生、提昇境界，在學習中開闊視野、豐富知識，在學習中掌握規律、探求真理；要勤學苦學，發揚擠勁、鑽勁、韌勁，鍥而不捨，持之以恒；要廣學博學，堅持干什麼學什麼、缺什麼補什麼，博採衆長，廣泛涉獵，兼收並蓄，求得知識更新和能力提昇，努力成爲建設學習型黨組織和學習型領導班子的精心組織者、積極促進者、自覺實踐者，在馬克思主義學習型政黨建設中發揮表率作用。"習近平還強調："建設馬克思主義學習型政黨，必須加強領導、精心組織、明確責任、狠抓落實，堅持黨要管黨、從嚴治學，建立健全抓學習、促學習的責任制。"習近平要求："各級黨委要把推進馬克思主義學習型政黨建設、建設學習型黨組織作爲重要任務，納入重要議事日程，加強組織領導，研究解決推進過程中的實際問題。"習近平還要求："要加強對學習情況的考核，把考核結果作爲考核領導班子和選拔任用領導幹部的重要依據，注重選拔那些理論素養高、學習能力強、學用結合好、善於解決實際問題的幹部，形成注重學習的用人導向。"

戰略對策之六：扎實開展創先爭優活動，加强和改進黨的執政能力建設，切實培養、造就一批四有幹部。

習近平強調：正在基層黨組織和黨員中開展的創先爭優活動，爲加強和改進黨的執政能力建設和先進性建設提供了有力抓手和重要平臺。

一是各級黨組織把創先爭優活動抓實抓好，抓出成效。習近平指出："各級黨組織要進一步鞏固和擴大學習實踐活動成果，認真實施中央關於深入開展創先爭優活動的意見，堅持從實際出發，把創先爭優活動抓實抓好，抓出成效。"各級黨委都要抓，尤其是縣市區委書記要切實履行第一責任人的職責，帶頭建立聯繫點，帶頭抓示範點，帶頭進行點評。領導率先垂範，推動下面層層動起來，努力做到黨組織爭先進、黨員幹部作表率、人民群眾得實惠，把黨的政治優勢和組織優勢轉化爲推動科學發展、促進社會和諧的強大力量。

二是進一步激發廣大基層黨組織和黨員幹事創業的熱情和動力。習近平指出："各級黨組織要把這一活動與本地區本部門本單位中心工作結合起來，與基層黨建工作創新結合起來，與實現好、維護好、發展好人民群眾的根本利益結合起來，進一步激發廣大基層黨組織和黨員幹事創業的熱情和動力，爲轉變經濟發展方式、推動經濟社會又好又快發展提供堅強保証。"

三是着力健全基層組織體系，增強黨員隊伍活力，構建城鄉統籌的基層黨建新格局。習近平指出："要緊密結合各自實際，創新活動載體，解決實際問題，多爲群眾辦實事，使活動成果充分體現在人民群眾得實惠上。"習近平強調：開展創先爭優活動，要深入挖掘"先進"、"優秀"的科學內涵，把重點放在"爭"、"創"上，着力在健全基層組織體系、增強黨員隊伍活力、構建城鄉統籌的基層黨建新格局上下工夫。在創先爭優活動中，縣市區要圍遶中心，服務大局，結合實際，把推動科學發展、促進社會和諧、服務人民群眾、加強基層組織的目標要求落到實處。

六、結束語與展望

幹部選拔任用是幹部人事工作的重中之重。習近平幹部選拔任用"四有論"是習近平關於黨政幹部選拔任用標準的新論斷與新表述。

習近平幹部選拔任用"四有論"是指習近平同志關於在科學發展觀統領下選拔任用有韌勁、有思路、有激情與有貢獻的優秀幹部的一種理論化概括統稱。其內容要求包括堅持科學發展有韌勁、謀劃科學發展有思路、推動科學發展有激情、實現科學發展有貢獻。其完整表述爲：在科學發展觀統領下，進一步完善選人用人機制，真正把那些堅持科學發展有韌勁、謀劃科學發展有思路、推動科學發展有激情、實現科學發展有貢獻的優秀幹部選出來、用起來，努力培養、造就和建設推動、實現科學發展的高素質的幹部隊伍。習近平幹部選用四有論的核心是科學發展，關鍵是選出來、用起來，目標方向是建設高素質的幹部隊伍。在實際工作中，堅持和踐行幹部選拔任用"四有論"，其核心要點就是"選好人"，即選賢任能，德才兼備。

習近平"四有論"具有鮮明的時代特徵，既是一種階段性目標，也是一種行之有效的選拔方法，與此同時也必將隨着實踐的發展而不斷、改進、提昇與完善。習近平"四有論"造就的是四有幹部。所謂四有幹部，就是堅持科學發展有韌勁、謀劃科學發展有思路、推動科學發展有激情、實現科學發展有貢獻的優秀幹部。堅持四有論，培養造就四有幹部，努力建設一支高素質的幹部隊伍，必須采取 6 大對策：堅持正確的用人導向，嚴格執行黨的幹部政策，提高選人用人科學水平；堅持與時俱進，求真務實，突出特色，大膽選拔任用各類優秀幹部；領導幹部要嚴格要求，率先垂範，加強修養，提高應對科學發展的綜合素質；重視加強各級幹部隊伍建設，抓好思想政治工作，建設高素質幹部隊伍；保持黨同人民群衆的血肉聯繫，切實加強作風建設，努力增強幹部的凝聚力和支撐力；扎實開展創先爭優活動，加強和改進黨的執政能力建設，切實培養、造就一批四有幹部。

歷史已經表明：辦好中國的事情，關鍵在黨，關鍵在各級優秀幹部。而要保证把大量的優秀幹部選出來、用起來，就需要建立與時俱進的幹部選拔任用體制。習近平幹部選拔任用"四有論"是習近平同志關於改革與完善黨的幹部選拔體制的階段性成果，具有很強的實踐性與實效性，未來將會在與時俱進的過程中，不斷修訂、補充與更新，使之更加完善。

習近平幹部選拔任用"四有論"是對現階段幹部選用體制的一種有益的改革與創新。需要引起我們高度重視的是：現階段中國政治體制不少方面越來越不能適應經濟社會發展的需要，可以説改革已經迫在眉睫，刻不容緩，而幹部選拔任用體制改革則是政治體制改革的關鍵之關鍵。因此，不難評判幹部選拔任用體制改革的成敗將決定中國未來政治體制改革的成敗，也必將決定未來中國的走向。

第四章
習近平幹部德行評價 "三觀論" 研究[*]

【知識導引】

習近平幹部德行評價 "三觀論" 是指習近平同志關於在幹部德行評價中領導幹部必須正確樹立與嚴格遵循 "世界觀、權力觀與事業觀" 的基本規範的一種理論化概括統稱。

【本章目錄】

＊ 本文初稿撰寫於 2010 年 08 月，發表於《戰略與風險管理》2010 年第 5 期第 4 - 14 頁，2012 年 10 月編入本書時僅對原文個別文字進行了修改、訂正。

【內容提要】幹部選拔任用的內容由對象、方法、標準與評價等幾個方面構成。幹部德行評價及其標準是幹部選拔任用制度體系的重要內容；而世界觀、權力觀與事業觀則是幹部德行評價標準的核心內容與重要尺度。

習近平幹部德行評價"三觀論"就是指習近平同志關於在幹部德行評價中領導幹部必須正確樹立與嚴格遵循"世界觀、權力觀與事業觀"的基本規範的一種理論化概括統稱。在實際工作中，其核心要點就是"用好權"，即工作上要大膽，用權上要謹慎。習近平幹部德行評價是一種理論概括與一種工作方法的表述，爲領導幹部如何"做人、做官、做事"明確了方向，具有現實意義與指導意義。習近平幹部德行評價"三觀論"的核心與主綫就是樹立與堅持馬克思主義人民觀。

習近平幹部德行評價"三觀論"最突出的創新有兩個方面：一是提出"權爲民所賦，權爲民所用"，這是一種新提法；二是強調"工作上要大膽，用權上要謹慎"，這是一種權力敬畏觀。習近平幹部德行評價"三觀論"是領導幹部的修德之本，其作用與功能表現在標準作用、檢驗作用、評價作用、監督作用；基本要求就是各級領導幹部要樹立與堅持馬克思主義世界觀、權力觀與事業觀，反對非馬克思主義世界觀、權力觀與事業觀。習近平強調：堅持"三觀論"，踐行"三觀論"，提高執政水平，推動科學發展，需要采取一系列切實有效的戰略對策與措施：一是要樹立與遵循馬克思主義人民觀；二是要樹立與遵循馬克思主義世界觀；三是要樹立與遵循馬克思主義權力觀；四是要樹立與遵循馬克思主義事業觀。

【關鍵詞】習近平；黨政幹部；德行評價；三觀論；戰略對策

引 言

幹部選拔任用評價標準是幹部人事制度的重要內容，包括才智標準與德行標準兩個方面。幹部德行評價標準是幹部選拔任用評價標準的重要內容；而世界觀、權力觀與事業觀則是幹部德行評價標準的核心內容與重要尺度。

樹立正確的世界觀、權力觀與事業觀，是領導幹部加強黨性修養和道德修養的基本要求。習近平站在歷史的、全局的高度，在繼續深入貫徹落實科學發展觀過程中，圍遶進一步加強和改進黨的建設，針對當前幹部選拔任用工作存在的突出問題，在中央黨校這個領導幹部最重要的教育培養神聖殿堂，鄭重地提出與強調：領導幹部要牢固地樹立正確的世界觀、權力觀與事業觀。應該說這不只是一般意義上的再強調、再要求與再號召，而是新形勢下對加強領導幹部教育管理的一種昇級、關愛與導向。同時，它也進一步折射出黨中央高度重視幹部德行評價標準以及建設高素質幹部隊伍的決心與信心。

世界觀、權力觀與事業觀被新聞界、學術界、理論界概括簡稱爲 "三觀論"。需要加以強調的是：習近平同志所強調的 "三觀論"，主要是針對領導幹部而言的，它是一種更高的要求，它特別強調在評價過程中對領導幹部德行的應用、檢驗與監督。

一、三觀論：提出的背景與重要意義

（一）提出背景

幹部德行評價既是幹部選拔任用工作的重中之重，也是難中之難。習近平在實施考察幹部選拔任用規定過程中，深切認識到幹部德行評價的重要性與緊迫性，特別、專門而又謹慎地提出了領導幹部必須正確樹立 "世界觀、權力觀與事業觀" 的基本要求。

幹部德行評價 "三觀論" 是習近平在 2010 年 9 月 1 日中央黨校 2010 年秋季學期開學典禮講話中提出的。2010 年 9 月 1 日，作爲校長的習近平出席了中央黨校 2010 年秋季學期開學典禮，同時發表了題爲《領導幹部要樹立正確世界觀權力觀事業觀》的重要講話。習近平指出：樹立正確的世界觀權力觀事業觀，是領導幹部加強黨性修養和道德修養的基本要求。習近平強調：各級領導幹部要堅持向書本學習，向實踐學習，堅持黨性修養和鍛煉，真正牢固樹立正確的世界觀權力觀事業觀。這篇講話發表後，人民日報、新華社以及人民網、新華網等媒體的主流輿論即以幹部德行評價"三觀論"來概括與表述，一致認爲習近平的講話深刻闡述了領導幹部如何做人、做官與做事。講話反響熱烈，進一步折射出黨中央高度重視幹部德行評價標準，以及建設高素質幹部隊伍的決心與信心。① 9 月 20 日，習近平到國土資源部調研機關黨的建設和創先爭優活動，又一次強調：機關幹部要牢固樹立正確的世界觀權力觀事業觀。②

之所以提出並強調幹部德行評價"三觀論"，主要有以下幾個方面背景：

一是抓緊解決當前幹部選用工作中的突出問題，要求領導幹部必須樹立正確的世界觀權力觀事業觀。當前，一些黨員、幹部忽視理論學習、學用脫節，理想信念動搖，對馬克思主義信仰不堅定，對中國特色社會主義缺乏信心；一些黨員幹部法治意識、紀律觀念澹薄；一些地方和部門選人用人公信度不高，跑官要官、買官賣官等問題屢禁不止；有些領導幹部宗旨意識澹薄，脫離群衆、脫離實際，不講原則、不負責任，言行不一、弄虛作假，鋪張浪費、奢靡享樂，個人主義突出，形式主義、官僚主義嚴重。這些問題嚴重損害了黨的幹部的凝聚力與戰鬥力。習近平指出：確有一些黨員幹部在權力、金錢、美色的考驗面前栽跟頭、吃敗仗，甚至墮落爲腐敗分子。之所以這樣，歸根到底是世界觀權力觀事業觀出了問題。

二是積極應對復雜多變的國內外機遇與挑戰，要求領導幹部必須樹立正確的世界觀權力觀事業觀。面對復雜多變的國內外機遇與挑戰，偉大的事業與具體的工作都對我們的領導幹部提出了更高要求。習近平指出，一方面中國特色社會主義事業不斷前進，新的形勢和任務對領導幹部不斷提出新的要求，人民群衆對我們有着更多更高的期待；另一方面長期執政、改革開放、發展社會主義市場經濟、國際國內環境深刻變化，使領導幹部

① 李亞杰、衛敏麗. 習近平·領導幹部要牢固樹立正確世界觀權力觀事業觀. 新華網，2010年09月01日；習近平：領導幹部要樹立正確的"三觀"（全文）. 新華網，2010年09月06日。
② 車玉明. 習近平今日到國土資源部調研. http://www.sina.com.cn 2010年09月20日。

面臨的挑戰和考驗越來越大、越來越多。這兩方面要求領導幹部既要具有共產主義遠大理想，也要能夠經受住金錢美女的考驗，由此要求領導幹部必須樹立正確的世界觀權力觀事業觀。習近平強調：近年來出現的各種問題特別是一些嚴重腐敗案件，警示我們必須解決好世界觀權力觀事業觀問題。

三是培養造就年輕幹部隊伍，要求必須樹立正確的世界觀權力觀事業觀。培養造就大批優秀幹部年輕，是十七屆四中全會提出的一項重要政治任務。習近平指出：50 後、60 後幹部中不少人已成爲各級領導班子的骨幹；70 後、80 後幹部正在成長起來。這些富有開拓精神的年輕幹部，給黨和人民事業注入新的生機活力。但現實告訴我們，當前的年輕幹部、特別是“三門幹部”，也存在一些亟待解決的問題。爲此，習近平進行了概括歸納：政治上理想信念不堅定，是非觀念模糊；思想上追求個人利益至上，違背黨的宗旨和紀律；組織上拉關係、找靠山、搞小圈子，個人凌駕於組織和群衆之上；工作上爲了個人所謂政績做表面文章，搞形式主義，不惜勞民傷財；作風上丟掉了艱苦奮鬥的傳統，圖享受、擺闊氣，嚴重脫離群衆；廉潔上對自己要求不嚴，用人民賦予的權力謀取私利。之所以存在上述問題，除了缺乏嚴格的黨内生活鍛煉和艱苦復雜環境的考驗外，最根本的就是一些幹部的世界觀權力觀事業觀還存在着這樣那樣的問題。

此外，部分領導幹部“不信馬列信鬼神、不問蒼生問鬼神”等求神拜仙現象，也需要通過樹立正確的世界觀權力觀事業觀予以解決。

（二）理論依據

習近平幹部德行評價“三觀論”不是空穴來風，也不是嘩衆取寵，而是發需要之發，基於堅實的依據。

一是從宏觀上看，毛澤東思想、鄧小平理論、“三個代表”重要思想與科學發展觀等是幹部德行評價“三觀論”的總的、根本的基礎與依據。

二是從微觀上看，黨的十七大報告、十七屆四中全會《決定》與新修訂的《黨章》等是習近平幹部德行評價“三觀論”的直接的、具體的基礎與依據。黨的十七大報告指出：要堅持正確用人導向，按照德才兼備、注重實績、群衆公認原則選拔幹部，提高選人用人公信度。黨的十七屆四中全會《決定》指出：選拔任用幹部要堅持德才兼備、以德爲先用人標準。《決定》進一步指出：完善幹部德的評價標準，重點看是否忠於黨、忠於國家、忠於人民，是否確立正確的世界觀、權力觀、事業觀，是否真抓實幹、敢於負責、銳意進取，是否作風正派、清正廉潔、情趣健康。新修訂的《黨章》指出：黨按照德才兼備的原則選拔幹部，堅持任人唯賢，反對任人唯親，努力實現幹部隊伍的革命化、年輕化、知識化、專業化。新修訂的《黨章》要求：黨的各級領導幹部必須具有共產主義遠大理想和中國特色社會主義堅定信念，堅決執行黨的基本路綫和各項方針、政策，立志改革開放，獻身現代化事業，在社會主義建設中艱苦創業，樹立正確政績觀，做出經得起實踐、人民、歷史檢驗的實績。新修訂的《黨章》還要求：黨的各級領導幹部必須正確行使人民賦予的權力，依法辦事，清正廉潔，勤政爲民，以身作則，艱苦樸素，密切聯繫群衆，堅持黨的群衆路綫，自覺地接受黨和群衆的批評和監督，加强道德修養，做到自重、自省、自警、自勵，反對官僚主義，反對任何濫用職權、謀求私利的不正之風。

選拔任用幹部既要看才、更要看德，把政治上靠得住、工作上有本事、作風上過得硬、人民群衆信得過的幹部選拔上來。這是通俗的表述，也是實際的需要。正是以上這些堅實的理論支撐習近平幹部德行評價 "三觀論" 的提出、應用與發展。

(三) 重要意義

1. 理論意義

習近平幹部德行評價 "三觀論" 的理論意義主要在於：澄清認識、統一思想。"三觀論" 明確要求旗幟鮮明、毫不動搖地堅持正確的世界觀、權力觀與事業觀；"三觀論" 强調、提醒與指引各級領導幹部要樹立、堅持正確的 "三觀論"、馬克思主義的 "三觀論"。如何用 "三觀論" 的正確觀念提昇黨員幹部的思想境界和政治道德，是新時期黨的建設面臨的嚴峻課題。

2. 現實意義與指導意義

習近平幹部德行評價 "三觀論" 內涵與要求，爲領導幹部如何 "做人、做官、做事" 明確了方向，具有現實意義與指導意義。

一是樹立與堅持幹部德行評價 "三觀論"，有助於積極應對復雜多變的國內外環境。習近平指出：新的形勢和任務對中共領導幹部提出新的要求，國際國內環境深刻變化使領導幹部面臨的挑戰和考驗越來越大，因此需要樹立正確的世界觀、權力觀和事業觀。

二是樹立與堅持幹部德行評價"三觀論",有助於解決現實存在的嚴重的突出問題。習近平"三觀論"的提出,具有典型的現實針對性,主要是針對黨內思想混亂,社會道德沉淪以及執政黨面臨的執政危機。近年來,一些黨員幹部貪污腐化,大搞形象工程、政績工程,對人民群眾態度冷漠,行爲惡劣。從思想根源上,就是一些人的世界觀、權力觀、事業觀脫離了"人民"這個本位,理想信念喪失,人生價值迷失,主僕位置顛倒。在他們看來,權勢顯赫、富甲一方等是人生理想,權力是謀取私利的最好工具,工程項目是昇官發財的階梯。這樣的思想傾向,不僅使少數黨員幹部日益脫離人民群眾,也使其施政行爲偏離了科學發展軌道,帶來嚴重的發展問題和社會影響。

三是樹立與堅持幹部德行評價"三觀論",有助於監督各級領導幹部正確認識與使用權力。習近平強調:權爲民所用。權力要爲民眾所用,在當前特別具有積極意義。現在很多領導幹部的世界觀是模糊的,在權力觀方面也有很多幹部實際上把權力作爲私有財產,而不是作爲社會公有的、人民大眾賦予的權力。個別地方、一些領導幹部濫用權力肆無忌憚、令人髮指:頻頻發生的拆遷致人死亡悲劇,即是部分領導幹部濫用權力的典型例证。2010 年發生的江西撫州宜黃"9·10"拆遷自焚事件①,又是一起拆遷致人死亡悲劇。江西撫州宜黃暴力強拆甚至致人死亡事件,是對人民權利的極大漠視和嚴重侵害,也是對法律精神的肆意踐踏。值得注意的是,一些地方領導幹部濫用公權,介入拆遷謀利,隨意踐踏城鄉居民利益。據統計,2008—2010 年,全國共發生八起十分嚴重的拆遷自焚死亡悲劇。這種權力的濫用,不僅與依法行政背道而馳,更是一些悲劇發生的根源。宜黃拆遷事件無異於一面鏡子,照出了部分幹部錯誤的、扭曲的世界觀、權力觀與事業觀,這種思想動機和權力觀念,不符合"權爲民所用,情爲民所係,利爲民所謀"的根本要求,與科學發展觀的要求相去實在太遠。宜黃拆遷事件是一個悲劇,它警示我們的領導幹部,決不能把民眾當

---

① 新華社評. 宜黃事件權力濫用成悲劇根源. http://www.sina.com.cn 2010 年 09 月 20 日新華社。

對手，更不能與人民爲敵①；它提醒各級領導幹部，必須始終尊重公民權利，永遠牢記依法行政，在百姓利益和個人政績之間，應作出正確的選擇。習近平特別强調、提醒與要求領導幹部要正確認識與使用權力，緊緊抓住了領導幹部教育管理的牛鼻子，必將在今後的學習工作實踐中發揮極其重要的積極作用。

四是樹立與堅持幹部德行評價 "三觀論"，有助於進一步推動創先爭優活動。科學發展是一項長期而又艱巨的創新工作。創先爭優活動是深入貫徹落實科學發展的重要舉措，而領導幹部作爲推動的主體其領導、帶頭、表率作用尤爲重要。"三觀論" 與創先爭優活動二者具有相互促進的關係與作用。正確的 "三觀論" 是黨員領導幹部創先爭優的内在動力；而大力開展創先爭優活動又有助於領導幹部進一步樹立正確的 "三觀論"。通過樹立與堅持正確的 "三觀論"，教育引導領導幹部帶頭學習提高、帶頭幹事創業、帶頭服務群衆、帶頭廉潔自律、帶頭弘揚正氣，在改革發展穩定各項工作中充分發揮骨幹作用，在建設一流隊伍中走在前、作表率。

二、三觀論：基本内涵、特徵及其相互關係

(一) "三觀論" 的基本内涵

習近平幹部德行評價 "三觀論" 是指習近平同志關於在幹部德行評價中領導幹部必須正確樹立與嚴格遵循 "世界觀、權力觀與事業觀" 的基本規範的一種理論化概括統稱。"三觀論" 是領導幹部的修德之本，它是一種理論概括，也是一種工作方法的表述。在實際工作中，堅持和踐行幹部德行評價 "三觀論"，其核心要點就是 "用好權"，即工作上要大膽，用權上要謹慎。

需要正確認識和準確理解的是習近平幹部德行評價 "三觀論" 中的 "德行"，包括德行的涵義、來源及其表現形式。所謂德行 (或稱德性) 就是道德品行，其涵義是指人在道德活動中表現出來的穩定一貫的思想與行爲特質。德行與德性同義、通用，一般取德行。德行一詞古已有之。例如

---

① 人民日報批宜黄官員漠視人權：不能以人民爲敵. 人民網－人民日報，2010 年 09 月 20 日。

《祁奚請免叔向》云：有覺德行，四國順之。又如《叔向賀貧》曰：宣其德行，順其憲則。[1] 根據個人行爲整體對他人和社會利益的關係，可以將德行分爲美德與惡德、善行與惡行兩個基本類型。[2] 現實工作中，德行一般包括道德品質和道德行爲，有時又是道德品質和道德行爲的簡稱。所謂道德品質是指個人在道德行爲中所表現出來的比較穩定的、一貫的特點和傾向，是一定社會的道德原則和規範在個人思想和行爲中的體現。道德品質的表現形式爲道德意識與道德行爲。道德品質通過社會輿論、傳統習俗和人們的内心信念來維係，是對人們的行爲進行善惡評價的心理意識、原則規範和行爲活動的總和。所謂道德行爲是指一切具有善惡價值並應承擔道德責任的個人活動，是在一定的道德意識支配下表現出來的對待他人和社會的有道德意義的活動。道德行爲過程包括確定目的和形成動機、實際的行動、行動後的效果和評價等三個基本環節。道德行爲包括道德行爲和不道德行爲：有道德的行爲是指符合一定的道德原則和規範的行爲，是一種有利於他人、集體和社會的行爲；不道德的行爲是指不符合一定的道德原則和規範的行爲，是一種有害於他人、集體和社會的行爲。

習近平“三觀論”簡而言之就是世界觀、權力觀與事業觀。對此可進一步進行分析理解和解讀：

1. 世界觀：一般涵義與馬克思主義涵義

世界觀：一般涵義。習近平指出：世界觀是人們關於世界的總體的和根本的看法。進一步分析看，世界觀亦稱宇宙觀，是指人們對整個世界即對自然界、社會和人的思維的總的根本看法。世界觀包括自然觀、社會歷史觀、意識觀等方面。人生觀、道德觀、科學觀等是世界觀的具體體現。世界觀不同，表現爲人們在認識和改造世界時的立場、觀點和方法的不同。世界觀是社會意識的核心。人們認識世界和改造世界所持的態度和采用的方法最終是由世界觀決定的。世界觀具有能動作用：正確的世界觀可以爲人們認識世界和改造世界的活動提供正確的方法，對人類社會歷史的發展起促進作用；錯誤的世界觀會給人們的活動帶來方法上的失誤，從而

---

① 劉學林主編. 古文觀止詞典. 西安：陝西人民出版社. 1994. 第 151 頁。

② 羅國杰主編. 中國倫理學百科全書·倫理學原理卷. 長春：吉林人民出版社. 1993. 第 305 頁。

造成工作的挫折和失敗。①

世界觀：馬克思主義世界觀涵義。馬克思主義世界觀亦稱共產主義世界觀，是馬克思主義對世界總體的根本觀點，是徹底唯物和徹底辯證的科學世界觀。馬克思主義世界觀不僅一般地承認世界的物質性、客觀性，而且進一步承認客觀世界是一個充滿矛盾的，不斷運動、變化和發展的統一體。唯物主義和辯證法是先進階級和進步力量的世界觀，對社會發展起着促進作用；唯心主義和形而上學常常成爲反動階級和保守勢力的世界觀，對社會發展起着阻礙作用。馬克思主義世界觀要求人們一切從實際出發，實事求是，在實踐中發現真理、檢驗真理和發展真理；歷史地變革人們關於世界的科學圖景和理論思維方式；堅信社會主義、共產主義的必然性和真理性，爲共產主義而奮鬥。中國共產黨在領導全國各族人民進行革命和建設的實踐中，歷來強調人們要在改造客觀世界的同時改造主觀世界，而改造主觀世界主要的就是樹立正確的世界觀，包括人生觀、價值觀。②

中國共產黨長期執政的實踐經驗告訴我們：中國共產黨人要毫不動搖地堅持與遵循正確的世界觀、馬克思主義世界觀；要理直氣壯地反對錯誤的、扭曲的世界觀。爲此，習近平強調：共產黨人堅持辯證唯物主義和歷史唯物主義的馬克思主義世界觀。

2. 權力觀：一般涵義與馬克思主義涵義

權力觀：一般涵義。習近平指出：權力觀是關於國家和社會權力的根本觀點。進一步分析看，權力觀是指人們對權力問題的根本看法，包括對權力的來源、掌握權力的目的、行使權力的方式、爲誰掌權、爲誰服務等問題的認識和態度。權力是一種制度化的力量，它可以表現爲政治上的強制力量，也可以表現爲職權範圍的支配力量。人們對這種力量所形成的根本看法，就是權力觀。在不同的社會、不同的政黨，對權力觀有着不同的認識。社會主義國家機關各級領導幹部手中的權力，都是黨和人民根據工作需要授予的。這種權力，是黨和國家的權力，決不能把它當作個人的特權。一切領導幹部，都要正確行使人民所賦予的權力，代表和反映人民的意志，決不能濫用手中的權力爲個人謀取私利。③ 要正確充分認識權力來

---

① 金炳華主編．馬克思主義哲學大辭典．上海：上海辭書出版社．2003．第 157 - 158 頁。
② 李淮春主編．馬克思主義哲學全書．北京：中國人民大學出版社．1996．第 434 頁。
③ 孫錢章主編．實用領導科學大辭典．濟南：山東人民出版社．1990．第 603 - 604 頁。

源問題，謹慎對待權力异化所帶來的種種弊端。

權力觀：馬克思主義權力觀涵義。習近平指出：馬克思主義權力觀，概括起來是兩句話：權爲民所賦，權爲民所用。前一句話指明瞭權力的根本來源和基礎，後一句話指明瞭權力的根本性質和歸宿。進一步而言，馬克思主義權力觀的主要内容在於：一是在權力的本質上，馬克思主義認爲，權力是以政權爲核心的人與人之間的政治關係，具有鮮明的階級性和强制性；二是在權力的所有觀上，馬克思主義認爲，工人階級政黨和黨的領導幹部的權力來自於人民，屬於人民，人民是權力的本源，是權力的所有者；三是在權力的目的觀上，馬克思主義認爲，既然權力是人民群衆給予的，那麼，行使權力的目的也只有一個，那就是全心全意爲人民服務，真心真意爲人民謀利益；四是在權力的獲取觀上，馬克思主義認爲，服從人民的選擇和組織安排，是共産黨人對待權力的基本取向和基本態度。①

中國共産黨長期執政的實踐經驗告訴我們：中國共産黨人要毫不動搖地堅持與遵循正確的權力觀、馬克思主義權力觀；要理直氣壯地反對錯誤的、扭曲的、庸俗的權力觀。爲此，習近平强調：全心全意爲人民服務，是我們黨的唯一宗旨，也是馬克思主義權力觀同資産階級權力觀的根本區別。領導幹部的權力是人民賦予的，只有時刻牢記全心全意爲人民服務的根本宗旨，自覺爲人民謀利益，自覺接受群衆的監督，掌好權、用好權，才能贏得人民群衆的信任和擁護。

3. 事業觀：一般涵義與馬克思主義涵義

事業觀：一般涵義。習近平指出：事業觀主要是關於事業方向和事業道路的看法。進一步分析看，所謂事業觀是指各級幹部對事業的根本看法和對工作的根本態度。這裏的事業是指人所從事的，具有一定目標、規模和系統而對社會發展有影響的經常性活動。事業一詞也是古已有之。例如《周易·繫辭上》曰：推而行之謂之通，舉而措之天下之民謂之事業。② 又如《易·坤》雲：而暢於四支，發於事業。③ 事業觀是制約着事業的方向和發展，決定着一個人成功的事業標準，其作用主要是通過事業目的、事

---

① 胡榮衛．牢固樹立馬克思主義權力觀．人民網 http://www. sina. com. cn 2005 年 04 月 13 日。

② 門歸主編．中國歷代文獻精粹大典·下．北京：學苑出版社．1990．第 1939－1940 頁。

③ 安德義主編．逆序類聚古漢語詞典．武漢：湖北人民出版社．1994．第 1382 頁。

業態度、事業價值三個部分體現出來。事業觀目的決定走什麼樣的事業道路、決定持什麼樣的事業態度、決定選擇什麼樣的事業價值標準。

事業觀：馬克思主義涵義事業觀。馬克思主義事業觀是科學的事業觀，就是不論在什麼崗位工作，不論從事何種職業，都必須堅定黨的理想信念，堅持社會主義道路，忠於黨的事業，爲黨的事業貢獻力量。鄧小平同志曾經說過，世界上的事情都是干出來的，不干，半點馬克思主義也沒有。一個領導幹部的事業觀往往決定着一個地方、一個單位的發展，決定着黨的事業和群衆的切身利益。也就是，黨的領導幹部不論從事何種職業，都要樹立忠於黨的事業的觀點：以嚴格的標準嚴格要求自己，站在黨和人民的角度看待事業，從黨的利益出發對待工作；以艱苦奮鬥、敬業、勤業、創業、精業的精神，忠於黨的事業，立足本職爲人民謀利益、爲社會做貢獻和爲國家而獻身。

中國共産黨長期執政實踐經驗告訴我們：中國共産黨人要毫不動搖地堅持與遵循正確的事業觀、馬克思主義事業觀；要理直氣壯地反對錯誤的、扭曲的事業觀。爲此，習近平強調：中國共産黨人的事業觀，就是爲人民利益不懈奮鬥，爲中國特色社會主義事業不懈奮鬥。

（二）"三觀論"的基本特徵

習近平幹部德行評價"三觀論"的基本特徵體現在：

1. 言簡意賅，是非分明。從文風上看，三觀論即世界觀、權力觀與事業觀，通俗易懂，老少皆知，言簡意賅，樸實無華，體現了短、實、新的特點；同時，愛憎分明，是非分明。也就是共産黨要樹立與堅持正確的、馬克思主義的世界觀、權力觀與事業觀；反對非馬克思主義的世界觀、權力觀與事業觀，反對錯誤的、模糊的、扭曲的世界觀、權力觀與事業觀。

2. 三位一體，增強合力。從形式上看，世界觀、權力觀與事業觀是並列的、具有相同的地位與作用，而且各有其自身的特點與功能。但是，將世界觀、權力觀與事業觀三者集中起來，融爲一體，放在幹部選拔任用的大環境裏，則世界觀、權力觀與事業觀三者三位一體，整體大於部分的功能充分顯現，遠遠大於世界觀、權力觀或事業觀任何單個的功能，由此無疑會進一步增強世界觀、權力觀與事業觀的合力。

3. 圍遶德行，服務德行。幹部德行評價"三觀論"的作用與功能在於：標準作用；檢驗作用；評價作用；監督作用。"三觀論"是幹部德行評價的“三觀論”：一方面因爲對幹部進行德行評價，才産生三觀論；另一方面，有了三觀論才使得幹部德行評價具有可操作性的特點與功能；再一方面就是幹部德行評價如何開展工作，就是以“三觀論”爲標準推進工作，通過“三觀論”的條件規定，去評價、檢驗與監督幹部的德行。可見，“三觀論”既産生於幹部德行評價，又爲了幹部德行評價，最後實現幹部德行評價。

4. 應對時弊，擲地有聲。幹部德行評價“三觀論”的提出與强調，具有明顯的針對性、現實性與時效性，決不是形式主義或一般口號行動。當前，爲數不少的領導幹部“理想信念動搖、是非觀念模糊、濫用權力、拉幫結派、獨斷專行、追求個人奮鬥、道德滑坡、腐化墮落”，嚴重損害了黨的形象，敗壞了黨風，危害了黨的凝聚力與戰斗力。這些問題的産生，無疑是錯誤的、扭曲的世界觀、權力觀與事業觀的使然。因此，在這種情況下，提出與强調領導幹部要樹立與堅持“三觀論”，可謂是有的放矢，應對時弊，擲地有聲。

（三）“三觀論”之間的相互關係

習近平幹部德行評價“三觀論”中“世界觀、權力觀與事業觀”之間相互關聯、不可或缺，三位一體，具有内在邏輯聯繫，是一個不可分割的有機整體。

1. 世界觀決定着人生觀、價值觀，權力觀決定着地位觀、利益觀，事業觀決定着工作觀、政績觀。樹立正確的世界觀，是加强黨性鍛煉的根本所在。只有樹立正確的世界觀，才能切實解決權力關、地位關、利益關的問題。只有樹立正確的世界觀，才能更好地改造我們的主觀世界，才能自覺地做到嚴格自律。正確對待權力，是思想覺悟和黨性修養的具體體現。權力觀由世界觀決定，構成價值觀的重要内容，有什麽樣的權力觀就有什麽樣的地位觀、利益觀、事業觀。

2. 世界觀標舉人生指南，權力觀揭示權力本質，事業觀蘊含施政方向，相互聯繫，融爲一體。世界觀是“總開關”。世界觀從根本上指明人生道路的前進方向、提供奮發有爲的動力源泉、鑄造拒腐防變的鋭利武器。堅持加强世界觀的改造，是黨員幹部的“立身之基”和“處世之本”。權力觀是“雙刃劍”。領導幹部要處理好權與責、權與利、權與錢的關係，在工作上大膽，用權上則謹慎，常懷敬畏之心、戒懼之意，自覺接受紀律和法律的約束。事業觀是"風向標"。領導幹部要把黨的利益與群眾利益高度統一起來,重實際,摸實情,辦實事,求實效,努力解決發生在群眾身邊的突出問題,切實維護好人民群眾的根本利益。

3. 世界觀決定了領導幹部的修養和品位,權力觀決定了其拒腐防變能力,事業觀決定了其能否主動進取,敢作敢爲。沒有正確的世界觀就可能把當官發財看成理所當然,當成人生追求;沒有正確的權利觀,就可能以權謀私、拉幫結派;沒有正確的事業觀則會在崗位上碌碌無爲和不求上進,也談不上忠於黨的事業。

三、三觀論:核心、地位與理論創新

(一)核心、目的與地位

習近平幹部德行評價"三觀論"的核心與主綫:馬克思主義人民觀。深入考察習近平"三觀論"的全文,不難發現,其思想脈絡貫穿着一條鮮明的紅綫,那就是馬克思主義人民觀。所謂馬克思主義人民觀,就是指運用馬克思主義的歷史唯物主義立場、原則、方法分析和認識人民,由此而形成的對人民的總的看法、觀點和態度。馬克思主義人民觀是我們黨的基本理論、基本路綫、基本綱領的重要依託;是我們黨立黨爲公,執政爲民的理念基石。馬克思主義人民觀是中國革命和社會主義建設事業不可或缺的政策依據;同時也是我國實行人民民主專政的重要思想保証。江澤民三個代表重要思想與馬克思主義人民觀是相一致的,充分體現了馬克思主義人民觀重民、爲民的理念。胡錦濤科學發展觀充分體現了馬克思主義人民觀,是對馬克思主義人民觀的更加深入的發展和完善。

樹立與堅持"三觀論"的目的:樹立與堅持幹部德行評價"三觀論",其目的就是進一步深化幹部人事制度改革;進一步建設高素質幹部隊伍;進一步提高領導幹部的執政水平;進一步推動科學發展,推動經濟發展方式轉變。

習近平幹部德行評價"三觀論"的地位:幹部德行評價"三觀論"是幹部選拔任用評價的重要組成部分,是幹部德行評價的重要內容之一,也是其最關鍵與最高標準。幹部評價標準包括兩個方面:一個是才智標準;另一個是德行標準。幹部德行標準又包括四個方面:是否忠於黨、忠於國家、忠於人民;是否確立正確的世界觀、權力觀、事業觀;是否真抓實幹、敢於負責、銳意進取，是否作風正派、清正廉潔、情趣健康。可見，幹部德行評價"三觀論"是其總評價標準的組成部分之一。

（二）理論創新

1. 習近平"三觀論"的繼承、創新與發展。江澤民曾經指出：要樹立正確的世界觀、人生觀、價值觀。胡錦濤則強調：要樹立和堅持正確的事業觀、工作觀、政績觀。習近平進一步提出：各級領導幹部要樹立正確的世界觀、權力觀與事業觀。從世界觀、人生觀、價值觀到事業觀、工作觀、價值觀，再到習近平的世界觀、權力觀與事業觀，這種種不同的提法說明，對領導幹部黨性修養的要求隨着時代的變化而變化，由此對幹部德行評價提出了更接近現實的要求與規定。

2. "權爲民所賦，權爲民所用"。這是一種新提法與新概括。"權爲民所賦，權爲民所用"是習近平"三觀論"中最引人注目的亮點，是其對權力觀的新闡釋。習近平指出：權爲民所賦指明瞭權力的根本來源和基礎，權爲民所用指明瞭權力的根本性質和歸宿。也就是說，幹部的權力源於人民，權力使用與運用也要服務人民。權爲民所賦重要意義在於：既然權力是人民賦予的，就應該想人民所想，急人民所急，解人民所困，絕不爲私利濫用權力，也不爲各種誘惑亂用權力。無數實踐證明：權力的神聖性來自於人民群衆，失去人民群衆的授予將一無所有。

3. 工作上要大膽，用權上要謹慎。這是一種權力敬畏觀。習近平認爲：領導幹部面對人民群衆，則要心存敬畏，行有所止。所謂敬畏歷史、敬畏百姓、敬畏人生，其實質是敬畏權力。作爲黨員幹部，不論從事什麼工作，擔任何種職務，都要對自己崗位的權力有一種敬畏感；只有對自己崗位的權力有一種敬畏，才能自覺做到秉公用權、依法用權、廉潔用權。習近平指出：領導幹部工作上要大膽開拓，用權上則要謹慎而行，常懷敬畏之心、戒懼之意，自覺接受紀律和法律的約束。這是一種權力敬畏觀。

4. 政績"三檢驗"，即堅持實踐觀點、群衆觀點和歷史觀點三者的協調統一。政績三檢驗是習近平的重要觀點。習近平指出：領導幹部都要懂得，不堅持科學發展，即使一時搞得轟轟烈烈，最終也干不出黨和人民需要的事業來。爲此，習近平強調：要堅持實踐觀點，把求真務實作爲實現政績的基本途徑；要堅持群衆觀點，把維護群衆利益作爲追求政績的根本目的；要堅持歷史觀點，把科學發展作爲衡量政績的主要標準，做到立足當前、着眼長遠、統籌兼顧。

四、三觀論：基本原則、作用與基本要求

(一) 原則與作用

習近平幹部德行評價 "三觀論" 總的原則爲：堅持德才兼備，以德爲先，把德放在首要位置的原則。黨的十七屆四中全會《決定》指出："堅持德才兼備、以德爲先用人標準。" 這是我們黨對幹部選拔任用工作歷史經驗的科學總結。《決定》進一步指出：把幹部的德放在首要位置，是保持馬克思主義執政黨先進性和純潔性的根本要求和重要保証。這一論述具有很強的現實針對性。德與才是幹部素質不可或缺的兩個方面，有德無才，難以擔當重任；有才無德，終究要敗壞黨的事業。堅持德才兼備、突出以德爲先，抓住了當前領導班子和幹部隊伍建設的關鍵。無容置疑，"德才兼備、以德爲先、把德放在首要位置" 作爲新形勢下黨的幹部路綫的集中體現和選人用人的根本標準，具有豐富的時代內涵和很強的現實針對性、指導性，是對黨的組織路綫和幹部政策的豐富發展，是新時期黨的幹部工作的重要指導方針。因此，樹立與堅持幹部德行評價 "三觀論"，就必須嚴格遵循 "堅持德才兼備，以德爲先，把德放在首要位置" 的原則，並在該總原則指導下開展具體工作。

習近平幹部德行評價 "三觀論" 的作用與功能："三觀觀" 是領導幹部的修德之本，對黨員幹部必須樹立的思想觀念的概括濃縮；其作用與功能表現在標準作用、檢驗作用、評價作用、監督作用。

(二) 基本要求：總的要求與分類要求

馬克思主義哲學與政治學表明：既有正確的、健康的世界觀、權力觀與事業觀，也有錯誤的、扭曲的抑或庸俗的世界觀、權力觀與事業觀。習近平幹部德行評價 "三觀論" 則十分清楚地指出：一是各級領導幹部要樹立與堅持正確的世界觀、權力觀與事業觀，反對錯誤的世界觀、權力觀、事業觀；二是各級領導幹部要樹立與堅持馬克思主義世界觀、權力觀與事業觀，反對非馬克思主義世界觀、權力觀與事業觀。概括而言，就是要樹立與堅持正確的、馬克思主義的世界觀、權力觀與事業觀。

習近平幹部德行評價 "三觀論" 即世界觀、權力觀與事業觀分類要求

主要體現在：1. 世界觀的基本要點：一是樹立正確世界觀，堅定崇高理想信念。二是樹立正確的世界觀，必須堅定共產主義理想和中國特色社會主義信念。三是堅持人民利益高於一切，是共產黨人處理利益問題的根本原則。四是領導幹部的人生追求和價值目標，應當融入爲祖國富強、民族振興、人民幸福的奮鬥之中。2. 權力觀的基本要點：一是樹立正確權力觀，爲人民掌好權用好權。二是立黨爲公、執政爲民是我們黨的執政理念，是領導幹部掌權用權的本質要求。三是權力的行使與責任的擔當緊密相聯，有權必有責，領導幹部有責任感與擔當精神。四是領導幹部工作上要大膽開拓，用權上則要謹慎而行，常懷敬畏之心、戒懼之意，自覺接受紀律和法律的約束。五是領導幹部要敢於堅持原則，嚴肅地而不是敷衍地進行批評和自我批評，勇於堅持真理、修正錯誤，推動黨內生活真正形成和保持是非功過分明和團結向上的風氣。3. 事業觀的基本要點：一是樹立正確事業觀，殫精竭慮幹好工作。二是每個共產黨員和領導幹部不論在什麼崗位上、不論做何種工作，都是爲堅持和發展中國特色社會主義幹事創業，都是必須做好的光榮事業。三是領導幹部都要懂得，不堅持科學發展，即使一時搞得轟轟烈烈，最終也幹不出黨和人民需要的事業來。四是領導幹部都要在幹事業上下苦功夫，真正把精力和才幹集中和用在所幹的每一件工作上。五是領導幹部樹立正確事業觀，很重要的是對人民群衆要充滿感情，對工作對事業要富於激情。

五、堅持 "三觀論"，踐行 "三觀論"，提高執政水平
——樹立、堅持與遵循幹部德行評價 "三觀論" 的戰略對策

（一）堅持 "三觀論" 與踐行 "三觀論"：基本思路與步驟

習近平幹部德行評價 "三觀論的提出與強調，既是針對時局，應急之作，同時，也有彰顯決心，啓示未來之意。在當前的環境背景下，堅持 "三觀論"，踐行 "三觀論"，提高執政水平，推動科學發展，就必須有宏觀的、明確的思路與切實的工作步驟。

堅持 "三觀論"，踐行 "三觀論" 的基本思路可概括爲一句話 "三要求一關鍵一保障"。

三要求一關鍵一保障的涵義爲： "三觀論" 的要求爲樹立、堅持、遵

循; "三觀論" 的關鍵是實現; "三觀論" 的保障是監督, 包括各種監督手段。

堅持 "三觀論", 踐行 "三觀論" 的具體步驟爲: 首先是要求領導幹部牢固樹立 "三觀論"、切實堅持 "三觀論"、嚴格遵循 "三觀論"; 其次是要求領導幹部在此基礎上去努力實現 "三觀論", 完成 "三觀論" 的任務, 達到 "三觀論" 的目的; 最後是要求領導幹部依據 "三觀論" 自覺接受監督, 包括媒體監督、社會監督與公民監督。

進一步詮釋就是: 各級領導幹部要樹立、堅持、遵循正確的、馬克思主義的世界觀、權力觀與事業觀; 同時, 各級領導幹部要自覺接受馬克思主義的世界觀、權力觀與事業觀的各類監督; 各級領導幹部要依靠 "三觀論" 的各類法規制度, 通過充分發揮 "三觀論" 的作用, 保障與保証 "三觀論" 的落實與實現。

(二) 堅持 "三觀論", 踐行 "三觀論", 提高執政水平

——樹立、堅持與遵循幹部德行評價 "三觀論" 的戰略對策

堅持 "三觀論", 踐行 "三觀論", 提高執政水平, 推動科學發展, 是一項系統工程, 也是一項長期艱巨的任務。因此, 要實現這一目標任務, 就需要采取一系列切實有效的措施。歸納、概括習近平同志的講話、報告、文章、訪談與調研言論, 其主要對策 (或主要做法與措施) 有以下幾個方面:

戰略對策之一: 堅持與踐行 "三觀論", 要樹立與遵循馬克思主義人民觀。

習近平幹部德行評價 "三觀論" 的核心與主綫, 就是馬克思主義人民觀。中國共産黨執政六十年的發展歷程表明, "人民" 是政治實踐的永恒主題, 人民利益是黨的奮鬥目標和最高價值。

一是要貫徹黨的群衆路綫與群衆觀點。一切爲了人民, 一切依靠人民是馬克思主義政黨與其他一切剝削階級政黨在政治立場上的根本區別。習近平指出: 共産黨人堅持馬克思主義立場, 就必須始終站在人民大衆立場上, 一切爲了人民、一切相信人民、一切依靠人民, 誠心誠意爲人民謀利益, 這是一項根本要求。① 黨的群衆路綫是我們黨踐行馬克思主義人民觀

---

① 習近平. 深入學習中國特色社會主義理論體系　努力掌握馬克思主義立場觀點方法. 求是, 2010 年第 07 期. 2010 年 04 月 01 日。

的生動寫照。推動科學發展是一項需要億萬群衆廣泛參與的系統工程。習近平認爲：人民群衆是科學發展的實踐者和推動者。因此，全黨在開展實踐科學發展觀活動之初，習近平就強調：開展深入學習實踐科學發展觀活動，必須最充分地調動人民群衆的積極性、主動性和創造性，最大限度地集中全社會全民族的智慧和力量，最廣泛地動員和組織億萬群衆投身貫徹落實科學發展觀的實踐。

二是要始終保持與人民群衆的血肉聯繫。習近平指出：各級領導幹部要始終牢記黨的根本宗旨，從思想和感情深處真正把人民群衆當主人、當先生，虛心向他們求教問策，把政治智慧的增長、執政本領的增強、領導藝術的提高深深扎根於人民群衆的實踐沃土中，不斷從人民群衆中吸取營養和力量。[①] 這也就是說，領導幹部要從思想和感情深處真正把人民群衆當主人，真正樹立人民群衆是“執政之基、力量之源”的觀點。習近平調強：人民共和國來之不易，中國今天的大好局面來之不易，革命先輩的歷史功績黨和人民永遠不會忘記。習近平進一步強調：我們要繼往開來，與時俱進地發揚黨的優良傳統，把革命先輩爲之奮鬥的宏偉事業堅定不移地不斷推向前進。

三是要牢記全心全意爲人民服務宗旨。習近平指出：領導幹部無論官當多大、權有多重，都只有爲人民服務的義務。“爲人民服務”這個號召，是毛澤東在革命聖地延安向全黨發出的。習近平進一步指出：弘揚延安精神，要把堅定正確的政治方向放在第一位，牢記全心全意爲人民服務宗旨，堅持解放思想、實事求是、與時俱進，始終牢記“兩個務必”，保持延安時期那麼一種忘我精神、那麼一股昂揚鬥志、那麼一種科學精神，爲建設和發展中國特色社會主義不懈奮鬥。[②]

四是要始終把群衆利益放在第一位。習近平指出：堅持人民利益高於一切，是共產黨人處理利益問題的根本原則。習近平進一步指出：要始終把群衆利益放在第一位，通過各種形式深入到群衆之中，體察民情、體驗民生、體會民意，在群衆最盼的時候慰民心，在群衆最急的時候解民憂，

---

① 習近平. 深入學習中國特色社會主義理論體系　努力掌握馬克思主義立場觀點方法. 求是, 2010 年第 07 期. 2010 年 04 月 01 日。

② 李亞杰. 習近平在陝西調研時強調結合新的實際弘揚延安精神. 新華網, 2009 年 11 月 16 日。

在群衆最難的時候辦實事，真正做到權爲民所用、情爲民所係、利爲民所謀。① 習近平强調：人民群衆是科學發展的受益者，要努力使科學發展取得的各方面成果體現在不斷提高人民群衆的思想道德素質和科學文化素質上，體現在不斷提高人民群衆的生活質量和健康水平上，體現在充分保障人民群衆享有的經濟、政治、文化、社會等各方面權益上，讓發展成果惠及廣大人民群衆。

五是要把人民賦予的權力完全用於爲人民謀利益。習近平指出：在我國，中國共産黨是執政黨，一切權力屬於人民、一切權力服務於人民。習近平進一步指出：黨員領導幹部要始終站在人民大衆立場上，把服務群衆、造福百姓作爲最大責任，把執政爲民、爲民用權作爲正確使用權力的基本準則，真正做到立身不忘做人之本、爲政不移公僕之心、用權不謀一己之私。② 此外，要尊重黨員主體地位，充分保障黨員的民主權利。習近平指出：要尊重黨員主體地位，最根本的就是要認真落實黨章及黨員權利保障條例等黨内規章賦予黨員的知情權、參與權、選舉權、被選舉權和監督權等各項民主權利，讓黨員在黨内生活中真正發揮主體作用。

戰略對策之二：堅持與踐行“三觀論”，要樹立與遵循馬克思主義世界觀。

領導幹部加强黨性修養和鍛煉，第一位的任務就是在樹立馬克思主義世界觀上下功夫。習近平指出：世界觀決定着人生追求與價值取向，指導和支配着理想信念、思想境界、道德操守與行爲準則，具有“總開關”、“總閘門”的作用。馬克思主義世界觀是正確的、科學的世界觀；共産黨人堅持辯證唯物主義和歷史唯物主義的馬克思主義世界觀，反對非馬克思主義世界觀。

一是要堅持用馬克思主義理論，指導、規範科學的世界觀。實際證明，非馬克思主義理論以及西方民主社會主義理論都無法指導與引領科學的、適合中國特色的世界觀。習近平指出：馬克思主義理論爲人類社會提供了最科學、最完整、最嚴謹的世界觀和方法論。習近平指出：中國共産

---

① 習近平.深入學習中國特色社會主義理論體系　努力掌握馬克思主義立場觀點方法.求是，2010 年第 07 期.2010 年 04 月 01 日。
② 習近平.深入學習中國特色社會主義理論體系　努力掌握馬克思主義立場觀點方法.求是，2010 年第 07 期.2010 年 04 月 01 日。

黨人把馬克思主義作爲指導自己思想的理論基礎，認爲只有牢固樹立這樣的世界觀和方法論，才能始終堅持代表最廣大人民根本利益的政治方向、政治立場、政治觀點，增強政治敏銳性和政治鑒別力，在大是大非面前旗幟鮮明、毫不含糊；才能正確觀察事物、判斷形勢、分析問題，從紛繁複雜的現象中看到事物的本質和主流，在諸多矛盾中抓住事物的主要矛盾和矛盾的主要方面，自覺按客觀規律辦事。

二是必須具有堅定的理想和信念，要始終銘記理想信念的偉大作用。理想信念是世界觀和政治信仰在奮斗目標上的具體體現，包括共産主義遠大理想與中國特色社會主義信念兩個方面。習近平指出：一個國家、一個民族、一個政黨，任何時候任何情況下都必須樹立和堅持明確的理想信念。習近平進一步指出：革命戰爭年代，革命先烈在生死考驗面前所以能够赴湯蹈火、視死如歸，就是因爲他們對崇高的理想信念堅貞不渝、矢志不移；和平建設和改革開放時期，許許多多共産黨員所以能够在平凡的崗位上做出英雄壯舉，也是因爲他們具有崇高的理想信念。習近平強調：如果沒有或喪失理想信念，就會迷失奮斗目標和前進方向，就會像一盤散沙而形不成凝聚力，就會失去精神支柱而自我瓦解。習近平認爲：一些領導幹部蜕化變質、墮落爲腐敗分子，根本原因在於放鬆了世界觀改造和思想道德修養，背棄了共産黨人的理想信念。爲此，習近平警告指出：無論社會怎麼發展，無論經濟怎麼繁榮，如果放棄了對崇高理想信念的追求，我們的國家、我們的民族就不可能巍然屹立於世界。這個真理，各級領導幹部要始終銘記。

三是要加强年輕幹部四德教育，特別是政治忠誠教育。習近平指出：各級黨委要進一步加强對年輕幹部的黨性教育，特別要加强政治忠誠教育、道德情操教育、優良作風教育、黨的紀律教育和拒腐防變教育，堅持嚴格要求、嚴格管理，保証年輕幹部健康成長。[①] 加强幹部的黨性教育，從根本上説就是要加强"政治忠誠教育"，只有加强"政治忠誠教育"，才能打牢幹部的思想根基。當前，加强對年輕幹部的"政治忠誠教育"，要注意要着眼於打牢思想基礎，長期堅持、常抓不懈。只有長期抓、堅持不

---

① 張景勇、李亞杰．習近平·以改革創新精神做好培養選拔年輕幹部工作．新華網，2009年03月30日。

懈地抓，才能抓出成效，才能保証年輕幹部健康成長，才能保証黨和國家後繼有人。習近平强調政治忠誠教育，意義非常重大，這充分體現了黨中央對年輕幹部 "政治忠誠教育" 的高度重視。

四是要樹立踐行科學世界觀的光輝榜樣，做理想信念的模範實踐者。山東省壽光縣委書記王伯祥同志與安徽省鳳陽縣小崗村任村黨支部書記沈浩是新時期具有崇高理想信念、踐行科學世界觀的典型代表，是領導幹部學習的榜樣。（1）王伯祥同志以富民强縣爲己任，真抓實幹，開拓進取，清正廉潔，艱苦奮鬥，爲壽光的發展打下了堅實的物質基礎，留下了寶貴的精神財富。習近平指出：王伯祥同志擔任領導幹部 30 多年來始終保持一身正氣、兩袖清風，展示了共産黨員的高風亮節。習近平强調指出：要教育和引導廣大幹部向王伯祥同志學習，像他那樣樹立正確的事業觀、政績觀、工作觀與利益觀；堅持把老百姓的利益擺在最高位置，把維護群衆利益作爲自己的人生追求。① （2）沈浩同志擔任小崗村黨組織書記 6 年間帶領幹部群衆幹事創業、開拓進取，推動小崗村走上了脫貧致富道路。習近平指出：沈浩同志以忠誠和大愛，以創新和奮鬥，以青春和生命，抒寫了當代中國農村優秀基層幹部的先進事迹和崇高精神，詮釋了優秀共産黨人的政治品格，樹立了新時期基層幹部的良好形象。習近平强調指出：要像沈浩同志那樣注重黨性鍛煉和作風養成，把宗旨意識、黨性原則、群衆觀念和優良作風轉化爲與人民群衆保持血肉聯繫的實際行動，在建設和發展中國特色社會主義偉大實踐中更好地擔當起當代中國共産黨人的歷史責任和崇高使命。②

戰略對策之三：堅持與踐行 "三觀論"，要樹立與遵循馬克思主義權力觀。

馬克思主義權力觀概括起來是兩句話：一是權爲民所賦，一是權爲民所用。習近平同志的這一論述，簡潔明快地闡述了權從哪裏來、權該怎樣用的問題，對各級領導幹部牢固樹立正確的權力觀具有重要的指導意義。

一是要正確認識權力，弄清權力的來源。中國共産黨的各級領導幹部樹立怎樣的權力觀、如何行使手中的權力，這不僅是一個執政方法問題，

---

① 魏武．習近平·着力造就高素質縣委書記隊伍．新華綱，2009 年 12 月 31 日。

② 楊維漢．習近平·建設高素質基層黨組織帶頭人隊伍．新華綱，2010 年 01 月 13 日。

更是一個嚴肅的政治問題。習近平特別從三個方面進行了分析表述：社會主義國家的一切權力，都是黨領導全國各族人民經過新民主主義革命和社會主義革命取得和實現的，都是屬於人民的；黨作爲執政黨是代表工人階級和全體人民在全國執掌政權，共產黨員和領導幹部手中的權力都是人民賦予的；所有黨員和領導幹部手中的權力，只能用來爲人民謀利益，而絕不允許搞任何形式的以權謀私。

二是要立黨爲公、執政爲民，掌好權用好權。立黨爲公、執政爲民是我們黨的執政理念，是領導幹部掌權用權的本質要求。爲人民服務是各級領導幹部光榮而神聖的義務。習近平強調：領導幹部官越大、權越重，爲人民服務越應該作出成績，越應該把人民群衆利益放在行使權力的最高位置，把人民群衆滿意作爲行使權力的根本標準。習近平指出：我們共產黨人掌權用權，最重要的是要出於公心，做到公正處事、公道用人，堅持五湖四海，不搞親親疏疏，不拉幫結派，嚴格按照黨的用人標準和政策辦事。習近平強調：現在領導幹部出問題，很多是出在用權不公上，幹部群衆對一些領導幹部用權不公也有不少意見。習近平進一步強調要求：在新的歷史條件下，面對新情況新考驗，各級領導幹部一定要加強黨性修養，始終做到秉公用權、不以權謀私，依法用權、不假公濟私，廉潔用權、不貪污腐敗，始終保持共產黨人的政治本色。① 這一用權理念值得每個黨員幹部認真學習、深刻領會、銘記於心、身體力行。

三是要樹立對待權力的敬畏觀，大膽工作，謹慎用權。幹部隊伍中的經驗教訓表明，權力與風險是成正比的；哪裏有權力，哪裏就有拉攏和腐蝕，哪裏就有陷阱和炸彈。這就要求領導幹部：工作要大膽，用權要謹慎，要樹立對待權力的敬畏觀。習近平指出：領導幹部對權力的神聖性要有所敬畏，始終把握權力行使的正確方向，時刻警惕權力的濫用。② 現實提醒我們：領導幹部在行使權力的過程如果失去敬畏之心、戒懼之意，或者把大膽工作與謹慎用權對立起來，把握不住正確方向，甚至爲所欲爲、忘乎所以，最終必然會害了自己、毀了事業。習近平進一步指出：領導幹

① 周健偉. 習近平在寧夏考察工作強調領導幹部要干乾净净幹事. 新華網, 2008 年 04 月 10 日。

② 習近平. 領導幹部要認認真真學習 老老實實做人 干乾净净幹事——在中央黨校 2008 年春季學期第二批進修班暨師資班開學典禮上的講話. 學習時報, 2008 年 05 月 27 日。

部工作上要大膽，用權上則要謹慎，常懷敬畏之心、戒懼之意，自覺接受紀律和法律的約束。"工作要大膽，用權要謹慎" 可謂爲官之道的金玉良言。只有大膽工作，才能在難題面前迎刃而解，才能在矛盾路上開拓向前，才能在風險的緊要關頭橫刀立馬，才能真正立黨爲公、執政爲民。領導幹部如果常懷敬畏之心、戒懼之意，就不會囂張跋扈、無法無天。領導幹部要胸懷坦盪、淡泊名利、克己奉公、無私無畏，真正做到以人民群衆滿意爲根本標準，真正把人民群衆利益放在第一位。

四是要樹立有權必有責的觀念，堅持 "三敢" 精神。習近平指出：權力的行使與責任的擔當緊密相聯，有權必有責。這是一對辯證關係。因此，共產黨的幹部要有崇高境界和高度的責任感。習近平強調：黨組織把我們放在領導崗位上，給我們提供爲人民服務的大舞臺，這是對我們的信任，一定要珍惜使命、不負重托，盡心盡力干好工作。針對當前少數領導幹部事業心、責任感不強問題，習近平強調指出：當官不爲民做主，不如回家賣紅薯。習近平進一步批評指出：有的只要不出事，寧可不幹事，對工作敷衍應付、得過且過；有的遇到矛盾繞道走、碰到困難往後退，該抓的不抓、該管的不管、該改的不改，滿足於當四平八穩的太平官。習近平進一步指出：看一個領導幹部，很重要的是看有沒有責任感，有沒有擔當精神。習近平進一步強調要有 "三敢" 精神：領導幹部在難題面前敢於開拓，在矛盾面前敢抓敢管，在風險面前敢擔責任。這是因爲肯幹事、干成事的幹部越多，黨和人民事業就越有希望。否則，宏圖大業就有可能打折扣。

五是要正確認識監督，自覺接受監督，加強對權力的監督。領導幹部要正確認識監督，自覺接受監督。習近平指出：有權力的地方必須有監督，沒有監督的權力必然導致腐敗。這種歷史現象屢見不鮮。領導幹部行使權力的過程，就是爲人民服務的過程，就是對人民負責並自覺接受人民監督的過程。習近平強調：不要以爲組織監督、群衆監督、輿論監督是對自己不信任，是跟自己過不去；有了監督，領導幹部就可以在自律的同時再加上一把保險鎖。習近平指出：領導幹部要大力發揚民主，切實尊重和維護廣大黨員的知情權、參與權、選舉權、監督權，鼓勵廣大黨員講真話、講實話。習近平進一步指出：領導幹部要敢於堅持原則，嚴肅地而不是敷衍地進行批評和自我批評，勇於堅持真理、修正錯誤，推動黨內生活真正形成和保持是非功過分明和團結向上的風氣。權力接受監督，這是馬克思主義權力觀的題中應有之義。自覺接受黨和人民的監督，是領導幹部正確運用手中權力的保障。因此，黨的領導幹部必須自覺地把手中的權力置於人民群衆的監督之中，減少或避免權力腐敗。

　　戰略對策之四：堅持與踐行"三觀論"，要樹立與遵循馬克思主義事業觀。

　　領導幹部事業觀的正確與否事關黨的事業成敗。習近平指出：事業觀決定着人們采取什麼樣的事業態度、遵循什麼樣的事業精神、追求什麼樣的事業目標。領導幹部是黨的事業的具體組織者和引路人，強調"三觀"並重事業觀爲先，對端正領導幹部的事業觀更具廣泛的現實意義。

　　一是要正確認識黨的事業不斷變化的特徵，做好黨的光榮事業。共產黨 90 年的事業是不斷發展變化的，不論是革命、建設抑或是改革開放都具有該時代的特徵與規律。習近平指出：前進的道路上不會一帆風順，事業順利時要滿懷信心、毫不動搖地爲之奮鬥，遇到曲折和挫折時同樣要滿懷信心、毫不動搖地爲之奮鬥。革命只是分工不同，都是黨和人民的偉大事業。習近平指出：在現階段，我們每個共產黨員和領導幹部不論在什麼崗位上、不論做何種工作，都是爲堅持和發展中國特色社會主義幹事創業，都是必須做好的光榮事業。

　　二是要樹立科學發展觀，正確對待政績觀。科學發展觀是我國經濟社會發展的重要指導方針。習近平指出：實際工作中，如果在發展觀上出現盲區，往往會在事業觀上陷入誤區。因此，要樹立正確的事業觀，必須以科學發展觀爲指導。習近平指出：領導幹部都要懂得，不堅持科學發展，即使一時搞得轟轟烈烈，最終也干不出黨和人民需要的事業來。習近平強調要求：教育和引導廣大黨員幹部樹立正確的事業觀，堅持發展第一要務，推進全面協調可持續發展，做貫徹落實科學發展觀的忠實實踐者。①習近平進一步指出：領導幹部對待政績，要堅持實踐觀點，把求真務實作爲實現政績的基本途徑；要堅持群衆觀點，把維護群衆利益作爲追求政績的根本目的；要堅持歷史觀點，把科學發展作爲衡量政績的主要標準，做到立足當前、着眼長遠、統籌兼顧。

---

　　① 魏武. 習近平·着力造就高素質縣委書記隊伍. 新華網, 2009 年 12 月 31 日。

　　三是要在幹事業上下苦功夫，力求做到真干、實幹、苦干、巧干。領導幹部都要在幹事業上下苦功夫，真正把精力和才幹集中和用在所幹的每一件工作上。習近平指出：要教育幹部把求真務實體現到幹事創業的各個方面，真正把心思集中在 "想幹事" 上，把膽識體現在 "敢幹事" 上，把能力展現在 "會幹事" 上，把目標落實在 "干成事" 上，努力創造出經得起實踐、人民和歷史檢驗的業績。① 習近平進一步指出：爲了干成事業，要夙興夜寐地真干、實幹、苦干與巧干。所謂真干，就是不弄虛作假、不欺上瞞下，不做表面文章、不搞形式主義，真正誠心誠意、盡力盡責、一干到底。所謂實幹，就是堅持一切從實際出發，察實情、講實話，鼓實勁、出實招，辦實事、求實效，扎扎實實把各項工作不斷推向前進。所謂苦干，就是發揚艱苦奮鬥的優良傳統，知難而進，埋頭苦干，把兢兢業業、喫苦耐勞的精神貫穿於各項工作之中。所謂巧干，就是尊重客觀規律，講究工作方法，堅持改革創新，以科學精神和科學態度努力工作，力求取得事半功倍的成效。

　　四是要求滿懷激情投入工作，把幹事創業作爲自己的天職。習近平指出：領導幹部樹立正確事業觀，很重要的是對人民群衆要充滿感情，對工作對事業要富於激情。激情是一種可貴的工作狀態和工作品質，往往能最大限度地發揮創造潛能。習近平強調：人是要有一點精神的，要始終保持那麼一股勁，那麼一股革命熱情。習近平進一步要求：作爲領導幹部，我們都要按照科學發展觀的要求滿懷激情投入工作，把幹事創業作爲自己的天職，努力創造出無愧於黨、無愧於國家、無愧於人民的業績。

　　五是要干乾净净幹事，不斷增強自律能力。習近平指出：領導幹部干乾净净幹事，就是要有強烈的事業心和高度的責任感，想幹事、肯幹事、能幹事、干成事，爲工作盡心盡力、盡職盡責、忘我奉獻，真正做到爲黨和人民的事業鞠躬盡瘁。習近平強調：領導幹部干乾净净幹事，就是要守得住清貧、耐得住寂寞、穩得住心神、經得住考驗，嚴守黨紀國法，自覺做到秉公用權、不以權謀私，依法用權、不假公濟私，廉潔用權、不貪污腐敗。習近平進一步強調：領導幹部干乾净净幹事，既要加強自身修養、

---

　　① 吳晶晶. 習近平在北京調研強調要把北京打造成 "五都". 人民網－人民日報，2010 年 08 月 24 日。

提昇精神境界，不斷增强自律能力，又要充分發揮他律的作用，加强領導班子思想政治建設，對領導幹部嚴格教育、嚴格管理、嚴格監督，健全相應的體制機制，强化制度約束。[①]

六、結束語與展望

幹部德行評價既是幹部選拔任用工作的重中之重，也是難中之難。習近平幹部德行評價 "三觀論" 是指習近平同志關於在幹部德行評價中領導幹部必須正確樹立與嚴格遵循 "世界觀、權力觀與事業觀" 的基本規範的一種理論化概括統稱。在實際工作中，其核心要點就是 "用好權"，即工作上要大膽，用權上要謹慎。習近平幹部德行評價 "三觀論" 不是空穴來風，也不是嘩衆取寵，而是發需要之發，基於堅實的依據。習近平幹部德行評價是一種理論概括，也是一種工作方法的表述；其內涵與要求，爲領導幹部如何 "做人、做官、做事" 明確了方向，具有現實意義與指導意義。

習近平幹部德行評價 "三觀論" 的核心與主綫就是樹立與堅持馬克思主義人民觀。之所以樹立與堅持幹部德行評價 "三觀論"，其目的就是進一步深化幹部人事制度改革；進一步建設高素質幹部隊伍；進一步提高領導幹部的執政水平；進一步推動科學發展，推動經濟發展方式轉變。習近平幹部德行評價 "三觀論" 最突出的創新有兩個方面：一是提出 "權爲民所賦，權爲民所用"，這是一種新提法；二是强調 "工作上要大膽，用權上要謹慎"，這是一種權力敬畏觀。

習近平幹部德行評價 "三觀論" 是領導幹部的修德之本，其作用與功能表現在標準作用、檢驗作用、評價作用、監督作用。總的、基本的要求在於：各級領導幹部要樹立與堅持馬克思主義世界觀、權力觀與事業觀，反對非馬克思主義世界觀、權力觀與事業觀。堅持 "三觀論"，踐行 "三觀論"，提高執政水平，推動科學發展，需要采取一系列切實有效的措施：一是要樹立與遵循馬克思主義人民觀；二是要樹立與遵循馬克思主義世界觀；三是要樹立與遵循馬克思主義權力觀；四是要樹立與遵循馬克思主義

[①] 石國勝. 習近平·領導幹部要認認真真學習老老實實做人干乾净净幹事. 人民綱，2008年05月14日。

事業觀。

需要引起高度重視與警惕的是：少數領導幹部 "道德腐敗"、"信仰缺失"、"三門幹部驕狂"、"黨內生活庸俗化"；特別是 "權力异化問題" 尤爲突出，"有權不用過期作廢" 被奉爲做官弄權的最高信條。這些現象正在嚴重地腐蝕黨的幹部選拔制度，阻礙政治體制改革進程。對此，絕不能小視而貽誤科學發展大計、貽誤全面建設小康社會的發展大計。

習近平幹部德行評價 "三觀論" 特別是 "權爲民所賦，權爲民所用" 的創造性提出與强調，毫無疑問具有里程碑的戰略意義。但關鍵看能否落實，關鍵看能否解決現實問題。要確保 "三觀論" 落到實處，根本的辦法不外乎兩條：一是要加强監督；二是要健全制度。要加强對領導幹部德行的監督，監督包括黨內的監督與黨外的監督、媒體監督、社會監督與公民監督。要建立健全德行法規制度，除了加快領導幹部選拔任用考核評價標準立法進程外，當務之急是要盡快出臺中央及地方省級以上不同層次的《縣處級領導幹部德行評價辦法》等政策規定，以有效應對 "三觀論" 的工作需要，真正依靠法規制度確保 "三觀論" 的順利實現。

可以相信，習近平幹部德行評價 "三觀論" 只要堅持形式與内容的統一，做到宏觀規劃與微觀規則的統一，那麼，"權爲民所賦，權爲民所用" 所期望的幹部選拔任用制度就一定能够越上一個新臺階。

第五章
習近平黨的領導工作 "落實論" 研究 [*]

【知識導引】

習近平黨的領導工作 "落實論" 是指習近平同志關於在領導工作過程中逐漸形成的、具有自身特色的 "落實的基本概念、落實的基本原理與落實的基本規律" 等方面的基本內容體系的一種理論化概括統稱。

【本章目錄】

＊ 本文初稿撰寫於 2011 年 05 月，發表於《戰略與風險管理》2011 年第 5 期第 4 – 28 頁，2012 年 10 月編入本書時僅對原文個別文字進行了修改、訂正。

【内容提要】 黨的領導是落實黨的路綫、方針、政策的首要前提和根本保障，而黨的領導工作則是落實黨的路綫、方針、政策的重要手段與基本途徑。習近平黨的領導工作“落實論”是關於“抓落實”、“狠抓落實”、“善抓落實”問題的新思考、新論斷與新表述。習近平落實論的典型實踐形式是“狠抓落實、善抓落實”；典型實踐範例是“干在實處，走在前列”，即浙江省抓落實促發展的實踐。

習近平黨的領導工作“落實論”的涵義是指習近平同志關於在領導工作過程中逐漸形成的、具有自身特色的落實問題的基本内容體系的系統化與理論化的一種概括統稱。在實際工作中，其核心要點就是“抓落實”，即狠抓落實，善抓落實，真抓實幹。習近平落實論的主要特徵表現在：統觀全局，統籌規劃，體現宏觀性；應對當前，立足長遠，體現戰略性；前後一貫，始終如一，體現一貫性；注重方法，講求策略，體現藝術性；源自於實踐需要，服務於實際工作，體現實踐性；注意繼承吸收，重視創新發展，體現創新性。習近平落實論的基本問題就是：怎樣抓落實、靠誰抓落實、拿什麼抓落實。習近平強調：要敢於抓落實，勇於抓落實，樂於抓落實，善於抓落實，精於抓落實；要常懷落實之心，常思落實之責，常謀落實之策，常抓落實之事，常驗落實之效。

習近平強調：堅持科學落實論，樹立正確落實觀，提高落實力，需要采取一系列的戰略對策或措施：落實科學發展觀，統領工作全局，明確落實的方向；牢固樹立爲民意識，爲黨盡責爲民造福，堅持落實的宗旨；樹立正確的政績觀，創造經得起檢驗的發展實績，重視落實的效果；干在實處，走在前列，促進經濟社會又好又快發展，把握落實的精髓；發揮群衆的根本力量，重視領導幹部的關鍵作用，形成落實合力，抓住落實的重點；奮發有爲，昂揚向上，保持良好的精神狀態，用好落實的動力；求真務實，真抓實幹，扎實落實作風建設，增强落實的執行力；樹立正確用人導向，加强幹部隊伍建設，提高落實的能力；健全落實機制，完善落實制度，推動落實的科學化。

【關鍵詞】 習近平；黨政幹部；領導工作；落實論；戰略對策

引　言

辦好中國的事情，關鍵在黨；堅持和改善黨的領導，關鍵在於落實。馬克思主義政黨歷來強調實踐，重視落實，崇尚實幹，反對空談。革命領袖馬克思、列寧不僅十分重視黨的綱領、政策的制定，更重視黨的實際行動，因爲在他們看來，“一步實際運動比一打綱領更重要”①。中共領袖毛澤東、鄧小平、江澤民、胡錦濤同樣是既重視黨的理論、綱領、政策，更關注真抓實幹、狠抓落實，反對空談和形式主義。毛澤東指出：“如果有了正確的理論，只是把它空談一陣，束之高閣，並不實行，那麼，這種理論再好也是沒有意義的。”② 毛澤東強調：要“深入群衆，莫尚空談”，要“實事求是，不尚空談”。毛澤東特別強調：“黨委對主要工作不但一定要抓，而且一定要抓緊”，“只有抓得很緊，毫不放鬆，才能抓住”，“抓而不緊，等於不抓”，“不抓不行，抓而不緊也不行”③。鄧小平指出：“黨的事業是干出來的，不干，半點馬克思主義也沒有。”④ 鄧小平還指出：“美好的前景如果沒有切實的措施和工作去實現它，就有成爲空話的危險”⑤。鄧小平強調：“四個現代化靠空談是化不出來的”⑥，“你不抓住四個現代化，不從這個實際出發，就是脫離馬克思主義，就是空談馬克思主義”⑦。江澤民指出：“正確的決策制定出來以後，必須抓好落實”⑧，“抓實，就是要老老實實、扎扎實實地工作，不能搞形式主義、搞花架子、做表面文章”⑨。江澤民強調：“形式主義、官僚主義作風，對我們黨是一大禍害。全黨上

---

① 馬克思恩格斯選集第 3 卷．北京：人民出版社．1995．第 296 頁；列寧選集第 3 卷．北京：人民出版社，1995．第 381 頁。
② 毛澤東選集第 1 卷．北京：人民出版社．1991．第 292 頁。
③ 毛澤東選集第 4 卷．北京：人民出版社．1991．第 1442 頁。
④ 十六大以來重要文獻選編（下）．北京：中央文獻出版社．2008．第 874 頁。
⑤ 鄧小平文選第 2 卷．北京：人民出版社．1994．第 110 頁。
⑥ 鄧小平文選第 2 卷．北京：人民出版社．1994．第 181 頁。
⑦ 鄧小平文選第 2 卷．北京：人民出版社．1994．第 163 頁。
⑧ 江澤民文選第 2 卷．北京：人民出版社．2006．第 573 頁。
⑨ 江澤民文選第 2 卷．北京：人民出版社．2006．第 482 頁。

下，全國上下，必須狠刹形式主義、官僚主義的歪風。”① 胡錦濤指出：
“各級領導幹部特別是年輕幹部，要自覺地發揚腳踏實地、真抓實幹的作
風，弘揚艱苦樸素、勤儉建國的精神，堅決反對浮躁浮夸、急功近利，堅
決反對鋪張浪費、大手大腳。”② 胡錦濤強調：“黨員幹部是貫徹落實科學
發展觀的骨幹力量，領導班子和領導幹部是貫徹落實科學發展觀的關鍵所
在”③，各級領導幹部“要堅持講實話、出實招、辦實事、求實效，切實做
好貫徹落實中央方針政策和工作部署的各項工作，切實做好涉及各族群衆
切身利益的各項工作，切實做好促進改革發展穩定的各項工作”④。

　　黨的領導主要是政治領導、思想領導與組織領導。而黨的領導工作既
包括制定、規劃黨的路綫、方針、政策，又包括部署、推進、執行、落實
黨的路綫、方針、政策，也包括監督、檢查黨的路綫、方針、政策的落實
情況和執行情況。這裏的“部署、執行、推進、落實”與“監督、檢查”，
實質就是抓落實。顯而易見，落實（俗稱抓落實）是黨的領導與黨的領導
工作的應有之義。進一步而言，落實是黨的領導内在的構成要素與必然要
求，是黨的領導工作的主要内容、重要環節、基本方法與實現途徑。90 年
黨的建設發展實踐表明：黨的領導是落實黨的路綫、方針、政策的首要前
提和根本保障，而黨的領導工作則是落實黨的路綫、方針、政策的重要手
段與基本途徑。

　　所謂“落實論”，就是對黨的求真務實、真抓實幹、狠抓落實、善抓
落實等的思想、觀點與要求的集中概括。這是馬克思主義政黨關於實踐的
重要理論，是對馬克思主義哲學和馬克思主義黨的學說的豐富與發展。習
近平同志十分關心和高度重視黨的領導工作“抓落實”、“狠抓落實”問
題。近年來特別是近一段時期以來，習近平同志對黨的領導工作必須“抓
落實”、“狠抓落實”問題進行了多次強調和論述。歷史的實踐告訴我們：
工作的關鍵在於落實，落實的關鍵在於領導幹部。習近平同志所強調的
“落實論”，主要是針對黨的領導幹部而言的，他特別指出：“抓落實是領
導工作中一個極爲重要的環節”，“各級領導幹部要認真貫徹胡錦濤同志關

---

① 江澤民文選第 3 卷. 北京：人民出版社. 2006. 第 133 頁。
② 十六大以來重要文獻選編（上）. 北京：中央文獻出版社. 005. 第 85 頁。
③ 十七大以來重要文獻選編（上）. 北京：中央文獻出版社. 2009. 第 578 頁。
④ 十六大以來重要文獻選編（中）. 北京：中央文獻出版社. 2006. 第 914 頁。

於狠抓落實的要求，進一步做好領導工作。”① 這就從戰略高度，以更開闊的思路，以更寬廣的視野，以更深邃的目光，在充分繼承前人落實理論的基礎上，進一步豐富、發展了馬克思主義政黨關於“落實”的思想理論，初步形成了黨的領導工作“落實論”這一與時俱進的重大理論創新成果。

“十二五”規劃宏偉藍圖已經繪就，目標任務也已確定，當前之關鍵，就是要我們積極實施規劃綱要，要我們的各級領導幹部真抓實幹、狠抓落實。黨的建設的核心問題是堅持和改善黨的領導，黨的領導工作的最大問題在於不抓落實。學習、領會與研究習近平同志黨的領導工作“落實論”，真正做到狠抓落實，善抓落實，對於加強新形勢下黨的建設，不斷改進黨的領導工作；繼續深入貫徹落實科學發展觀，全面建成小康社會，開創中國特色社會主義事業新局面，具有重要的理論意義、實踐意義與戰略意義。

一、落實論：提出、緣由與重要意義

（一）“落實論”的提出

黨的領導工作“落實論”是習近平對“抓落實”、“狠抓落實”、“善抓落實”問題的新思考、新論斷與新表述。

習近平同志在長期領導工作實踐過程中，十分重視“抓落實”、“狠抓落實”、“善抓落實”。從 2004 年至 2011 年，習近平先後在其著作《干在實處、走在前列：推進浙江新發展的思考與實踐》②、《之江新語》③、《擺脫貧困》④ 以及講話文章《貴在落實》、《堅持科學發展觀重在實踐》、《牢固樹立和認真落實科學發展觀》、《不斷提高貫徹落實科學發展觀的能力和水平》、《求客觀規律之真、務執政爲民之實》、《大興求真務實之風狠抓各項工作落實》、《大力推進機關效能建設　確保完成“狠抓落實年”的各項目標任務》、《深入貫徹落實科學發展觀　以改革創新精神和求真務實作風

①　習近平在中央黨校開學典禮上強調領導幹部要狠抓落實善抓落實.人民日報，2011 年 03 月 02 日。

②　習近平.干在實處走在前列：推進浙江新發展的思考與實踐.北京：中央黨校出版社.2006。

③　習近平.之江新語.杭州：浙江人民出版社.2007。

④　習近平.擺脫貧困.福州：福州人民出版社.1992。

做好組織工作》、《努力克服不良文風　積極倡導優良文風》等中專門研究探討了落實問題。特別是今年以來，習近平同志先後多次強調了黨的領導工作 "抓落實"、"狠抓落實" 與 "善抓落實" 問題。其中，比較集中的論述有兩次：

一是 2011 年 3 月 1 日，習近平在中央黨校春季學期開學典禮上以《關鍵在於落實》爲題論述了抓落實問題。習近平強調，抓落實是領導工作中一個極爲重要的環節，是黨的思想路綫和群衆路綫的根本要求。各級領導幹部要深入貫徹落實科學發展觀，牢固樹立宗旨意識和正確政績觀，狠抓落實、善抓落實，用百折不撓的意志爭創一流業績，不斷開創各項工作新局面。①

二是 2011 年 5 月 10 日，習近平同志在（全國部分省市）黨建工作座談會上專題論述了抓落實問題。習近平強調，抓落實是領導工作中一個重要的環節。各級黨委要再接再厲，繼續扎實抓好十七屆四中全會精神的貫徹落實，並與貫徹落實好十七屆五中全會精神緊密結合起來，以黨建工作的新成效爲實現 "十二五" 良好開局提供堅強保证。②

此外，習近平在湖南省、安徽省等地進行調研和參加十一屆全國人大四次會議河南代表團審議時也多次講到了 "抓落實"、"狠抓落實" 問題：

1. 吉林省調研：2011 年 1 月 21 日，習近平在吉林省調研時強調：深入貫徹落實黨的十七屆五中全會和中央經濟工作會議精神，實現十二五時期良好開局，關鍵在黨，關鍵在領導幹部。各級黨委要緊密結合新的形勢和任務，以改革創新精神加强和改進黨的建設，特別要着力建設一支高素質領導幹部隊伍，爲推動科學發展、促進社會和諧提供堅強保证。③

2. 河南代表團審議：2011 年 3 月 7 日，習近平在參加十一屆全國人大四次會議河南代表團審議時指出：空談誤國、實幹興邦，爲政之道，貴在實幹。他強調：要加强黨的建設，爲順利實施 "十二五" 規劃提供堅強組織保障。④

---

① 習近平在中央黨校開學典禮上強調領導幹部要狠抓落實善抓落實. 人民日報, 2011 年 03 月 02 日。

② 習近平. 繼續扎實抓好十七屆四中全會精神落實. 新華網, 2011 年 05 月 11 日。

③ 習近平先後到吉林長春調研強調加强黨建. 人民網, 2011 年 01 月 23 日。

④ 習近平參加河南代表團審議. 大河網 – 河南日報, 2011 年 03 月 08 日。

3. 湖南省調研：2011 年 3 月 23 日，習近平在湖南省調研時強調：各級黨組織要堅持圍遶中心、服務大局，以更加奮發有爲的精神加強和改進黨的建設，爲實現十二五時期良好開局提供堅強保証。①

4. 安徽省調研：2011 年 4 月 10 日，習近平在安徽調研時強調，各級黨組織和廣大黨員幹部要深入貫徹全國兩會精神，真抓實幹，奮發有爲，努力實現十二五時期良好開局，以優异成績迎接建黨 90 週年。②

（二）提出落實論的緣由與緊迫性

習近平同志多年來之所以重視抓落實問題，并且近一段時期多次提出和强調要求狠抓落實、善抓落實，這主要基於以下緣由和迫切性：

一是基於抓好“十二五“開局之年，推動經濟社會又好又快發展的需要。黨的十七屆五中全會審議通過了關於制定國民經濟和社會發展第十二個五年規劃的建議，十一屆全國人大四次會議審議批準了十二五規劃綱要，中央部門和地方在此前後也相繼出臺了一系列推進改革發展的具體思路、政策和措施。習近平指出：現在的關鍵就在於落實。而如何落實，怎樣落實得更好？這就要善抓落實。常言道，一年之計在於春，好的開頭等於成功的一半。開局之年，也是關鍵之年。在當前的背景下，開好局，起好步則是實現十二五規劃綱要的重要舉措。

二是基於繼續扎實抓好十七屆四中全會精神落實的需要。加强和改進黨的建設既是一項經常性的工作，也是一項長期的任務。黨的建設是經濟建設和改革開放取得輝煌成就的根本保障，越是改革開放、發展經濟，越要加强、抓好黨的建設。這一條，任何時候都不能忽視、動搖和鬆懈。要繼續深入貫徹落實十七屆四中全會精神，進一步加强和改進黨的建設，就需要狠抓落實，善抓落實。習近平指出：十七屆四中全會精神對黨的建設具有長遠指導意義，需要長期、持續不斷地抓落實。各級黨委要認真總結和運用前一段貫徹落實中的成功經驗，堅持實事求是態度，發揚深入扎實作風，深入研究黨的建設中存在的突出問題，提出科學決策，進一步把四中全會確定的各項黨建工作任務落到實處，切實取得更大成效，不斷提高

---

① 習近平. 爲實現“十二五”時期良好開局提供堅强保証. 人民網，2011 年 03 月 24 日。

② 習近平：真抓實幹實現“十二五”良好開局 奮發有爲迎接建黨 90 週年. 人民網，2011 年 04 月 11 日。

黨的建設科學化水平。

三是基於正視與解決當前貫徹落實黨的路綫、方針與政策中存在的突出問題的需要。一方面，不重視抓落實、不善於抓落實的問題仍然存在。習近平指出：近年來，從中央到地方都加大了抓落實的工作力度，並已取得明顯成效。但是也要看到，在有些地方、部門和單位，中央的一些方針政策和重大部署，口頭上講了、文件上也寫了，而貫徹落實得却不好；一些中央三令五申、明令禁止的事情，依然我行我素、屢禁不止。要肯定成績，更要正視問題，這樣才能抓好落實。例如，近年來，惡性强征强拆致人死亡案件，爲什麼"一而再、再而三"地發生，難以得到有效遏制，其中一個重要原因就是當地部分領導幹部，對中央的政策法規落實不力，甚至不落實，從而導致被征地拆遷群衆無辜受害或喊冤而死，引發多起群體性事件，危及經濟社會的發展與穩定。① 再有，近年來，煤礦、鐵路公路交通頻發重大安全生産管理事故，如浙江"7·23"甬温綫特別重大鐵路交通事故，究其原因就是安全生産"不落實"，防範監管"不到位"。另一方面，抓落實過程中必然會遇到許多矛盾和問題。習近平指出：當前，我國處於發展的重要戰略機遇期，但社會矛盾也日益凸顯，前進中遇到不少需要克服的困難和風險。只有攻堅克難，乘勢而上，我們才能抓住和用好機遇，贏得未來發展的主動權；如果自滿懈怠，心浮氣躁，就不可能開創改革和發展的新局面，已經取得的成果也有可能喪失。要應對矛盾，迎難而上，這樣才能抓出成效。

四是基於落實問題的歷史教訓，引以爲鑒的需要。落實不力或不落實往往會産生不良後果，有些是十分嚴重或無可挽回的後果。習近平指出：歷史上有許多空談誤國的教訓，比如戰國時期的趙括，只會紙上談兵，以致40萬趙軍全軍覆没，趙國從此一蹶不振直至滅亡。此類誤國之鑒，發人深省。除趙括紙上談兵外，類似的歷史教訓不少。例如：馬謖大意失街亭

---

① 背景資料：近幾個月，湖南、内蒙古自治區、陝西省、山西省、江西省等地又發生多起强征强拆致人死亡案件，引發群體性事件。參見：吴向家．湖南株洲村民以自焚抗强拆 場面堪比宜黄拆遷．人民網．2011年04月25日；江新輝．巴依斯古楞．内蒙古錫盟一牧民被運煤車碾壓致死嫌犯被捕．内蒙古日報2011-05-25；趙伯平．陝西安康一村民因不滿拆遷安置自焚 多處燒傷．華商網－華商報．2011年06月24日；劉翔霄．山西朔州拆遷衝突一官員被殺 嫌犯妻子進警局後暴死．新華網．2011年06月25日；温居林．江西贛縣一挖掘機碾死阻撓施工者 引發百餘村民聚集．贛南日報．2011年07月12日。

也是一個“紙上談兵”的典型。三國時期的馬謖，才器過人，好論軍計。但馬謖言過其實，缺乏實踐經驗，在軍隊中沒有什麼威信，驕傲輕敵，死搬兵書，大意失街亭，蜀軍一觸即潰，造成了不可挽回的重大損失。另有：西漢王莽治國，詔必引經典，言必引堯舜，而見之施行，無一不悖謬荒唐，結果搞得天怒人怨，身死國亡。① 現實生活中，個別領導幹部，拍腦袋決策，拍胸脯保证，違背經濟規律，導致國有資產大量流失、國家遭受重大損失的事例，也並不鮮見。歷史教訓，殷鑒不遠；現實教訓，歷歷在目。落實不力或不落實，就意味着失敗、意味着危機，就意味着一切都是空談或紙上談兵。要引以爲鑒，重視落實，抓好落實。

（三）重要意義

　　爲政之本，重在爲民，爲政之要，貴在落實。習近平同志的黨的領導工作“落實論”，主要體現在“狠抓落實、善抓落實”兩個方面。落實兩字，字重千鈞，它一端連着黨和政府，一端連着人民群衆，因此絕不能輕視怠慢而影響黨群干群關係、損害黨的事業和人民群衆關係。“狠抓落實、善抓落實”既具有理論指導意義，又具有極强的現實意義。

　　1. 理論意義

　　“落實論”一直以來沒有引起理論界、學術界的應有重視，習近平同志注意到了這一點，並從理論上進行了研究。理論是行動的指南，習近平落實論的最大理論意義就是爲“狠抓落實、善抓落實”提供了一個分析認識問題的基本框架。主要體現在：

　　一是概括提煉，形成“落實”的系統理論。這有助於把實踐中的、分散的關於抓落實問題的一系列觀點、經驗、方法、思想等系統化，概括、提煉而形成一種規範化、系統化的理論。

　　二是全面準確，完整認識“落實”的內容。這有助於澄清錯誤、糊涂觀點，統一思想，提高對落實理論的正確、全面的科學認識。

　　三是轉變觀念，提高“落實”理論的戰略高度。這有助於把抓落實從僅僅當作一種具體工作提昇到理論層面加以自覺研究，提高落實能力。

　　2. 實踐意義

　　“落實論”來自於實踐，又自覺爲現實服務，具有現實意義。習近平

---

　　① 門歸主編. 遺憾與教訓總成·下. 北京：人民日報出版社. 1993. 第3139－3140頁。

同志從多方面概括歸納了 "狠抓落實、善抓落實" 的實踐意義，主要體現在：

一是有助於增强領導幹部對 "狠抓落實、善抓落實" 的重要性的進一步認識，消除僥幸。習近平指出：我們的所有成就，都是干出來的。這裏的關鍵，就是始終注重抓落實。如果落實工作抓得不好，再好的方針、政策、措施也會落空，再偉大的目標任務也實現不了。領導幹部有了對落實工作重要性的進一步認識，就會自覺地遵循落實規律、就會按照落實規律幹事創業，從而消除僥幸取勝的心態或做法。

二是有助於領導幹部自覺將決策、落實與實踐統一起來，形成一個完整的工作過程。習近平指出：抓落實是領導工作中一個極爲重要的環節。這就解決了多年來，只是重視抓決策，看實施結果，而往往不關注抓落實這個環節的問題。毫無疑問，只有將 "狠抓落實、善抓落實" 貫穿於整個工作過程，才能全部的、不折不扣地完成任務，實現預期目標。否則，就只能是顧頭顧不了尾地抓落實，結果是事倍功半，以至於出現半拉子工程。

三是有助於確保黨的路綫、方針、政策得到完整、準確、徹底地付諸實踐。習近平指出：反對空談、强調實幹、注重落實，是我們黨的一個優良傳統。歷史也證明：我們黨之所以能够不斷取得偉大的成就，靠的就是全黨同志團結帶領人民群衆一步一個脚印地把黨的路綫方針政策變成認識世界和改造世界的巨大精神力量與物質力量。很顯然，如果離開了 "狠抓落實、善抓落實"，黨的路綫方針政策也就無法變成認識世界和改造世界的巨大力量，黨要取得偉大的成就也只能是一種奢望。

四是有助於增强黨性，進一步提高領導幹部的落實力。"狠抓落實、善抓落實" 不僅是一種工作任務，更是一種政治責任。習近平强調：抓落實是衡量領導幹部黨性强不强的重要標誌。通過 "狠抓落實、善抓落實"，有助於培養和增强領導幹部的黨性，在身體力行的過程中增强幹部的自覺性與責任感，同時，也使得領導幹部在 "狠抓落實、善抓落實" 的過程中逐步提高黨的路綫方針政策的落實力。

二、落實論：理論來源、實踐基礎與重要地位

（一）理論來源

馬列主義、毛澤東思想、鄧小平理論、"三個代表" 重要思想、科學

發展觀是習近平“落實論”的重要理論來源。主要包括以下幾個方面：

1. 馬克思列寧的落實論思想。馬克思、恩格斯、列寧的落實論思想主要體現在《馬克思恩格斯全集》、《馬克思恩格斯選集》、《列寧全集》、《列寧選集》等著作之中。這些思想是習近平落實論產生的世界觀基礎。

2. 毛澤東、鄧小平的落實論思想。毛澤東、鄧小平的落實論思想主要體現在《毛澤東選集（1－4）》、《毛澤東文集（1－8）》、《劉少奇選集（上、下）》、《鄧小平選集（1－3）》、《鄧小平論黨的建設》、《陳雲選集（1－3）》、《陳雲論黨的建設》等著作之中。這些思想是習近平落實論產生和形成的根本性理論依據。其中，毛澤東的《實踐論：論認識和實踐的關係——知和行的關係》，是習近平落實論產生和形成的直接理論來源。

3. 江澤民、胡錦濤的落實理論重要論述。江澤民、胡錦濤的落實理論重要論述主要體現在《江澤民文選1－3》》、《江澤民論黨的建設》、《十六大以來重要文獻選編（上、中、下）》、《十七大以來重要文獻選編（上、中）》等文獻著作之中。這些理論是習近平落實論形成和發展的現實性理論依據。

除此以外，還有兩個重要來源：一個是落實論政策法規：建國以來中國的法律法規及黨的路綫、方針與政策，亦即法律法規與黨規黨法。例如《國務院辦公廳關於進一步加強督促檢查切實抓好工作落實的意見（國辦發〔2008〕120 號）》就是關於落實工作的規範性文件。這些政策法規是最具體的理論支撐。另一個是落實論的社會科學理論基礎：政治學、哲學、行為學理論、領導科學理論、黨建黨史理論、決策學等是落實論的產生與發展的理論基礎。這些理論是支柱性理論依據。

（二）實踐基礎

落實論產生於實踐，反過來，落實論又服務於實踐。也就是說，實踐是落實論產生的源泉。習近平“落實論”同樣遵循這一哲學原理。

習近平“落實論”的實踐基礎（或來源）是在全面、深入、系統貫徹落實江澤民“三個代表”重要思想和胡錦濤科學發展觀的總背景、總前提下，親力親為所從事的大量的具體領導工作實踐。進一步而言，其實踐基礎，主要是通過狠抓落實、善抓落實一系列具體、實際工作而奠定的，主要表現在：加強和改進黨的建設、先進性教育、創先爭優活動；機關效能建設、晋江經驗、農村市場化建設、農村工作機制創新；作風建設年；狠抓落實年、八八戰略、綠色浙江、平安浙江、創新楓橋經驗、法治浙江、領導下訪、義烏經驗、民營經濟創新；平安上海、四個率先建設、四個中心建設等方面的落實實踐。在這些實踐基礎（或來源）中，具有典型意義的主要有：

一是福建省機關效能建設實踐。2000 年福建省在全國率先開展機關效能建設。隨後，全國各地陸續開展了機關效能建設實踐。福建省機關效能建設的基本制度包括：崗位責任制、首問責任制、一次性告知制、限時辦結制、否定報備制、服務承諾制、同崗替代制、失職追究制等。習近平倡導並推動機關效能建設，先後出臺了《中共福建省委　福建省人民政府關於開展機關效能建設工作的決定（閩委發［2000］7 號）》、《福建省機關效能建設工作考評暫行辦法》、《福建省國家機關工作人員效能告誡轉告暫行規定》與《福建省政務公開暫行辦法》，有效規範了機關效能建設。習近平指出：十年前，我在福建抓機關效能建設這項工作時，強調要牢記人民政府前有 "人民" 兩字，在便民利民上采取了一些措施，取得了一些實效，在全國引起了一些關注。近些年來，福建省委省政府對此項工作常抓不懈，在構建服務型政府方面積累了許多好作法，爲福建經濟社會健康發展提供了堅強保證。希望你們以全省機關效能建設工作會議的召開爲契機，把深化機關效能建設作爲貫徹黨的十七大和十七屆三中、四中、五中全會精神的重要舉措，認真總結經驗，繼續扎實推進，不斷鞏固和拓展機關效能建設成果。[①] 福建省開展機關效能建設 10 年來成效顯著：福建省委、省政府按照中央有關領導指示精神，始終牢記人民政府前有 "人民" 兩字，在便民、利民上采取了一系列有力舉措，初步形成了一套比較系統完整、自成體系的機關效能建設做法，在促進政府管理創新、構建服務型政府方面積累了許多好做法，爲福建經濟社會健康發展提供了堅強保證。

二是浙江省狠抓落實年的實踐。2004 年浙江省在全國率先開展狠抓落實年的活動。習近平指出：今年是實施十五計劃的關鍵一年，是全面落實黨的十六大和十六屆三中全會精神，進一步完善社會主義市場經濟體制的深化改革年，是充分發揮八個優勢、深入實施八項舉措，扎實推進浙江全

---

① 蘭鋒、潘綉文. 福建省機關效能建設工作會議召開習近平作出重要批示. 福建日報－中國共產黨新聞網，2010 年 11 月 25 日。

面、協調、可持續發展的狠抓落實年。做好今年的各項工作，意義十分重大。① 習近平強調：現在，大政方針已定，奮斗目標和主要任務已經明確，關鍵是要大興求真務實之風，狠抓各項工作落實。② 隨後，山西省（2007年）、吉林省（2009年）、廣西自治區（2010年）、西安市（2011年）等先後也開展了落實年活動。各地因地制宜，結合實際開展落實年活動：山西省開展的是 "作風建設年、狠抓落實年"；吉林省開展的是 "工作落實年"；廣西自治區開展的是 "黨組織建設年、工作落實年"。2004年台州黃岩區司法局專門制訂了《關於加強機關效能建設推進 "狠抓落實年" 活動的實施意見》，從一個部門行業的角度，進一步增強了專業操作性；2011年2月西安市長安區專門印發了《西安市長安區抓落實年活動實施方案》，從一個區縣的角度，進一步增強了區域操作性。

三是抓典型抓先進抓示範的實踐。實踐證明，注重典型引路，發揮榜樣作用，是抓好落實的有效方法。習近平勇於、善於運用這一工作方法，在福建、浙江兩省，先後主抓了 "楓橋經驗、晉江經驗、義烏經驗" 等，積累了不少經驗，也取得了明顯實效，豐富了落實論的來源。1. "平安浙江" 建設的一項重要內容，就是強化基層基礎工作，進一步總結、推廣和創新 "楓橋經驗"。習近平指出： "楓橋經驗" 在正確處理人民內部矛盾方面，以完善的制度為保障，健全矛盾糾紛排查調處工作機制，狠抓落實責任制，努力做到組織建設走在工作前，預測工作走在預防前，預防工作走在調解前，調解工作走在激化前，從而達到 "預警在先，苗頭問題早消化；教育在先，重點對象早轉化；控制在先，敏感時期早防範；調解在先，矛盾糾紛早處理" 的效果。③ 2. 縣域經濟是推動科學發展、跨越發展的重要支撐。 "郡縣治則天下安"，④ 縣域強則全省強。2002年習近平同志深入晉江調研，總結出 "六個始終堅持" 的晉江經驗，並提出要正確處理五個關係。習近平指出：縣域經濟是國民經濟發展的一個重要組成部分。

---

① 習近平. 大興求真務實之風狠抓各項工作落實——在省十屆人大二次會議結束時的講話. 浙江日報，2004年02月16日。

② 習近平. 大興求真務實之風狠抓各項工作落實——在省十屆人大二次會議結束時的講話. 浙江日報，2004年02月16日。

③ 楊新順. 創新 "楓橋經驗" 建設 "平安浙江" ——訪中共浙江省委書記習近平. 新華網浙江頻道，2004年06月17日。

④ 東漢·荀悦撰. 前漢紀·前漢孝惠皇帝紀卷第五. 四庫全書。

經濟發展要實現新跨越，再上新臺階，就必須大力發展縣域經濟。習近平
進一步指出：晉江經驗啓示我們，要始終堅持以市場爲導向發展經濟，要
始終堅持在頑强拼搏中取勝，要始終堅持以誠信促進市場經濟的健康發
展，要始終堅持立足本地優勢和選擇符合自身條件的最佳方式加快經濟發
展，要始終堅持加强政府對市場經濟發展的引導和服務。①

（三）重要地位與作用

1. 重要地位

落實論中的落實是領導工作的重要環節，是把決策變成現實實踐的橋
樑或紐帶；落實論是哲學理論與黨建理論的主要内容與組成部分。習近平
指出：抓落實是領導工作中一個極爲重要的環節，是黨的思想路綫和群衆
路綫的根本要求，也是衡量黨員領導幹部世界觀正確與否和黨性强不强的
一個重要標誌。這是對落實地位的基本定位。進一步分析看：（1）就實際
工作而言，落實在相關工作行爲活動中具有重要地位。一是在領導工作
上，落實是 "認識—落實—實踐" 的一個工作環節；二是在執行工作上，
落實是把認識變爲實踐的橋樑或紐帶；三是在完成工作上，落實是決策變
成實踐的重要推動力量。（2）就理論而言，落實論在相關學科理論中佔據
重要地位。一是在哲學理論上，落實論與認識論、實踐論具有同一的層次
的地位。落實論注意到了這一問題，并且自覺把它納入 "認識論——落實
論——實踐論" 這一整體環節的重要組成部分，這是繼認識論、實踐論之
後又一重大哲學思想成果。二是在黨建理論上，落實論是黨的思想路綫和
群衆路綫的根本要求，是黨建理論的重要内容。三是在領導科學理論上，
落實論是領導科學理論的基本範疇與重要組成部分。

2. 作用與任務

落實是決策變成實踐的必經之路。其作用表現在：一是保証作用。落
實是決策變成實踐的重要保証或保障。二是統一作用。落實是決策、落實
與實踐三者有機統一的重要組成部分。三是橋樑作用。落實是決策變成實
踐的橋樑或紐帶。四是推動作用。落實是決策變成實踐的重要推動力量。
五是檢驗作用。落實是檢驗決策好壞的重要手段或尺度。

---

① 習近平. 研究借鑒晉江經驗、加快縣域經濟發展——關於晉江經濟持續快速發展的調查
與思考. 人民日報, 2002 年 08 月 20 日第 11 版。

落實的任務是把黨的路綫、方針、政策付諸實踐、見諸行動、取得成效。也就是各級領導幹部，把黨的基本理論、基本路綫與基本綱領，把黨的路綫、方針、政策，原原本本、扎扎實實貫徹落實到實際工作之中，通過落實實現預期的目標，取得預期的成效。具體包括：指導思想、目標、具體任務、組織措施等。

三、落實論：基本涵義、實踐形式與主要特徵

（一）“落”、“實”的詞義與“落實”的含義

認識瞭解“落”、“實”的詞義與“落實”的含義，對於全面、正確與深刻研究習近平落實論具有基礎性作用。“落實”一詞由“落”與“實”組成，是一個合成的詞。中國權威辭書《辭海》、《辭源》至今尚未收錄“落實”一詞，即使《現代漢語詞典》釋義得也過於簡單或簡略。

“落”是一個多義詞，主要有 10 多種。包括：樹葉脫落、落下、下降、掉進、陷入、衰敗、稀少、玩誤、妨礙、止息、到、歸入、歸屬、停留、飄零、聚居處、開始、祭禮、籬笆、用筆寫、通“絡”等。例如《詩·衛風·氓》雲：桑之未落，其葉沃若。孟浩然《春曉》詩：夜來風雨聲，花落知多少。蘇軾《後赤壁賦》：山高月小，水落石出。《史記·汲鄭列傳》：家貧，賓客益落。《管子·宙合》：盛而不落者，未之有也。《莊子·天地》：夫子闔行邪？無落吾事。杜甫《將適吳楚留別章使君》詩：不意青草湖，扁舟落吾手。王維《渭川田家》詩：斜光照墟落，窮巷牛羊歸。[①] 現代漢語中，常用詞彙有：落成、落得、落實、落伍、落座、落花流水、落落大方、不落窠臼、名落孫山、水落石出、葉落歸根、大處落墨。

“實”是一個多義詞，主要有 10 多種。包括：富裕、財物、充實、充滿、果實、種子、實際內容、真實、誠實、真誠、的確、確實、實在、實心、實行、操行、實際、事實、“實”通“是”。例如《漢書·食貨志上》：食足貨通，然後國實民富。《韓非子·五蠹》：草木之實足食也。《國策·趙策二》：夫割地效實，五伯之所以覆軍禽將而求也。《孟子·樑惠王

---

① 辭海（1989 年縮印本）．上海：上海辭書出版社．1997．第 683－684 頁；祝鴻熹主編．古代漢語詞典．成都：四川辭書出版社．2000．第 316 頁。

下》：君之倉廩實，府庫充。三國蜀·諸葛亮《出師表》：此皆良實，志慮忠純。《後漢書·虞延傳》：延以衍雖有容儀而無實行，未嘗加禮。《論衡·問孔》：世之儒生不能實道是非也。① 現代漢語中，常用詞彙有：實誠、實處、實地、實幹、實話、實際、實績、實踐、實例、實情、實施、實現、實打實、實事求是、腳踏實地、真心實意、真才實學、求真務實。

“落實”經常搭配使用的詞是“抓”。“抓”是一個多義詞，主要有 10 多種。包括：用手拿取、用爪拿取、逮捕、捉拿、倉皇尋取、抓癢、抓進來、使物體固定在手中、把握住、設法取得並把持、吸引人注意、采取措施、加强工作、加强領導、特別看重、特別着重等。現代漢語中，常用詞彙有：抓差、抓獲、抓緊、抓空兒、抓弄、抓拍、抓瞎、抓藥、抓辮子、抓工夫、抓破臉、抓緊落實、真抓實幹、抓出成效、抓出實效。

什麼是落實？一些辭書對“落實”的詞義進行瞭解釋。“落實”也是多義詞，主要有：1. 使計劃、措施和政策等得以貫徹執行；2. 心情平静，安穩，踏實；3. 忠實可靠；4. 明確，確實；5. 落實政策，落實措施；6. 結出果實；7. 通過周密的調查研究，使之準確可靠或切實可行；8. 使實現；9. 貫徹；10. 確定。“落實”的最初解釋是“結出果實”。② 《庾信·枯樹賦》曰：開花建始之殿，落實睢陽之園。③ 這句古詩詞的意思是說：過去花開建始殿前，現在果實却落在睢陽的園中。這裏的“落實”就是結出果實、果實落地。隨着時間的推移，“落實”一詞演變、引申出了多種含義。

在社會生活用語和黨的話語體系中，兩者經常混合使用，但並無實質差別，只是形式不同、要求不同而已。綜上所述，一般而言，“落實“就是指落到實處，落實下去，使計劃、措施、政策等得以貫徹、執行與實現。

（二）落實論：基本的涵義

“落實論”是關於落實的涵義、本質、原則、主體、對象、要求、目

---

① 辭海（1989 年縮印本）．上海：上海辭書出版社．1997．第 1144－1145 頁；祝鴻熹主編．古代漢語詞典．成都：四川辭書出版社．2000．第 672－673 頁。

② 張家太主編．現代漢語褒貶用法詞典．沈陽：遼寧人民出版社．1992．第 349 頁；任超奇主編．新華漢語詞典．武漢：崇文書局．2006．第 510 頁。

③ 遲文浚、宋緒連主編．歷代賦辭典．沈陽：遼寧人民出版社．1992．第 439－443 頁。

184

標、任務、方法、評價、演變、規律、行爲、活動與過程等的規範化、系統化的理論。簡而言之，落實論就是研究落實行爲、落實活動、落實方式與落實過程及其相互關係的一種系統化的理論。落實論具有豐富的理論基礎（或來源），哲學、政治學、黨史黨建學（或政黨學）、領導學、行政管理學、行爲學、決策學以及執行學是"落實論"産生與發展的理論基礎。

落實是"落實論"的最基本範疇。什麼是落實? 落實就是指各類落實主體根據一定的方法、原則、規律與要求，將路綫、方針、政策、計劃與方案付諸實施的一種行爲過程或狀態。通俗地講，所謂落實，就是各級領導幹部將口頭上講的、文件上寫的、電視上播的、電腦裏存的有關路綫、方針、政策落到實踐中去的一種行爲過程。由於在實際工作中，制定、規劃與出臺路綫、方針、政策又叫決策，所以，落實通常又被人們定義爲領導幹部將決策變爲實踐的一種行爲過程。

落實是一種行爲、過程或狀態，落實是一種自上而下、上下互動的過程。落實的本質（或實質）是完成一定任務，把理論、路綫、方針、政策、決策付諸實施，變爲實踐。落實的性質或屬性是一種行爲、活動或過程，落實屬於行爲學、領導學的範疇。落實的目的是把路綫、方針、政策付諸實施，把理論變爲實踐，同時希望達到預期的設想。落實過程包括落實前、落實中與落實後三個階段，落實種類可分爲宏觀落實、中觀落實與微觀落實三種形式。

根據落實的概念、本質，不難看出，落實的特徵主要表現在：一是具有長期性；二是具有持久性；三是具有動態性；四是具有環節性；五是具有橋樑性；六是具有過程性；七是具有藝術性；八是具有互動性等。

習近平黨的領導工作"落實論"是指習近平同志關於在領導工作過程中逐漸形成的、具有自身特色的"落實的基本概念、落實的基本原理與落實的基本規律"等方面的基本内容體系的一種理論化概括統稱。在實際工作中，堅持和踐行黨的領導工作"落實論"，其核心要點就是"抓落實"，即狠抓落實，善抓落實，真抓實幹。

習近平黨的領導工作"落實論"是習近平同志運用落實理論指導、規範與實現黨的路綫、方針、政策等的一種系統化的理論。同時，它貫穿政治學、哲學、黨建理論、領導學、管理學等多個學科，涵蓋政治、經濟、文化、社會、黨的建設等諸多領域。可以從以下幾個方面來理解：

185

一是，落實的主體包括領導幹部和人民群衆，人民群衆是根本主體，領導幹部是關鍵主體。

二是，落實的對象是路綫、方針、政策和計劃、規劃、方案、意見、決策、決定以及法令、法規、辦法等。

三是，落實、落實，就是落到實處；抓落實，首先是抓，然後是落實，關鍵在抓，重在落實。落實既是工作方法、工作要求，又是工作内容、素質要求，同時，落實還是一種觀念、一種態度、一種文化和一種責任。習近平指出：所謂抓落實，從各級黨委、政府和領導幹部工作方面講，就是抓黨和國家各項方針政策、工作部署、措施要求的落實。[①] 習近平進一步指出：落實到哪裏去？落實到實踐中去，落實到基層中去，落實到群衆中去，使之成爲廣大黨員、幹部、群衆的自覺行動，以確保黨和國家確定的目標任務順利實現。[②]

四是，抓落實，形在 "抓"，力在 "落"，魂在 "實"。習近平由此還從不同的角度對抓落實的涵義進行了闡述或揭示：抓落實，是領導工作中一個極爲重要的環節；抓落實，是黨的思想路綫和群衆路綫的根本要求；抓落實，是把決策變爲人們的實踐行動；抓落實，是由認識世界到改造世界的過程。

（三）落實論的實踐形式

在領導工作實踐中，習近平談到的形式主要有：抓落實、狠抓落實、善抓落實、真抓實幹、抓出實效、干在實處、苦干實幹、求真務實、真心實意、扎扎實實、落到實處、脚踏實地、實事求是、從實際出發等。其中典型的實踐形式是 "狠抓落實、善抓落實"；典型的實踐範例是 "干在實處，走在前列"，即浙江省抓落實促發展的實踐。這些實踐形式主要强調什麽內容呢？概括起來看就是：

抓落實强調的是在實際工作中，要端正態度，明確要求，講究方法；

狠抓落實强調的是在抓落實過程中，要有力度、有强度、有程度，有高度；

善抓落實强調的是在抓落實過程中，要會抓落實、巧抓落實、抓好

---

① 習近平．關鍵在於落實．求是，2011，(6)：5－9。
② 習近平．關鍵在於落實．求是，2011，(6)：5－9。

落實；

真抓實幹强調的是在抓落實過程中，要真正抓、真心抓，真實幹，扎實幹；

干在實處强調的是在抓落實過程中，要說實話、出實招，辦實事、求實效；

抓出實效强調的是在抓落實過程中，要抓出成效、抓出效果，抓出結果。

（四）落實論的主要特徵

習近平“落實論”是一種逐步形成的、正在發展着的、與時俱進的“落實論”。綜觀習近平幾十年來身體力行的“狠抓落實、善抓落實”的一系列言行，其主要特徵表現在：

1. 宏觀性。統觀全局，統籌規劃，體現宏觀性。宏觀强調的是方向，方向影響落實結果的成敗。習近平落實論關注的是一個縣市、一個地區的落實問題，推而廣之的是一個省市，乃至一個國家的落實問題；大處落墨，重視區域性、地域性，强調全國一盤棋，力求惠及寬廣，凸顯統籌兼顧的宏大格局。

2. 戰略性。應對當前，立足長遠，體現戰略性。人無遠慮必有近憂，三分戰略，七分落實。習近平指出：狠抓各項工作落實，很重要的一條就是要切實加强機關效能建設，不斷提高各級機關的行政能力和工作效率，不斷提高機關工作質量和服務水平。各級、各部門必須從全局和戰略的高度，深刻認識加强機關效能建設的重大意義。[①]

3. 一貫性。前後一貫，始終如一，體現一貫性。習近平同志不論是從一般幹部、到中級幹部，還是再到高級幹部，乃至黨和國家領導人；不論是從鄉村基層工作、到縣、地區行署工作，還是到省上工作，乃至到中央國家機關工作，都十分重視抓落實工作，堅持狠抓落實，善抓落實，運用落實理論指導、檢驗工作。習近平抓落實不是抓一時、不是抓一事，而是貫穿於政治、經濟、文化與社會等一切工作之中。

4. 藝術性。注重方法，講求策略，體現藝術性或方法性。習近平抓落

---

① 習近平. 大力推進機關效能建設　確保完成“狠抓落實年”的各項目標任務——習近平在全省加强機關效能建設大會上的講話. 今日浙江，2004，（4）：8－12。

實的方法：首先是深入實際，調查研究，選取先進典型；其次是歸納吸收，提煉昇華；第三是出臺規範性文件；第四制定實施操作方案。福建省機關效能建設、浙江省狠抓落實年活動都是采取這樣的做法。習近平指出：浙江省委以調查研究開局，幾乎每一項重要工作都通過深入調查研究，理清思路，作出決策，出臺舉措，狠抓落實，取得實效。我們通過廣泛深入的調查研究，特別是在對浙江經濟社會發展新實際的積極探求中，提出了進一步發揮八個優勢、推進八項舉措的八八戰略。① 實踐證明，浙江省八八戰略的提出和實施，對樹立和落實科學發展觀，扎實推進浙江經濟社會全面、協調、可持續發展，起到了重要作用。

5. 實踐性。源自於實踐需要，服務於實際工作，體現實踐性。在實踐工作中，各地、各級領導幹部以及廣大群眾摸索、探索、創造了許許多多的關於抓落實的方法、經驗與教訓。這些做法與經驗比較分散、不系統，零零碎碎，不利於推廣、復製，其它的領導幹部也無法學習、吸收與借鑒。習近平同志正是看到了這一點，有意識地對分散零碎的方法與經驗，進行了卓有成效地完善和推廣工作。福建省大力開展的機關效能建設就來自於福建省的漳州市。習近平在調查研究的過程中，敏銳地發現了漳州市機關效能建設的推廣示範作用，倡導並推動全省開展機關效能建設。② 福建省的晉江經驗、浙江省的楓橋經驗也是習近平同志在調查研究過程中發現的，經過加工改造，提煉昇華，然後，推而廣之。習近平落實論正是在廣泛吸收這些有益經驗的基礎上，再繼續進行提煉歸納，形成比較規範的理論，然後又用這些理論指導狠抓落實、善抓落實的各項工作實踐。

6. 創新性。注意繼承吸收，重視創新發展，體現創新性。習近平在實際工作中，率先開展了 "機關效能建設"、"狠抓落實年"、"平安浙江"、"法治浙江"、"八八戰略"、"領導下訪" 等狠抓落實、抓出成效的工作；同時，在吸收、繼承前人成果的基礎上，及時總結歸納了 "楓橋經驗"、"晉江經驗"、"義烏經驗" 等善抓落實的先進典型。這些創造性工作，有力地推動了福建省、浙江省的經濟社會工作，取得了積極的成果。不論是從抓機關效能建設，到狠抓落實年活動，還是從抓晉江經驗，到狠抓楓橋

---

① 習近平. 求客觀規律之真務執政爲民之實. 人民日報, 2004 年 03 月 01 日第九版。

② 參見《中共福建省委福建省人民政府關於開展機關效能建設工作的決定〈閩委發 [2000] 7 號〉》（2000 年 3 月 23 日）。

經驗、義烏經驗，習近平同志總是堅持科學落實論，自覺運用落實理論，指導實際工作，抓好具體工作，推進科學發展。

四、落實論：基本問題、主要內容與基本要求

（一）基本問題

落實論的基本問題是落實論理論研究和實際工作中的首要的、基本的與不容迴避的問題。之所以實際工作中要研究落實問題，是爲了將分散、凌亂的、模糊的概念、辦法、經驗、規律等系統化、理論化，由此形成落實論，指導實際工作。落實論主要爲瞭解決什麼問題？概括起來看，主要是爲瞭解決＂爲什麼要抓落實，怎樣抓落實，由誰負責去抓落實，用什麼措施去抓落實，抓什麼樣的落實＂的問題。

習近平通過親身狠抓落實的工作實踐，對黨的領導工作＂落實論＂的基本問題進行了概括表述。習近平指出：要認真解決怎樣抓落實、靠誰抓落實、采取什麼措施抓落實的問題，正確處理局部與全局、眼前與長遠、繼承與創新的關係。① 簡而言之，習近平同志落實論所強調的抓落實亦即＂狠抓落實、善抓落實＂的基本問題就是：怎樣抓落實、靠誰抓落實、拿什麼抓落實。

（二）主要內容

習近平＂落實論＂的內容體現在多個方面，其主要內容體現在以下幾個方面：

1. 從落實論的基本構成要素看，主要包括：落實的必要性、概念與內涵、主體與對象、目標與任務、原則與方法、方向與責任、經驗與措施等。落實的對象，就是黨的基本理論、基本路綫與基本綱領，就是黨的路綫、方針、政策，就是黨規黨法與國家法規政策。例如三個代表重要思想、科學發展觀、黨章、十七屆五中及四種全會、十二五規劃綱要等就是落實的對象。落實的主體是廣大黨員幹部和群衆，而領導幹部是落實的關鍵主體。落實的原則就是堅持原則性與靈活性相結合的原則，堅持普遍性與特殊性相結合的原則，堅持眼前利益與長遠利益相結合的

---

① 習近平. 求客觀規律之真　務執政爲民之實. 人民日報, 2004 年 03 月 01 日第 9 版。

原則。落實的方法就是在調查研究的基礎上，結合具體對象，因地制宜、因時制宜，實事求是地選取和決定關於某項工作的要求、程序與步驟。落實的保障措施或條件是黨規黨法，黨紀政紀。

2. 從習近平落實論形成和發展演變過程看，主要包括：福建省抓落實的理論與實踐；浙江省抓落實的理論與實踐；上海市抓落實的理論與實踐等。

3. 從落實論的具體實踐看，主要包括：加強和改進黨的建設、先進性教育、創先爭優活動；機關效能建設、晋江經驗、農村市場化建設、農村工作機制創新；作風建設年；狠抓落實年、八八戰略、綠色浙江、平安浙江、創新楓橋經驗、法治浙江、領導下訪、昇華義烏經驗、民營經濟創新；四個率先建設、四個中心建設等。

習近平在作風建設年、狠抓落實年等狠抓落實、善抓落實的基礎上，進一步對浙江經驗與浙江模式進行了總結、修正、完善與創新，進一步豐富、推進與發展了浙江經驗與浙江模式。[①]

（三）基本要求

習近平 "狠抓落實、善抓落實" 的總要求爲：各級領導幹部要深入貫徹落實科學發展觀，牢固樹立宗旨意識和正確政績觀，狠抓落實、善抓落實，用百折不撓的意志爭創一流業績，不斷開創各項工作新局面。

習近平 "落實論" 主要和經常使用的詞彙包括：抓落實、狠抓落實、扎扎實實、善抓落實、真抓實幹、求真務實、干在實處、抓出實效、脚踏實地等，由此折射出習近平落實工作的特色、要旨與爲政風格。概括起來看，其基本要求具體體現在以下幾個方面：

一是體現爲五個 "於"。習近平強調：要敢於抓落實；勇於抓落實；樂於抓落實；善於抓落實；精於抓落實。

二是體現爲五個 "常"。習近平強調：要常懷落實之心；常思落實之責；常謀落實之策；常抓落實之事；常驗落實之效。

三是體現在三個 "點"。習近平在談到如何看待政績觀時強調：要把抓落實的出發點放到爲黨盡責、爲民造福上；把抓落實的落脚點放到辦實事、求實效上；把抓落實的重點放到立足現實、着眼長遠、打好基礎上。

---

① 習近平：浙江寶貴經驗值得上海學習借鑒. 文匯報，2007 年 07 月 24 日。

四是體現在五個“要”。習近平在談到如何狠抓落實、善抓落實時指出：要具有良好的精神狀態和優良的作風；要牢固樹立黨的宗旨意識和正確政績觀；要具有知難而進、鍥而不捨的奮鬥精神；要發揚求真務實、真抓實幹的優良作風；要樹立正確的用人導向和形成完善的工作機制。

（四）與《實踐論》、認識論、實踐論的相互關係

習近平“落實論”是運用落實理論指導、規範與實現黨的路綫、方針、政策等的一種系統化的理論。與《實踐論》、認識論、實踐論之間有何相互關係？

1. 落實論與毛澤東《實踐論》的關係

《實踐論》是毛澤東關於馬克思主義認識論的代表著作，是關於認識和實踐的關係以及知與行的關係的哲學理論。該著作以實踐觀點爲基礎，以認識和實踐的辯證統一爲中心，系統地論述了能動的革命的反映論。該著作具體地論述了在實踐基礎上認識發展的辯證過程，論述了感性認識和理性認識的辯證關係，批判了唯理論和經驗論的錯誤。[①] 毛澤東《實踐論》是習近平“落實論”產生、發展的依據、源泉與指南，習近平“落實論”則是毛澤東《實踐論》進一步發展的時代化創新化的新成果；毛澤東《實踐論》主要用於指導、解決中國革命中的認識與實踐的相互關係，而習近平“落實論”則着眼於現階段中國改革發展中的認識與實踐的相互關係；毛澤東《實踐論》是馬克思主義哲學的中國化，而習近平“落實論”則是毛澤東《實踐論》的現實化時代化；毛澤東《實踐論》是進一步豐富、發展了馬克思主義哲學，而習近平“落實論”則進一步豐富、發展了毛澤東哲學思想。

2. 落實論與認識論、實踐論的相互關係：

什麼是認識論、實踐論？認識論與實踐論有何聯繫和區別？認識論是研究探討人類認識的本質、結構，認識與客觀實在的關係，認識的前提和基礎，認識發生、發展的過程及其規律，認識的真理標準等問題的哲學理論。認識是人腦在實踐基礎上對客觀事物的能動反映，是意識的表現形式之一。外部世界的客觀存在是認識的最終源泉，外部世界的可知性是認識的可能性的根據。認識的主體是社會的人，是在社會中生活並利用社會形

---

① 毛澤東選集第1卷. 北京：人民出版社. 1991. 第282－298頁。

成的認識活動的各種手段、形式以及思想資料的人。認識不是離開實踐而在人的頭腦中憑空產生的，它是在社會實踐的客觀需要和實踐活動的基礎上發生、發展起來的。實踐論是研究探討人類改造和現實客觀物質活動的形式、過程、規律及其相互關係等問題的一種哲學理論。實踐是人們有目的地能動地改造和探索現實世界的一切社會性的客觀物質活動。這種活動是聯繫主體和客體、主觀和客觀、精神和物質的中介和橋樑，是使主觀見之於客觀的感性過程。實踐的形式是多種多樣的，主要有生產實踐、社會實踐與科學實驗三種基本形式。實踐是人的社會的、歷史的、有目的、有意識的物質感性活動，是客觀過程的高級形式，是人類社會發展的普遍基礎和動力。認識論堅持從物質到意識的認識路綫，認為物質世界是客觀實在，強調認識是人對客觀實在的反映，申明世界是可以認識的，把實踐作為認識的基礎，把辯證法運用於認識論。馬克思主義認識論認為，實踐是認識的來源，是認識發展的動力，是檢驗認識的真理性的標準，也是認識的目的。實踐的觀點是馬克思主義認識論首要的、基本的觀點。

習近平落實論與認識論、實踐論三者既有聯繫，又有區別，落實論與認識論、實踐論三者是一個有機整體，構成一個完整的工作過程和理論體系。用公式表示為："認識——落實——實踐"和"認識論——落實論——實踐論"。

落實論、認識論與實踐論三者的聯繫在於：一是落實論、認識論與實踐論統一於實踐的觀點。落實論與認識論、實踐論都建立在實踐的觀點之上，是哲學理論的重要內容。實踐的觀點是馬克思主義哲學的基本觀點和理論基礎。落實論來源於實踐，服務於實踐；認識論來源於實踐，為實踐服務；實踐論來源於實踐，是對實踐、認識的系統化。二是認識論與實踐論統一於落實論。落實是認識與實踐的中間環節，具有橋樑作用；離開了落實，認識無法進入到實踐中去。落實是理論政策與實踐結果的中間環節，是把決策部署變成實踐的橋樑與推動力；離開了落實這一行為，一切理論政策、決策部署都將是一紙空文，也不可能變為實踐。三是落實論、認識論與實踐論統一於"人"這個主體。在實際工作中，人民群眾是落實論、認識論與實踐論的基本主體，而領導幹部則是落實論的關鍵的主體。

落實論、認識論與實踐論三者的區別在於：一是側重點、關注度不同。落實論與認識論偏重於理論層面，而實踐論側重於實踐層面；落實論與認識論偏重於精神世界，而實踐論側重於客觀世界；落實論與認識論重點關注主觀的東西，而實踐論則重點關心客觀的東西。二是對象不同。落實論的對象是路綫方針政策，認識論的對象是客觀事物，實踐論的對象是客觀物質活動。三是任務不同。落實論的任務是把路綫方針政策落到實處；認識論的任務是把客觀事物變爲意識的外在形式；實踐論的任務是改造和探索客觀物質世界。四是形式不同。落實的形式是狠抓落實、善抓落實；認識論的形式感性認識、理性認識；實踐論的形式是生產實踐、社會實踐與科學實驗。

五、落實論：創新論斷、創新亮點與理論貢獻

習近平 "落實論" 是逐步形成的、正在發展着的、與時俱進的落實論，其理論内涵也必將隨着實踐的發展而不斷豐富和發展。

（一）創新論斷

習近平關於落實問題的新論斷、新表述與新概括，主要有：（1）落實是領導工作的重要環節；落實是衡量世界觀正確與否的重要標誌；落實是衡量黨性強弱的重要標誌；落實可以、能夠直接反映領導幹部宗旨意識的有無；落實體現、反映黨的執政能力的強與弱、好與壞。（2）落實檢驗領導幹部工作能力的好與壞；落實檢驗領導幹部工作責任感的高與低；落實檢驗領導幹部工作使命感的強與弱。（3）落實是檢驗領導幹部思想品質的好與壞的重要標尺；落實是檢驗領導幹部工作作風的好與壞的重要標尺；落實是考察、選用領導幹部的重要依據。這些新論斷、新表述與新概括，初步展現、勾劃了落實論的框架體系。

（二）創新亮點

習近平落實論的創新要點主要體現在：

1. 習近平首次正式將 "落實論" 引入黨的領導活動和執政活動中，拓寬了黨的領導工作的新視野。"落實" 這個平常的概念，由日常用語上昇爲 "落實論" 這個黨的領導工作科學理論，必將對政治運行、經濟運行、文化運行、社會運行與黨的建設以及執政黨執政、執政黨活動、執政能力建設等衆多領域産生積極的影響。這彰顯了對落實的承認與認可。

2. 習近平首次鄭重地將 "落實論" 提到了前所未有的高度，擺到了重

193

要位置，提昇了落實工作在黨和國家事業中的新地位。習近平指出：切實解決抓落實不夠有力、不夠有效的問題，對於推動"十二五"目標任務的實現，對於鞏固執政地位、確保國家長治久安，具有十分重要的意義。這顯現了落實的重要性與緊迫性。

3. 習近平首次專題專門研究論述落實問題，掀起了落實論研究的新高潮。在近年來的歷次中央黨校春季秋季地廳級幹部培訓班中，習近平是第一個專門論述落實問題的中央黨校校長；在近年來黨和國家領導人的重要重大講話中，習近平也是第一個專門專題研究落實問題的領導人。這凸顯了習近平對落實的重視程度與認識高度。

(三) 理論貢獻

習近平"落實論"創新的理論貢獻，主要體現在三個方面：

1. 科學回答了多年來困擾實際工作者、理論工作者的一個重大問題——認識與實踐之間有沒有、需不需要引入"落實"——這個懸而未決的問題。

2. 正式提出了多年來一直被實際工作者所忽視、沒有引起理論工作者足夠重視的論題——由認識轉化（或變成）爲實踐的中間環節和必經之路——"落實"——這個爭論不休的重要論斷。這個"中間環節、必經之路"並非今日才有，事實上一直都存在，但沒有被人們所認識、承認與認可。

3. 深刻揭示了多年來困擾實際工作者、理論工作者的一個重大疑惑——認識、"落實"與實踐之間的關係——有機聯繫——這個模棱兩可的問題。

概而言之，習近平"落實論"的理論貢獻表現爲：一是科學回答了認識與實踐之間有沒有、需不需要引入"落實"這個問題；二是正式提出了由認識到實踐之間"落實"這個中間環節和必經之路；三是深刻揭示了認識、"落實"與實踐三者之間的有機聯繫。

習近平落實論理論貢獻的重要實踐作用意義在於：一是人們在認識世界時，可以、能夠自覺地把"落實"作爲一個當然的、重要的內容與構成部分，不急不躁，由表及裏，從而確保全面、完整、徹底的認識客觀事物，正確處理認識、落實與實踐之間的關係。二是人們在實際工作時，可以、能夠自覺地把"落實"作爲一個中間環節、橋樑紐帶與必經程序，尊重規律，漸次推進，從而確保及時、準確、有條不紊地開展工作，正確處理認識、落實與實踐之間的關係。

習近平"落實論"體現了理論與實踐的統一、認識與實踐的統一、知與行的統一。習近平"落實論"既進一步豐富和發展了毛澤東的實踐論思想，又進一步豐富和發展了黨的領導科學理論和黨建理論，從而進一步豐富和發展了馬克思主義哲學和馬克思主義黨的學說。

六、落實論：大力推進落實工作的戰略對策
　　——堅持科學落實論，樹立正確落實觀，切實提高落實力

堅持科學落實論，樹立正確落實觀，切實提高落實力是一項系統工程，也是一項長期艱巨的任務。因此，要實現這一目標任務，就需要采取切實可行的做法和一系列有效的措施。習近平多年來在福建、浙江、上海等省市，大膽試驗，勇於創新，由此形成了推進落實黨的領導工作的政策措施體系。這些着重當前，着眼未來的主要做法與措施，既是經驗，同時也是戰略之策。概括、歸納習近平同志的講話、報告、文章、訪談與調研言論，其主要戰略對策（或主要做法與措施）有以下幾個方面：

戰略對策之一：落實科學發展觀，統領工作全局，明確落實的方向。

科學發展觀是指導經濟社會發展的根本指南。習近平指出：只有深入貫徹落實科學發展觀，牢固樹立黨的宗旨意識和正確政績觀，抓落實才能始終堅持正確的方向，才能始終弘揚脚踏實地、埋頭苦干的精神，也才能使各項落實工作保持不竭的動力。

一是牢固樹立和認真落實科學發展觀，重在付諸實踐，取得實效。習近平指出：要正確認識和深刻理解科學發展觀，進一步增強樹立和落實科學發展觀的緊迫感和責任感，努力把科學發展觀的要求落到實處。習近平進一步指出：樹立和落實科學發展觀，最重要的是付諸實踐，見諸行動，取得實效。習近平強調：浙江省委提出的"八八戰略"和"平安浙江"建設，符合科學發展觀的精神實質，是科學發展觀在浙江的生動實踐和具體體現。要針對浙江省經濟社會發展面臨的突出問題和長遠的戰略性問題，進一步拓展新思路，創造新舉措，不斷深化、豐富和完善"八八戰略"，扎實推進"平安浙江"建設，真正把科學發展觀的要求落到實。①

---

① 習近平. 牢固樹立和認真落實科學發展觀. 新華網浙江頻道，2004 年 08 月 03 日。

二是學習實踐科學發展觀活動重在實踐，解決突出問題，切實抓出成效。習近平指出：學習實踐科學發展觀活動重在實踐。各地區各部門各單位要把開展學習實踐活動與貫徹落實中央經濟工作會議精神緊密結合起來，與應對國際金融危機、推動經濟平穩較快發展緊密結合起來，着力解決影響科學發展的突出矛盾和問題，着力建立健全貫徹落實科學發展觀的體制機制，努力把科學發展觀的要求貫徹到經濟社會發展各項工作中去。習近平進一步指出：中央和國家機關各單位一定要認真貫徹落實中央的部署和要求，在突出實踐特色上狠下功夫，在解決突出問題上狠下功夫，切實抓出成效。要緊密聯繫國內外經濟形勢的新變化，着力解決經濟運行、群衆生產生活、社會和諧穩定等方面存在的突出問題，認真抓好中央決策部署的貫徹落實。①

三是把科學發展觀作爲强大思想理論武器，不斷提高貫徹落實科學發展觀的能力和水平。習近平指出：科學發展觀作爲中國特色社會主義理論體系的重要組成部分，以豐富的思想內涵構建了第一要義是發展、核心是以人爲本、基本要求是全面協調可持續、根本方法是統籌兼顧的科學理論。各級黨組織要始終把科學發展觀作爲指導改造客觀世界和主觀世界的强大思想武器，不斷提高貫徹落實科學發展觀的能力和水平。習近平進一步指出：人民群衆是科學發展的受益者，也是科學發展的實踐者和推動者。開展深入學習實踐科學發展觀活動，必須最充分地調動人民群衆的積極性、主動性和創造性，最大限度地集中全社會全民族的智慧和力量，最廣泛地動員和組織億萬群衆投身貫徹落實科學發展觀的實踐，努力使科學發展取得的各方面成果體現在不斷提高人民群衆的思想道德素質和科學文化素質上，體現在不斷提高人民群衆的生活質量和健康水平上，體現在充分保障人民群衆享有的經濟、政治、文化、社會等各方面權益上，讓發展成果惠及廣大人民群衆。②

四是創先爭優是學習實踐活動的繼續，抓住經常貴在落實。2010 年 4 月，中共中央辦公廳決定在黨的基層組織和黨員中深入開展創先爭優活動。在黨的基層組織和黨員中深入開展創建先進基層黨組織、爭當優秀共

---

① 習近平. 學習實踐科學發展觀活動要突出實踐特色. 新華網，2008 年 12 月 12 日。
② 習近平. 不斷提高貫徹落實科學發展觀的能力和水平. 人民日報，2008 年 09 月 24 日。

產黨員活動，是鞏固和拓展全黨深入學習實踐科學發展觀活動成果的重要
舉措，是黨的建設的一項重要的經常性工作。習近平指出：創先爭優是學
習科學發展觀實踐活動的繼續。習近平強調：當前正在基層黨組織和廣大
黨員中開展的創先爭優活動，是推動幹部樹立正確世界觀權力觀事業觀的
有利契機。各級黨組織要把樹立正確的世界觀權力觀事業觀作爲黨員領導
幹部創先爭優的内在動力，教育引導他們帶頭學習提高、帶頭幹事創業、
帶頭服務群衆、帶頭廉潔自律、帶頭弘揚正氣，在改革發展穩定各項工作
中充分發揮骨幹作用。

**戰略對策之二：牢固樹立爲民意識，爲黨盡責爲民造福，堅持落實的
宗旨。**

習近平指出：全心全意爲人民服務是黨的根本宗旨，黨的各項工作都
必須堅持以最廣大人民的根本利益爲出發點和落腳點。從這個意義上講，
是否抓落實直接反映着領導幹部的宗旨意識和黨性。

一是抓住落實的根本，爲群衆辦實事辦好事。習近平指出：各級領導
幹部不論職務高低，不論在什麼崗位工作，都要身體力行黨的宗旨，把以
人爲本、執政爲民貫穿到各項工作的落實中去，努力爲群衆辦實事辦好
事，切實做到權爲民所用、情爲民所係、利爲民所謀。把握住這一點，就
把握住了抓落實的根本，就能把全部心思和精力用到抓落實上。

二是抓落實要有執政爲民的高度使命感和責任感。抓落實，是對各
級領導幹部使命感和責任感的重要檢驗。我們黨是爲人民執政的，每個
領導幹部都要有執政爲民的高度使命感和責任感。習近平指出：現在有
的領導幹部工作不求進取，滿足現狀，只求過得去，不求過得硬，這樣
的精神狀態怎麼能抓好落實呢？每個領導幹部都要懂得，黨和人民把爲
人民服務的重擔放在我們肩上，這是一種多大的信任和責任。要把這種
信任和責任看得比泰山還重，始終以飽滿的熱情投身工作，永葆蓬勃朝
氣、昂揚鋭氣和浩然正氣，自覺地盯着榜樣找差距，對照先進學經驗，
努力爭創一流業績，不斷開創各項工作新局面，真正做到 "爲官一任、
造福一方"。

三是把抓落實的出發點放到爲黨盡責、爲民造福上。習近平指出：人
民利益高於一切。習近平強調：各級領導幹部要動真情、下真功，深入到
困難群衆中去，千方百計幫助群衆解決就業、就醫、就學和住房等方面的

現實問題，團結帶領廣大群眾共建共享美好生活。① 民生問題是事關人民群眾生存的根本問題，更是黨員幹部所有工作的立足點、出發點和落腳點。各級幹部要始終把群眾滿意作爲第一標準、把群眾需要作爲第一責任、把群眾情緒作爲第一信號、把群眾疾苦作爲第一考量，積極從解決人民群眾最關心、最直接、最現實的利益問題入手，多爲利民之舉，多打利民之基，多辦利民之事，持續保障和改善民生。

　　戰略對策之三：樹立正確的政績觀，創造經得起檢驗的發展實績，重視落實的效果。

　　習近平指出：要堅持和樹立正確的政績觀，努力創造經得起經驗的發展實績。對領導幹部來説，爲一方經濟社會發展，爲一方百姓造福，應該有政績，也必須追求政績。當代共產黨人的政績，就是做得人心、暖人心、穩人心的事，就是解決群眾最實際、最關心、最迫切需要解決的問題，就是全面建設小康社會，促進人的全面發展。

　　一是要正確認識與理解政績觀。在抓落實過程中，不同的政績觀會有不同的抓法、不同的結果。習近平指出：什麼叫政績？顧名思義，就是爲政之績，即爲政的成績、功績、實績。我們做事情、干工作，如果做到了上有利於國家、下有利於人民；既符合國家和人民眼前利益的要求，又符合國家和人民長遠利益的要求；既能促進經濟社會發展，又能促進國家富強和人民幸福，那就做出了黨和人民所需要的真正的政績。一些領導幹部落實工作抓得不好，很重要的是政績觀出了問題，個人主義思想在作祟。

　　二是要把握好政績觀的重要支點。習近平指出：各級領導幹部要牢固樹立正確政績觀，把抓落實的出發點放到爲黨盡責、爲民造福上，而不是樹立自身形象、爲自己昇遷鋪路；把抓落實的落腳點放到辦實事、求實效上，而不是追求表面政績，搞華而不實、勞民傷財的 "形象工程"；把抓落實的重點放到立足現實、着眼長遠、打好基礎上，而不是盲目攀比、竭澤而漁。

　　三是要準確把握政績觀的基本問題。習近平指出：樹立正確的政績觀，首先必須解決好 "政績爲誰而樹" 的問題。要把實現好、維護好、發展好人民群眾的根本利益作爲根本出發點和落腳點。其次必須解決好 "樹

---

① 習近平. 領導幹部要團結帶領群眾共建共享美好生活. 文匯報, 2007 年 04 月 04 日.

什麼樣的政績”的問題。真正的政績應是“爲官一任、造福一方”的實績，是經得起群衆、實踐和歷史檢驗的實績。再次必須解決好“靠什麼樹政績”的問題。給人民群衆帶來實惠的政績，是脚踏實地、埋頭苦干干出來的。必須堅持抓好發展與關注民生的結合，對上負責與對下負責的結合，立足當前與着眼長遠的結合，局部利益與整體利益的結合，大力弘揚求真務實精神，大興求真務實之風，按客觀規律辦事，辦實實在在的事。①

四是學習右玉精神，打造“功成不必在我任期”的理念和境界。“金杯銀杯不如老百姓的口碑”。習近平指出：右玉的可貴之處，就在於始終發揚自力更生、艱苦創業、功在長遠的實幹精神，在於始終堅持爲人民謀利益的政績觀。我們抓任何工作的落實，都應該這樣去做。習近平進一步指出：領導幹部在抓落實過程中，還要有“功成不必在我任期”的理念和境界，注意防止和糾正各種急功近利的行爲，不貪一時之功、不圖一時之名，多干打基礎、利長遠的事。

戰略對策之四：干在實處，走在前列，促進經濟社會又好又快又穩發展，掌握落實的精髓。

“走在前列”是胡錦濤總書記給率先發展的浙江省提出的殷切希望。習近平指出：胡錦濤總書記的講話要求，爲浙江的發展指明瞭方向。對於指導我們正確認識當前形勢，正確理解中央的重大決策部署，正確謀劃當前和今後一個時期浙江的工作，具有十分重要的意義。

一是要全面地把握要求，切實“走在前列”，真正干在實處。習近平指出：浙江省屬於東部沿海率先發達地區。鼓勵有條件的地方率先發展、走在前列，體現了黨中央統籌現代化建設全局，促進區域協調發展的重大戰略意圖。習近平強調：我們要歷史地認識、辯證地理解、全面地把握這一要求，提高自覺性，增強責任感，不斷強化前列意識，切實把“走在前列”的要求體現到精神狀態上，貫徹到衡量標準上，落實到各項工作上，努力在更高起點上實現浙江更快更好的發展。習近平進一步強調：“走在前列”是發展的、具體的、實踐的。這既是一個很高的要求，也是一項長期的任務。我們要充分認識到，過去發展得好不等於以後也發展得好，過去領先不等於今後就能夠走在前列，某些方面走在前列並不意味着所有問

---

① 習近平談浙江落實科學發展觀　要發揮八個優勢．人民日報，2004 年 03 月 09 日。

題都能迎刃而解，我們的工作距離“走在前列”還有不小差距。我們要緊緊抓住重要戰略機遇期，以善作善成的韌勁，發揮優勢，挖掘潛力，干在實處，走在前列。①

二是要深入實施“八八戰略”，努力在全面落實科學發展觀方面走在前列。習近平指出：要在貫徹宏觀調控政策中把握經濟發展全局，積極落實雙穩健政策，有效發揮投資消費對經濟的雙重拉動作用，在加強市場監管中保持價格的基本穩定。習近平強調：在更深的層次上推進改革和開放，把科學發展觀的要求和宏觀調控的目標落實到體制、機制、法制的建設上，通過改革和發展來解決前進中的困難和問題。②

三是要全面建設“平安浙江”，努力在構建社會主義和諧社會方面走在前列。習近平指出：要以建設“平安浙江”爲載體，積極構建具有中國特色、時代特徵、浙江特點的和諧社會。要建設“法治浙江”，爲構建和諧社會提供法制保障；加快建設文化大省，爲構建和諧社會提供精神支撑；促進社會公平和正義，爲構建和諧社會營造良好的氛圍；加強社會建設和管理，全力維護社會政治穩定，爲構建和諧社會提供良好的社會秩序。③

四是要切實增強執政本領，努力在加強黨的先進性建設方面走在前列。習近平指出：要不斷推進我省黨建工作的創新與發展，努力使全省各級黨組織成爲貫徹“三個代表”重要思想的組織者推動者實踐者，切實爲“干在實處，走在前列”提供堅強有力的保証。習近平進一步指出：要扎實抓好保持共産黨員先進性教育活動，進一步加強領導、加大力度、加緊工作，把“走在前列”的要求貫穿於先進性教育活動的全過程，做到謀劃工作有“走在前列”的意識，學習動員有“走在前列”的内容，分析評議有走在前列的標準，整改提高有走在前列的要求，真正使全省先進性教育活動成爲推進各級黨組織自身建設的基礎工程、提高黨員思想政治水平和

---

① 習近平. 干在實處走在前列：推進浙江新發展的思考與實踐. 北京：中央黨校出版社. 2006. 36 – 46。

② 習近平. 干在實處走在前列：推進浙江新發展的思考與實踐. 北京：中央黨校出版社. 2006. 36 – 46。

③ 習近平. 干在實處走在前列：推進浙江新發展的思考與實踐. 北京：中央黨校出版社. 2006. 36 – 46。

工作能力的素質工程、人民群衆真正得到實惠的滿意工程。[1]

　　戰略對策之五：發揮群衆的根本力量，重視領導幹部的關鍵作用，形成落實合力，抓住落實的重點。

　　習近平指出：人民群衆是落實的根本力量，而領導幹部是落實的關鍵。要依靠人民群衆的力量，同時，也要重視領導幹部的引路、帶領的關鍵作用，從而形成落實合力。

　　一是要狠抓落實，必須緊緊依靠人民群衆的力量。習近平認爲：貫徹決議、完成任務，實現規劃目標，同樣離不開廣大人民群衆的支持。中國人民歷來勤勞勇敢、善於創造、富有智慧，是我們實現奮斗目標的力量所在。習近平指出：人民群衆是一個巨大的人才寶庫，人才存在於人民群衆之中。我們要善於發現、組織和使用好群衆中的大量人才，發揮群衆的積極性、創造性和聰明才智。習近平要求：我們要牢固樹立人民群衆是歷史創造者的觀點、虛心向人民群衆學習的觀點、竭誠爲最廣大人民謀利益的觀點、幹部的權力是人民賦予的觀點、對黨負責和對人民負責相一致的觀點，進一步提高堅持立黨爲公、執政爲民的自覺性，提高堅持權爲民所用、情爲民所係、利爲民所謀的自覺性，提高堅持走群衆路綫，密切聯繫群衆、緊密團結群衆、真心依靠群衆，做到問計於民、取信於民的自覺性。[2]

　　二是要重視發揮領導幹部的關鍵作用。落實要到位，幹部是關鍵。習近平指出：搞好第二批先進性教育活動，責任在黨委，關鍵在領導，重點在落實。習近平強調：實現十二五時期良好開局，關鍵在黨，關鍵在領導幹部。各級領導幹部一定要牢固樹立公僕意識、責任意識、憂患意識、大局意識，認真把《國務院辦公廳關於進一步加強督促檢查切實抓好工作落實的意見》貫徹落實好，建立健全督促檢查工作的科學機制和制度，積極探索加強督促檢查工作的新思路、新途徑、新舉措，用扎實的作風抓落實，在抓落實中彰顯執行力和公信力。

　　三是要相互支持，相互結合，形成巨大的落實合力。領導幹部與人民

---

　　① 習近平. 干在實處走在前列：推進浙江新發展的思考與實踐. 北京：中央黨校出版社. 2006. 36－46。

　　② 習近平. 大興求真務實之風狠抓各項工作落實——在省十屆人大二次會議結束時的講話. 浙江日報，2004 年 02 月 16 日。

群衆是一種魚水關係。人民群衆是歷史的創造者。習近平強調,黨和國家事業的發展進步,離不開人民的創造力量;黨的全部執政活動,離不開強有力的群衆工作。① 習近平指出:領導幹部是作風建設的主體,應積極投身於"作風建設年"活動之中,恪盡職守,勤勉自勵,既自覺承擔起作風建設宣傳發動、組織實施和監督檢查等職責,又努力做良好風氣的模範實踐者和積極營造者,以進一步改進工作、轉變作風、樹立形象,增強凝聚力、戰斗力、號召力。② 領導幹部與人民群衆都是狠抓落實、善抓落實的主要推動者。各級領導幹部要在抓落實上顯本事。領導幹部帶頭抓落實,是貫徹落實黨的路綫方針政策的重要工作方法,也是我們黨開展工作的一條重要經驗。領導幹部要做抓落實的表率,充分發揮引領、帶頭作用,同時也必須緊緊依靠人民群衆的力量。只有領導幹部與人民群衆的相互支持,相互結合,才能形成巨大的落實合力,由此才能把黨的路綫、方針政策落到實處。

戰略對策之六:奮發有爲,昂揚向上,保持良好的精神狀態,用好落實的動力。

習近平指出:良好的精神狀態,是做好一切工作的重要前提。狠抓落實,善抓落實,要奮發有爲,昂揚向上,始終保持良好的精神狀態。精神懈怠是改革大敵,也是落實大敵。我們要按照干在實處、走在前列的要求,大力弘揚與時俱進的浙江精神,推動各項工作繼續走在全國前列。③

一是保持好的精神狀態,要有務實的作風。在貫徹落實科學發展觀、構建社會主義和諧社會的新形勢下,新情況、新問題層出不窮,需要我們深入實際調查研究。習近平指出:各級領導幹部要緊緊圍遶經濟社會發展的目標任務,抓住涉及全局的戰略性問題和不同階段的緊迫性問題,帶頭大興調查研究之風,堅持以調查研究開局,深入基層,深入群衆,瞭解一綫真情,掌握第一手材料,不斷提高決策的科學性。

二是保持好的精神狀態,要有克難的勇氣。困難是壓力,問題是挑戰,但困難中往往孕育着機遇,問題中往往孕育着希望。克服困難、解決問題也就意味着抓住了機遇,贏得了先機。凡是有作爲、有建樹的領導幹

---

① 習近平. 群衆工作是社會管理基礎性經常性根本性工作. 人民日報, 2011 年 02 月 24 日。
② 習近平. 之江新語. 杭州: 浙江人民出版社. 2007. 第 264 頁。
③ 習近平. 貴在落實. 今日浙江, 2007, (1): 6-7。

部，都會把克服困難、解決問題作爲應盡的職責和增長才幹的良機。習近平要求：各級領導幹部要敢於迎難而上，破難而進，善於解決經濟社會中存在的各種矛盾和問題，努力使各方面工作再上新臺階。

三是保持好的精神狀態，要有爭先的幹勁。各級領導幹部必須勇於創新，奮勇爭先，始終站在改革發展的潮頭，爭創一流的業績，實現新的發展。習近平強調：當前浙江省發展態勢良好，許多方面走在全國前列，但我們也要清醒看到全國各地發展都很快，呈現出你追我趕、爭先恐後的態勢，前有標兵、後有追兵，如果稍有懈怠，就可能在新一輪發展中落伍掉隊。①

戰略對策之七：求真務實，真抓實幹，扎實落實作風建設，增強落實的執行力。

習近平指出：求真務實，是一種科學精神、一種工作作風，也是一種黨性要求。堅持求真務實，最重要的是付諸實踐、見諸行動，取得成效。大力弘揚求真務實精神、大興求真務實之風，說到底是爲了堅持立黨爲公、執政爲民，實現好、維護好、發展好最廣大人民的根本利益。

一是理解求真務實的科學內涵，把握求真務實的主要途徑。習近平指出：求真務實，是一種科學精神、一種工作作風，也是一種黨性要求，其真諦就是堅持一切從實際出發，解放思想，實事求是，與時俱進。大力弘揚求真務實精神、大興求真務實之風，就要用黨的最新理論成果武裝頭腦、指導實踐。習近平指出：實踐證明，堅持求真務實，必須正確把握基本國情和省情，努力在認識規律、把握規律、遵循和運用規律上下功夫。而深化理論武裝、深入調查研究，既是堅持求真務實的根本要求，也是認識規律、把握規律、遵循和運用規律的基本途徑，必須堅定不移地堅持下去。習近平要求：各級領導幹部要圍遶求客觀規律之真、務執政爲民之實的總要求，深刻理解求真務實的科學內涵，全面把握求真務實的主要途徑，認真貫徹求真務實的基本要求，始終堅持求真務實的根本目的，緊密結合浙江實際，努力在學習與調研、決策與落實、爲民與謀利上下功夫，以求真務實的精神和作風，扎實推進經濟社會全面、協調、可持續發展。②

---

① 習近平. 貴在落實. 今日浙江, 2007, (1)：6 - 7。
② 習近平. 求客觀規律之真　務執政爲民之實. 人民日報, 2004 年 03 月 01 日第九版。

二是求客觀規律之真，務執政爲民之實。習近平指出：狠抓落實，必須大力弘揚求真務實的精神；堅持一切從實際出發，努力做到求客觀實際之真，務執政爲民之實。習近平指出：各級國家機關要從人民群衆的願望和要求出發，積極推進效能建設，不斷改進機關作風，着力優化服務環境。要在深入基層調查研究中推進各項工作的落實，切實把各項工作建立在調查研究基礎之上，建立在人民群衆的支持監督基礎之上。習近平强調：各級國家機關工作人員要講實話、辦實事、務實效、求實績，樹立正確的政績觀，各項工作都應經得起群衆、實踐和歷史的檢驗。要堅持嚴於律己，廉潔奉公，嚴格遵守黨紀國法，對黨和人民的事業高度負責，發揚腳踏實地、埋頭苦干的好作風，扎扎實實地抓好各項工作。①

三是找好基層落腳點，把工作做得細緻扎實。基層是一切工作的落腳點，天下大事必作於細，群衆利益無小事。習近平指出：抓落實的重心一定要放在基層一線，解決落實不到位問題的思路和辦法也要到基層和群衆中去尋找。習近平要求：各級領導幹部都要堅持眼睛向下看、身子往下沉，深入基層、深入群衆開展調查研究，及時瞭解在上面難以聽到、不易看到和意想不到的新情況新問題，掌握第一手資料，向群衆問計問策。調查研究要善於總結群衆的經驗和創造，也要善於發現問題和觸及矛盾，以利於不斷推進和深化各項工作的落實。習近平指出：抓落實的工作必須抓得很具體很細緻很扎實，這也是發揚求真務實、真抓實幹優良作風的必然要求。習近平强調：領導幹部在重大決策和部署作出之後，還要研究具體辦法，明確具體責任，一環扣一環地去抓，這樣才能實現各項決策和部署的全面落實。

四是扎實加强落實作風建設，確保各項工作落到實處。加强領導幹部的作風建設，教育是基礎，制度是保证，落實監督是關鍵。習近平指出：加强領導幹部作風建設是實現經濟社會發展目標的根本保证。習近平强調：各級領導幹部要樹立求真務實、真抓實幹的良好作風，切實增强憂患意識、公僕意識、節儉意識，服從大局、抓住機遇、奮力進取、堅持實幹，拋棄各種私心雜念，把心思用在幹事業上，把精力放到抓工作中，努

---

① 習近平. 大興求真務實之風狠抓各項工作落實——在省十屆人大二次會議結束時的講話. 浙江日報, 2004 年 02 月 16 日.

力形成團結奮進幹事業的良好局面，意氣風發地帶領人民群衆奮力開創上海發展的新局面。①

戰略對策之八：樹立正確用人導向，加强幹部隊伍建設，提高落實的能力。

習近平指出：抓落實的工作實踐，檢驗着每個幹部的思想品質、工作作風和實際能力，也是考察和選用幹部的重要依據。要樹立正確用人導向，加强幹部隊伍建設，進一步增强落實能力。

一是抓好落實要堅持正確的用人導向。習近平指出：用好一個幹部，就是樹立一面旗幟，就會在一個地方、一個部門、一個單位形成良好的工作氛圍。一些地方、部門和單位之所以出現形式主義、官僚主義問題，往往同用人導向有關。評價一個幹部，重要的不是看他説什麼，而是看他做什麼，看他做得怎麼樣。② 習近平强調：堅持正確的用人導向，以科學發展論英雄，憑群衆公認選幹部，切實把那些堅定貫徹落實科學發展觀、德才兼備、群衆擁護的優秀幹部選拔到領導崗位上來，形成朝氣蓬勃、奮發有爲的領導集體，爲落實經濟社會發展各項目標任務提供堅强的組織保证。

二是抓好落實要有好的工作能力。領導幹部素質是機關效能建設的關鍵。能不能把黨的路綫、方針、政策卓有成效地落到實處，機關能不能高效地運轉，擁有高素質的幹部隊伍是决定性的因素。習近平指出：抓好落實要有好的工作能力。領導幹部不僅要想幹事、肯幹事、敢幹事，還要會幹事、能幹事、干成事，有過硬的本領。要適應形勢的發展變化，把加强學習作爲提高工作能力的重要途徑。要大力開展學習型機關創建活動，加强職業道德建設與業務培訓，切實提高機關幹部的思想道德素質和業務工作能力。習近平要求：要在深化理論學習中提高能力，要在博學新知中提高能力。努力學習現代經濟、科技、社會管理、法律等方面的新知識，不斷提高駕馭市場經濟的能力，不斷提高推進自主創新的組織領導能力，不斷提高管理社會的能力，不斷提高依法辦事的能力。③

三是抓好落實要有好的領導班子。領導班子是帶動事業發展的核心力

① 習近平. 作風建設是上海發展的根本保证. 人民日報, 2007 年 04 月 17 日。

② 習近平. 關鍵在於落實. 求是, 2011, (6)：5－9。

③ 習近平. 貴在落實. 今日浙江, 2007, (1)：6－7。

量，決定着抓落實的力度和成效。習近平指出：優良的工作作風是一級一級帶出來的，要注重發揮一把手的表率作用和督促作用。要帶頭貫徹落實中央的決策部署，切實履行好抓落實的職責，既要掛帥，又要出征，不僅要一級指揮一級，還要一級做給一級看，真正在抓落實上起好示範表率作用。習近平強調：有了重視抓落實、善於抓落實的一把手，才能帶出抓落實的好班子、好團隊。① 各級領導班子要按照政治堅定、求真務實、開拓創新、勤政廉政、團結協調的要求，努力提高領導科學發展能力、駕馭復雜局面能力、協調利益關係能力和務實創新能力。

戰略對策之九：健全落實機制，完善落實制度，推動落實的科學化。

習近平指出：抓好落實，具有良好的精神狀態和優良的作風很重要，建立科學管用的制度和機制同樣很重要。要制定強有力的組織措施、考核措施、激勵措施，健全抓落實的工作機制。特別是要健全人人負責、層層負責、環環相扣、科學合理、行之有效的工作責任制。②

一是要健全落實機制。習近平指出：抓好落實要有好的機制保障。習近平指出：要在機關內部大力營造有利於優秀人才脫穎而出的工作環境，通過采用公開招聘、競爭上崗、聘任制等選人用人方式，真正建立起能者上、庸者下的科學賽馬機制。習近平指出：要抓好工作落實，必須完善領導幹部考核評價機制，對幹部干與不干、干好干壞、干多干少要有明確的區分，褒獎那些埋頭苦干、狠抓落實的幹部，教育和調整那些只尚空談、不干實事的幹部，問責和懲處那些因弄虛作假、失職瀆職造成重大損失和嚴重後果的幹部，努力營造崇尚實幹、恪盡職守、勇於奉獻的工作氛圍。要進一步按照落實科學發展觀的要求，建立和完善科學的幹部政績考核獎懲制度，切實解決干好干壞一個樣的問題。③

二是完善落實制度建設。習近平指出：制度建設更帶有根本性、全局性、穩定性和長期性，必須把制度建設貫徹於機關效能建設的各個方面和各個環節。習近平指出：健全的制度是推動工作落實的重要保障。要建立和完善抓落實的制度，使各項工作有所遵循，使責任得以明確，使抓落實成爲一種工作常態，成爲廣大幹部的自覺行動。各級各部門要高度重視抓

---

① 習近平. 關鍵在於落實. 求是, 2011, (6)：5-9。
② 習近平. 關鍵在於落實. 求是, 2011, (6)：5-9。
③ 習近平. 貴在落實. 今日浙江, 2007, (1)：6-7。

落實工作，確定責任主體，明確工作要求，使抓落實進一步制度化、程序化、規範化，切實做到各項重要工作有部署、有檢查、有督促、有成效。習近平強調：制度建設應注重系統性，但也不能搞得過於繁瑣，要有針對性和可操作性。同時，要加強對制度執行情況的監督，使各項制度真正落到實處。[①]

七、結束語與展望

馬克思主義政黨歷來強調實踐，重視落實，崇尚實幹，反對空談。落實俗稱抓落實，是黨的領導與黨的領導工作的應有之義，是黨的領導內在的構成要素與必然要求，是黨的領導工作的主要內容、重要環節、基本方法與實現途徑。黨的建設發展實踐表明：黨的領導是落實黨的路綫、方針、政策的首要前提和根本保障，而黨的領導工作則是落實黨的路綫、方針、政策的重要手段與基本途徑。

習近平黨的領導工作"落實論"是關於"抓落實"、"狠抓落實"、"善抓落實"問題的新思考、新論斷與新表述，是對黨的求真務實、真抓實幹、狠抓落實、善抓落實等思想、觀點與要求的集中概括。這一理論的提出，既具有理論意義、指導意義，又具有極強的現實意義。什麼是落實或抓落實？落實到哪裏去？習近平指出：所謂抓落實，就是抓黨和國家各項方針政策、工作部署、措施要求的落實，使之落實到實踐中去，落實到基層中去，落實到群衆中去，使之成爲廣大黨員、幹部、群衆的自覺行動，以確保黨和國家確定的目標任務順利實現。習近平"落實論"的代表性實踐形式是"狠抓落實、善抓落實"；典型實踐範例是"干在實處，走在前列"，即浙江省抓落實促發展的實踐。習近平"落實論"的"狠抓落實、善抓落實"的主要特徵表現在：統觀全局，統籌規劃，體現宏觀性；應對當前，立足長遠，體現戰略性；前後一貫，始終如一，體現一貫性；注重方法，講求策略，體現藝術性；源自於實踐需要，服務於實際工作，體現實踐性；注意繼承吸收，重視創新發展，體現創新性。習近平落實論與認識論、實踐論三者既有聯繫，又有區別，落實論與認識論、實踐論三者是一個有機整體，構成一個完整的工作過程和理論體系，用公式表示

---

① 習近平. 貴在落實. 今日浙江, 2007, (1): 6-7。

爲: "認識——落實——實踐" 和 "認識論——落實論——實踐論"。落實論、認識論與實踐論三者的聯繫在於: 落實論、認識論與實踐論統一於實踐的觀點; 認識論與實踐論統一於落實論; 落實論、認識論與實踐論統一於 "人" 這個主體。落實論、認識論與實踐論三者的區別在於: 側重點、關注度不同; 對象不同; 任務不同; 形式不同。

習近平黨的領導工作 "落實論" 是指習近平同志關於在領導工作過程中逐漸形成的、具有自身特色的 "落實的基本概念、落實的基本原理與落實的基本規律" 等方面的基本內容體系的一種理論化概括統稱。在實際工作中, 其核心要點就是 "抓落實", 即狠抓落實, 善抓落實, 真抓實幹。習近平 "落實論" 以馬克思主義基本原理爲基礎, 貫穿政治學、哲學、黨建理論、領導學、管理學等多個學科, 涵蓋政治、經濟、文化、社會、黨的建設等諸多領域。習近平 "落實論" 的基本問題就是: 怎樣抓落實、靠誰抓落實、拿什麼抓落實。習近平指出: 抓落實是領導工作中一個極爲重要的環節, 是黨的思想路綫和群衆路綫的根本要求, 也是衡量黨員領導幹部世界觀正確與否和黨性強不強的一個重要標誌。這是對落實地位的基本定位。習近平指出: 抓落實的任務是把黨的路綫、方針、政策付諸實踐、見諸行動、取得成效。習近平強調: 各級領導幹部要深入貫徹落實科學發展觀, 牢固樹立宗旨意識和正確政績觀, 狠抓落實、善抓落實, 用百折不撓的意志爭創一流業績, 不斷開創各項工作新局面。習近平強調: 要敢於抓落實; 勇於抓落實; 樂於抓落實; 善於抓落實; 精於抓落實。習近平強調: 要常懷落實之心; 常思落實之責; 常謀落實之策; 常抓落實之事; 常驗落實之效。習近平強調: 要把抓落實的出發點放到爲黨盡責、爲民造福上; 把抓落實的落脚點放到辦實事、求實效上; 把抓落實的重點放到立足現實、着眼長遠、打好基礎上。

習近平 "落實論" 是馬克思主義哲學的重要內容, 也是黨建理論創新的重要組成部分。馬克思列寧主義、毛澤東思想、鄧小平理論、"三個代表" 重要思想、科學發展觀是習近平 "落實論" 的重要理論來源。習近平 "落實論" 的實踐基礎, 主要是福建、浙江、上海等地方一系列生動活潑的具體實際工作。其中典型的實踐基礎主要有: 一是福建省機關效能建設實踐; 二是浙江省狠抓落實年的實踐; 三是抓典型抓先進抓示範的實踐。習近平落實論是逐步形成的、發展着的、與時俱進的落實論, 並非一成不變，相反，它在實踐中不斷汲取營養，進一步豐富、發展與完善。習近平“落實論”包含了一系列關於落實問題的新論斷、新表述與新概括，初步體現、勾劃了落實論的框架體系。習近平“落實論”的創新亮點體現在：首次正式將“落實”引入黨的領導活動和執政活動中，拓寬了領導工作的新視野；習近平首次鄭重地將“落實”提到了前所未有的高度，擺到了重要位置，提昇了落實在黨和國家事業中的新地位；習近平首次專題專門研究論述落實問題，掀起了落實論研究的新高潮。習近平“落實論”的理論貢獻表現爲：一是科學回答了認識與實踐之間有沒有、需不需要引入“落實”這個問題；二是正式提出了由認識到實踐之間“落實”這個中間環節和必經之路；三是深刻揭示了認識、“落實”與實踐三者之間的有機聯繫。這一理論貢獻的實踐作用在於：一是人們在認識世界時，可以、能夠自覺地把“落實”作爲一個當然的、重要的内容與構成部分，不急不躁，由表及裏，從而確保全面、完整、徹底的認識客觀事物，正確處理認識、落實與實踐之間的關係。二是人們在實際工作時，可以、能夠自覺地把“落實”作爲一個中間環節、橋樑紐帶與必經程序，尊重規律，漸次推進，從而確保及時、準確、有條不紊地開展工作，正確處理認識、落實與實踐之間的關係。習近平落實論既進一步豐富和發展了毛澤東的實踐論思想，又進一步豐富和發展了黨的領導科學理論與黨建理論，從而進一步豐富和發展了馬克思主義哲學和馬克思主義黨的學説。

　　歷史教訓，殷鑒不遠。習近平強調：趙括紙上談兵，空談誤國，教訓深刻、發人深省。類似的歷史殷鑒還有馬謖大意失街亭等經典案例。現階段，落實不力問題异常尖鋭，引發的社會矛盾也甚爲突出。所以，各級領導幹部要狠抓落實，善抓落實，破解落實不力難題。對此，各級領導幹部要謹記愛民爲政落實之古訓：落實是成功之基，空談是失敗之石；天下大事必作於細，古今事業皆成於實；千裏之行，始於足下，九層之臺，起於壘土；臨淵羨魚，不如退而結網；坐而論道，不如起而行之；天下之事，不難於立法，而難於法之必行。

　　習近平強調：堅持科學落實論，樹立正確落實觀，提高落實力，需要采取一系列的戰略對策或措施：落實科學發展觀，統領工作全局，明確落實的方向；牢固樹立爲民意識，爲黨盡責爲民造福，堅持落實的宗旨；樹立正確的政績觀，創造經得起檢驗的發展實績，重視落實的效果；干在實處，走在前列，促進經濟社會又好又快發展，把握落實的精髓；發揮群衆的根本力量，重視領導幹部的關鍵作用，形成落實合力，抓住落實的重點；奮發有爲，昂揚向上，保持良好的精神狀態，用好落實的動力；求真務實，真抓實幹，扎實落實作風建設，增强落實的執行力；樹立正確用人導向，加强幹部隊伍建設，提高落實的能力；健全落實機制，完善落實制度，推動落實的科學化。

實幹興國興邦；空談誤國誤民。“十二五”的大政方針已定，目標和任務也已明確，關鍵在於落實，關鍵在於領導幹部狠抓落實、善抓落實。鄧小平曾經告誡我們：路綫是非基本澄清了，規劃制訂了，措施提出來了，群衆已經發動起來了。現在擺在我們各級黨組織面前的事情，就是要鼓實勁，要切實解決問題，要踏踏實實地工作，就是要落在實處。①

1. 要高度重視，嚴肅對待，正確認識落實論。實踐證明，抓落實是黨的領導工作中一個極爲重要的環節，是把決策部署轉化爲實踐的必經之路。因此，對落實問題要高度重視，嚴肅對待。胡錦濤强調：我們必須從確保黨的路綫方針政策全面貫徹執行、確保黨和國家發展目標順利實現的高度，把抓落實的問題十分嚴肅地提到全黨面前。② 90 年黨的建設實踐經驗告訴我們：執政黨最大的危險莫過於脫離群衆，而黨的領導工作最大的問題莫過於不抓落實。對此，各級領導幹部要全面、正確認識落實論，要把落實工作納入黨委工作議事日程，提高到前所未有的高度，擺到前所未有的重要位置，就不能掉以輕心，更不能視若兒戲而誤國誤民。

2. 要正視問題，面對矛盾，切實解決落實不力的種種問題。落實不力是社會矛盾問題頻繁產生的重要根源之一。惡性强征强拆、安全事故頻發、環境污染不斷、房價虛高不下、信訪問題突出、企業惡意欠薪、城管野蠻執法、擇校高價收費等問題，雖然三令五申、明令禁止的事情，但依然我行我素、屢禁不止，業已成爲“難上難與不治之症”。值得注意的是，當前惡性征地拆遷矛盾已成爲現階段我國社會矛盾中一個突出問題，無論在深度、廣度和烈度上都顯著高於其他社會矛盾。征地拆遷的政策法規不是沒有，辦法也不是不可行，但一些領導幹部就是落實不力乃至根本不落

---

① 鄧小平文選第 3 卷．北京：人民出版社．1994. 第 99 頁。
② 十六大以來重要文獻選編（上）．北京：中央文獻出版社．2005. 第 731 頁。

實。安全生産管理的政策法規不是不嚴格，技術規程也並非難學難用，爲何諸如河南 "7·22" 京珠高速特別重大道路交通事故、浙江 "7·23" 甬溫綫特大鐵路交通事故仍然頻繁發生，究其原因就在於安全責任 "不落實"，防範監管 "不到位"，一些重大隱患得不到及時治理，非法違法生産經營建設行爲大量存在，最終釀成重大特大事故。江澤民强調指出：現在發生的一些嚴重的突發性事件和群體性事件，有些是讓人想都想不到的事件，其中一個重要原因是工作不落實、不扎實、不切實。工作部署了，没有抓到底，口號提出來了，没有落實，結果流於形式，浮於表面，没有實效。[①] 落實不力或不落實是客觀事實，不能迴避，也不能隱瞞。對此，各級領導幹部要正視落實不力存在的問題，面對不落實引發的矛盾，切實解决落實不力和不落實的種種問題，决不能迴避問題，更不能捂蓋子，避免矛盾問題 "積案化"。

3. 拿出治本之策，重視落實之道，提高領導工作科學化水平。一方面，各級領導幹部要拿出治本之策，不折不扣、原原本本地依法落實黨的路綫、方針、政策，提高領導幹部落實工作的規範化水平。要拿出落實的治本之策就必須不斷進行創新。當務之急，落實的治本之策要從單純追求數量向努力提高質量轉變，要從單純重視有法可依向更加注重良法可依轉變，由此提供一個健康、良好與可行的政策和策略。另一方面，各級領導幹部要重視落實之道，遵循落實論理論，按照落實論規律辦事，提高領導幹部落實工作的科學化水平。落實是黨的領導工作不可或缺的重要環節和必經之路。這是一個客觀事實和客觀規律。客觀規律不能違背。因此，各項落實工作要堅持認識與實踐相統一，堅持主觀與客觀相統一，堅持動機與效果相統一，堅持突出重點與兼顧一般相統一，嚴格遵循落實論的基本規律，努力形成按照客觀規律辦事的良好習慣和優秀品質。

---

① 江澤民文選第 3 卷. 北京：人民出版社. 2006. 第 132 頁。

作者簡介

姜愛林，男，漢族，1964 年 10 月生，湖北襄陽人，中共黨員，管理學博士，經濟學博士後，教授（研究員），博士生導師。歷任副科長、科長；副主編、主編；工程師、高級工程師、研究員（教授）；副主任（副處長）、中心主任、研究室主任；大學學院院長；縣委副書記等。主要研究領域：宏觀經濟理論與政策、政黨政治學與治國理政學。

學習經歷：就讀於著名的武漢大學法學院、武漢大學經濟學院；著名的西北農林科技大學管理學院；中央黨校中央直屬機關分校。

工作經歷：就職於湖北省國土資源廳、湖北省枝江市國土資源局（掛職）、國家國土資源部、北京工業大學、中華全國總工會等單位。（期間：2011 年 11 月—2014 年 6 月掛任江蘇省泗陽縣縣委副書記）

科研情況：發表學術論文 200 餘篇；出版著作 20 餘部；承擔各類研究課題 30 餘項；各類學術獲獎 20 餘次。1990 年以來政法經管著作主要目錄如下：

政法經管著作主要目錄

（1）政治法律卷

卷一：《中共領袖思想理論研究》，17 萬字，華齡出版社

卷二：《黨建戰略學概論》，12 萬字，華齡出版社

卷三：《中國視角立法問題研究》，32 萬字，華齡出版社

卷四：《土地犯罪與刑罰研究》，22 萬字，華齡出版社

卷五：《部門法改革與創新研究》，27 萬字，華齡出版社

卷六：《訴訟法的理論與實踐研究》，35 萬字，華齡出版社

卷七：《土地政策學引論》，24 萬字，中國大地出版社

（2）治國理政卷

卷一：《新語今譯：上獻劉邦的治國之書》，25 萬字，國家行政學院出

版社

卷二：《治國之鏡：詩詞鏡鑒歷代改革家》，39 萬字，新華出版社

卷三：《諸葛亮治國策：諸葛亮便宜十六策今譯讀本》，31 萬字，新華出版社

卷四：《習近平“兩觀三論”治國論》，17 萬字，金穗出版社

卷五：《戰國商鞅治國策策》，18 萬字，華齡出版社

卷六：《西漢陸賈治國策》，15 萬字，華齡出版社

卷七：《阿瓦提文化立縣治縣研究》，35 萬字，新華出版社

(3) 經濟管理卷

卷一：《宏觀經濟：理論、政策與對策研究》，48 萬字，華齡出版社

卷二：《財稅金融：理論、政策與對策研究》，41 萬字，華齡出版社

卷三：《國內外三農問題研究》，36 萬字，華齡出版社

卷四：《土地經濟、產權與管理研究》，55 萬字，華齡出版社

卷五：《城鎮化、工業化與信息化協調發展研究》，31 萬字，中國大地出版社

卷五：《縣區產業發展定位與布局研究》，18 萬字，華齡出版社

(4) 文學文化卷

卷一：《凝望珞珈山》（詩集），10 萬字，泰山出版社

卷二：《社會轉型多棱鏡》（紀實文學），85 萬字，中國城市出版社

卷三：《千年海口古鎮詩詞選》，21 萬字，華齡出版社

卷四：《千年海口古鎮進士論》，28 萬字，華齡出版社

電子郵箱：ailinj@sina.com　QQ：576135357

後　記

　　習近平"治國理政"，既包括中共十八大後的習近平治國理政的理論與實踐，也包括中共十八大前的習近平治國理政的理論與實踐，由此構成一個前後緊密相連、不斷豐富發展的完整體系。本書主要是研究中共十八大前習近平同志關於治國理政的理論創新與實踐探索。研究工作起始於2007年10月，初稿於2011年下半年，定稿於2012年10月中共十八大前夕，主題定位選取習近平關於治國理政的理論創新，實踐基礎選取習近平同志1969年初下鄉插隊至2012年中共十八大前夕40多年的工作實踐，其成果形式爲《習近平"兩觀三論"治國論——習近平治國理政之"兩觀三論"研究》（簡稱《習近平"兩觀三論"治國論》）。

　　研究表明，習近平在長期從事黨和政府的領導活動中，對"爲誰治國理政、靠誰治國理政、如何治國理政"等重大問題進行了深入思考和深刻論述，形成了幹部科學工作"群衆觀"、經濟社會發展"穩定觀"、幹部選拔任用"四有論"、幹部德行評價"三觀論"和黨的領導工作"落實論"等"兩觀三論"這一關於治國理政的系統化的、理論化的創新理論。《習近平"兩觀三論"治國論》一書由①緒言·治國理政需要不斷地進行理論創新、②幹部科學工作"群衆觀"、③經濟社會發展"穩定觀"、④幹部選拔任用"四有論"、⑤幹部德行評價"三觀論"和⑥黨的領導工作"落實論"等六部分組成。這六部分研究成果先後在《經濟研究導刊》、《戰略與風險管理》等雜誌公開發表，並被人民網、新華網、求是網等多家網站轉載，反響熱烈，頗受好評。爲便於廣大黨員幹部、專家學者學習、理解與研究習近平同志的治國理政理論，遂於2012年10月結集編印《習近平"兩觀三論"治國論》一書。這次編印成册時，除統一行文表述外，僅對個別文字、標點符號等進行了修正，力求反映研究成果的基本原貌及其階段性特徵。

值得注意是，本書的研究成果只是習近平治國理政理論體系中的重要組成部分和階段性的理論成果。可以預見，中共十八大後習近平同志的重要論述和實踐活動必將更加豐富多彩。爲此，今後作者將密切關注、實時跟踪，進一步系統學習、深入研究中共十八大後習近平同志的重要論述和實踐活動，在此基礎上接續出版關於“習近平治國理政理論研究”系列著作，不斷深化對習近平同志治國理政思想理論的研究，由此概括、總結、歸納並展現其更爲完整的治國理政理論體系。

本書在選題、寫作與發表過程中，先後得到了諸多關心中國未來發展的朋友同仁的大力支持，在此深表感謝。習近平治國理政理論體系研究是一項重大課題，由於水平與時間所限，錯訛在所難免，敬請批評指正。

姜愛林·二〇一二年十月·北京西城區

昌明文叢 A9900002

習近平 "兩觀三論" 治國論

作　　　者	姜愛林	
版權策劃	李　　鋒	

發 行 人	陳滿銘
總 經 理	梁錦興
總 編 輯	陳滿銘
副總編輯	張晏瑞
編 輯 所	萬卷樓圖書股份有限公司
印　　刷	百通科技股份有限公司

出　　版　昌明文化有限公司

桃園市龜山區中原街 32 號

電話　(02)23216565

發　　行　萬卷樓圖書股份有限公司

臺北市羅斯福路二段 41 號 6 樓之 3

電話　(02)23216565

傳真　(02)23218698

電郵　SERVICE@WANJUAN.COM.TW

大陸經銷

廈門外圖臺灣書店有限公司

　　電郵　JKB188@188.COM

ISBN 978-986-496-374-4

2018 年 7 月初版

定價：新臺幣 340 元

如何購買本書：

1. 劃撥購書，請透過以下郵政劃撥帳號：

　帳號：15624015

　戶名：萬卷樓圖書股份有限公司

2. 轉帳購書，請透過以下帳戶

　合作金庫銀行 古亭分行

　戶名：萬卷樓圖書股份有限公司

　帳號：0877717092596

3. 網路購書，請透過萬卷樓網站

　網址 WWW.WANJUAN.COM.TW

大量購書，請直接聯繫我們，將有專人為您

服務。客服：(02)23216565 分機 610

如有缺頁、破損或裝訂錯誤，請寄回更換

國家圖書館出版品預行編目資料

習近平"兩觀三論"治國論 ： 習近平治國理
政之"兩觀三論"研究 ╱ 姜愛林著. -- 初版.
-- 桃園市 ： 昌明文化出版 ； 臺北市 ： 萬
卷樓圖書發行, 2018.07

　面 ；　公分. -- (習近平思想研究系列叢
書 ；1) (昌明文叢 A9900002)

ISBN 978-986-496-374-4(平裝)

1.習近平　2.政治思想　3.中國大陸研究

574.1　　　　　　　　　　　　107010172